教育測驗與評量

歐滄和　著

作者簡介

歐滄和

國立臺灣師範大學教育研究所博士
國立臺中教育大學諮商與應用心理學系副教授（退休）

著作

周文欽、歐滄和、許擇基、盧欽銘、金樹人、范德鑫（1996）。
心理與教育測驗。台北市：心理。

個人網站

http://zh.wikiteamwork.wikia.com（WikiTeamWork）
http://moodle.twpsytest.com（歐滄和的木鐸學園）

序言

　　學校教學要有教學目標，沒有目標的教學就像沒舵的船一樣隨處漂流；有了教學目標還要經常核對是否達到了目標或是距離目標有多遠？這就像練習射擊一樣，射擊者需要隨時檢查彈著點離中心目標有多遠，才能作適當的調整。教學就像射擊，而教學評量就是檢查彈著點，沒有教學評量則教師無從知道自己的教學是否達到目標，更遑論知道要如何調整教材、教法了。

　　教學評量和教學法一樣都是每一位教師必備的知能，從一個教師對教學方法和教學評量技術的熟練程度最容易看出此教師是否受過嚴格的教育專業訓練。一個學科專家可能對該科的教材非常熟悉，但若不懂得教學方法及教學評量技術，仍然只是個學科專家，並不能成為一個優秀的教師。

　　筆者在師範學院擔任「教育測驗與評量」的教學已有多年，深覺現有的教學評量的教科書中，有的是直接譯自國外的教科書，有的是介紹太多一般教師用不到的標準化測驗編製技術，有的則把「教育與心理測驗」一科的內容直接搬到「教學評量」中，因此才有另寫一本教科書的念頭。在本書中筆者係依據下列三個原則進行撰寫：

一、取材符合國情，配合實際需要

　　有些教學評量的教科書是直接譯自國外教科書，或是取材以國外教材為主，其所介紹的評量方法，常讓人覺得隔靴搔癢；有時候又談論太多的理論，對於一般教師改進日常的教學評量沒有多大的助益。

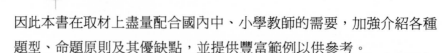

因此本書在取材上盡量配合國內中、小學教師的需要，加強介紹各種題型、命題原則及其優缺點，並提供豐富範例以供參考。

至於標準化測驗編製中所用的試題分析、信度和效度的估計等心理計量技術，雖然有些教學評量的教科書中也加以介紹，但筆者認為因為它涉及統計方法及電腦的應用，一般教師沒時間，也沒能力去使用，所以只做概念性介紹，而把全書的重點放在協助教師提升設計優良試題和作業，或是評鑑試題的能力上，而非放在對試題的功能作分析或對測驗性能作驗證上。

二、提供試題範例，方便命題參考

本書不只依據認知層次提供試題範例，還依據題型的不同，分門別類地提供不同學科的試題範例；此外還在命題原則中提示一些不良試題，以免命題者犯同樣的錯誤。書中的試題範例大部分取自中、小學各科作業簿及市面上的參考書，有些則是筆者根據外文資料改寫，教師在命題時若能隨時參考這些範例，會有助於激發命題的靈感。

三、加強學科區隔，增進學習效率

國內教育學科的教科書常被批評為內容討論不夠深入，而各學科之間又重疊太多。教學評量一科因涉及教學目標、測驗編製、測驗實施、結果解釋與運用等，很容易與教育哲學、教材教法、教育與心理測驗、測驗編製等學科重疊。

本書為了避免重複學習已經教過的內容，並且有足夠篇幅能夠更深入討論，所以先假定讀者對於教育目標的決定歷程、行為目標的寫法等都已經了解，不再做深入介紹。此外，亦把與標準化測驗有關的信度、效度、試題分析、常模等較技術性、計量性的內容加以排除，

以免與「測驗編製」一科重複，但保留數章專門討論與一般教師較有關係的標準化測驗的實施、計分、結果解釋及測驗倫理等內容，若該系學生的課程中已有「教育與心理測驗」一科，則這幾章可以省略。

　　筆者自從答應心理出版社撰寫此書之後，已經拖了好幾年，在這幾年間雖然一再使用本書草稿作爲台中師院大學部、師資班的上課講義，一邊教學一邊修改和補充內容，但還不是很滿意。倉促付印，當會有未盡完善之處，盼望學界先進、同好等不吝指正，俾供再版時能修訂和補漏。

歐滄和

中華民國九十一年七月
於國立台中師範學院

目錄

第一章　教學評量與教學目標

第二章　認知領域的評量

第三章　選擇反應式的題型

第四章　建構反應式的題型

第五章　紙筆測驗編製程序

第六章　紙筆測驗的實施與計分

第七章　實作評量

第八章　口頭問答與非正式觀察

第九章　學習歷程檔案評量法

第十章　情意領域的評量

第十一章　分數的處理與運用

第十二章　評量結果的報告

第十三章　教育測驗的分類及運用

第一章　教學評量與教學目標

　　教師與學生是教育過程中進行互動的主體，課程、教材是互動的內容，而教學與評量則是主要的互動形式。評量在這個師生互動的系統中扮演著主要的回饋功能，讓教師能夠據以調整教材及教法，以達到最理想的教學效果。

　　在教育中談到評量時，通常是指對於教學效果的評量，所以又簡稱做「教學評量」，但在教育中所謂的「評量」並不只是教學效果的評量，還包括對於學生學習條件、教師教學知能、以及學習環境條件等的評量。不過本書是以中小學教師為主要對象，所以仍然是以教學評量為主，只有在最後幾章才會討論到其他方面的教育評量。

　　本章先對教學評量的概念作一分析，然後依序介紹教學評量的特徵、功能、原則及選擇評量方式的規準。

第一節　相關術語的概念分析

　　許多學術上的爭論是源自於基本觀點的不同，但也有不少的爭論只是因為對於所用的術語定義不清楚。因此概念分析常是學術討論中最基本的工作，透過概念分析，不但可以使個人的思想更清晰、溝通更精確，也同時避免了許多不必要的爭論。所以在進行討論之前，本節將先釐清測驗、測量、評量、評鑑等這幾個容易混淆的專業術語的含意，以使得後續的討論能夠更加清晰。

一、測驗

　　英文的 test 在統計學上被譯成「考驗」或「檢定」，它指的是某一統計量來自於機率的可能性是否大於預先設定的機率，例如：統計學上的t考驗、F考驗等。test在工業上常被譯成「檢驗」，它指的是檢查某一產品是否符合標準規格，或某一機器能否發揮預期功能。在教育與心理學界上 test 則被譯成「測驗」，這時它指的是「一系列設計來測量人的知識或能力的問題或作業」。

　　與測驗相關的名詞有 quiz（譯做小考或隨堂考）、examination（簡寫成 exam.，譯做考試）。在教育與心理學界中，把 test 當作名詞時大多是指輔導諮商上所用的標準化測驗，如智力測驗、性向測驗、人格測驗等；而quiz是指授課教師在教學過程中，為了了解學生的學習狀況而隨時進行的簡短考試，它並不特別安排施測時間，測量結果也不一定納入學期成績；至於 examination 則是指比較正式、有特別安排時間，而且通常是行政單位規定要實施的考試，例如：期中考、期末考、畢業考、或入學考試等。

　　在教育與心理學上，test 是當作名詞來使用，它的定義是「一套系統化的觀察工具，用以衡量受測者的某些行為樣本，進而推論其具有多少某種心理特質或能力」。因此，它本質上是一種觀察的工具。至於testing則被當作動詞來使用，它有時被譯做「施測」，有時仍被譯做「測驗」，當它做動詞用時，它指的是提供刺激以便蒐集反應資料的過程，這時我們比較關心的是，在不同時空下，所實施的測驗是否都符合指導手冊上的標準化程序。

二、測量

所謂「測量」（measurement）是指「依據一套人為規則（工具）將數字或符號分派到某一事物的某種屬性上的過程」。測量用在自然科學上是指用尺、秤、錶等去度量事物的長度、面積、重量、密度、時間、速度等，這些又稱為「直接測量」。至於教育及心理學領域上所測量的心理能力，則是以抽樣方式選出一套能引起受試者行為反應的心理作業（通常是指試題），並依其反應（指行為樣本）的質與量去推論其心理能量（知識、能力或人格特質），所以是屬於「間接測量」。

參照點是計算的基礎，任何測量都要有一個參照點。測量的參照點不同，則測量的結果就不能相互比較。長度、質量、時間等的測量以自然的零點為參照點，若無自然的零點，就以一個共同約定的參照點為零點，例如，攝氏溫度是以水結冰的溫度為零點；經緯度則分別以格林威治及赤道為零點。在教育與心理方面的測量也需要有參照點，但是心理能力與其作業沒有自然零點，也難以共同決定一個人為零點，因此只好各自採用不同的人為參照點（兩份試卷的試題不同，零分的意義也就不同），因此測量結果也就不容易互相比較。

「測量」和當作動詞用的「測驗」常被混用，雖然測驗的結果也常常以數目字表示，但並不是所有的測驗都是如此，例如，臨床心理學用的投射測驗（主題統覺測驗、語句完成測驗等），就不需要將結果數量化。

測量在本質上只是一種將事物的特徵加以數量化的過程，它並不包含質的描述，而且對於獲得的結果也不做任何的價值判斷。

三、評量

　　assess 原先的意義是指稅務官員對於貨物或房地產進行估價，以便做為課稅的基礎。後來用在教育上則是指「從多種角度以多種方法去評估一個人的知識或能力，以作為教學或輔導效果的證明及依據」。

　　評量者（assessor）的英文定義更能說明教師的角色，它除了可以解釋為「財產、收入的估計人員」外，還可以是「伴隨在旁以協助解決技術問題的顧問」。由此可見，在使用「評量」這個詞時，更強調教師在教學評量過程中，不只要評估學生的能力，也同時要幫助他解決學習上的困難。

　　「評量」（assessment）和「測驗」的差別在於：測驗只是評量過程中常用的一種工具而已，但評量還可以透過觀察、作業、晤談等方法去了解學生的學習結果。測驗常因為工具上的限制，只能用一種方法，從一個層面去了解學生，但評量卻得透過不同方法（當然包括測驗），從多個層面去對學生做整體性的評估，這也就是所謂的「多元化評量」。「評量」和「測量」不同的是：測量只是將測量對象的某一種屬性加以數量化，並不涉及比較和判斷，但評量卻是除了數量、質量資料的蒐集外，還包括了解釋資料、綜合各種資料、最後根據教學目標來作比較和判斷。就作者的觀點，有計畫地蒐集並累積各學生的作品，是一種評量；觀察學生操作表現複雜的作業，也是一種評量；用一系列非正式的觀察來決定學生的行為特質，也是一種評量。

四、評鑑

　　「評鑑」（evaluation）是指「將測量或觀察結果與依理想設定的標準相比較，並判斷其間的差距之後，賦與價值判斷」。因此，評

鑑是在測量之後，而且是合併了其他的訊息（特別是質的描述）之後，對其重要性或所欲性所下的價值判斷。

評鑑的對象可以是個人的專業表現，例如，對於教師教學的評鑑；或是一個機構的運作效率，例如，對學校、大學科系或行政單位的評鑑；或是教學材料的適用性，例如，教科書評鑑、教學媒體評鑑；也可以是指一個政策或計畫方案的實施效果，例如，課程評鑑、對社會福利政策、師資自由化政策或大型研究計畫的評鑑。

評鑑比評量複雜得多，它通常有多位專家的參與，且比較不那麼重視數量化，雖然它有時也用到測驗或測量技術，但其結果報告含有較多的價值判斷及建議改進事項。在早年的書籍中，evaluation和assessment是交互使用，不加以區分的，但近年來許多學者已經開始區隔以免造成混淆。

第二節　篩選性測驗與教學評量

一般人常把「教學評量」與「測驗」兩個概念混為一談，而談到測驗時又常常以篩選性測驗或標準化成就測驗（如大學聯考、SAT、GRE、TOEFL）為主要代表，所以就有很多人以這類測驗的特色來論斷教師日常在教室中所用的教學評量，要求教學評量也要具備公平、客觀，有高信度和高效度等特色。但實際上，教學評量和篩選性測驗在本質上有很大的不同，所以本節將由幾個層面來描述這兩種教育評量的特色，以幫助讀者釐清概念。

一、篩選性測驗的特徵

㈠以區辨學生能力的高低為目的

篩選性測驗需要正確且精細地區分學生的能力,才能避免同分人數太多,無法作出正確的決定。因此在測驗編製上,它強調試題題數要多,試題難易度要配合學生的能力,使學生的分數分配能盡量地分散,以提高測驗的鑑別力。

㈡由學科及測驗專家主導

因為篩選性測驗重視公平性及客觀性,所以常特別聘請學科專家來命題,請測驗專家主持選題、施測及計分程序,以求周延。

㈢實施過程強調公平與效率

由於篩選的結果,被錄取者常可以獲得重大個人利益(入學資格、被雇用、獎學金等),所以測驗的公平性特別受到重視。試題內容的保密、施測程序的一致化、防止考試舞弊等(詳見第六章)都是為了確保測驗的公平性。

篩選性測驗為了公平且有效地區分眾多學生的能力,通常會採用團體測驗方式,在相同的時間內以相同試題對許多學生進行施測,並配合客觀計分的題型、電腦閱卷等方式,以增進測驗資料的處理效率。

㈣重視測驗結果的預測效度

篩選性測驗的目的是要選出合乎預定標準的人,所以應該在選出合格者之後,經過一段時間的觀察與評量,以驗證當初的決定是否正確,若是缺乏適當的預測效度,就應該修改測驗內容或方式。

二、教學評量的特徵

㈠以改進學生的學習行為為目的

　　「考試領導教學」指的是升學考試如何考，學校教師就如何教。而「教學評量領導學生學習」則是指教師如何評量，則學生就如何學習。教師所用的評量方式確實深深地影響學生的學習行為。

　　當學生離開學校之後，是否能成為一個獨立、主動的終身學習者，端看他是否已經具備良好的學習習慣和技巧而定。透過教學評量方法的選擇，正是要幫助學生改變其學習習慣，並增進其後設認知的技巧（對於自己思考與學習歷程的了解與監控），它的效果不只是提升目前的學習成就，還要培養終生學習者。

㈡由授課教師主導

　　教學評量不同於對學校效能的評鑑。評鑑學校的辦學效能時，是由上級行政單位主導，以標準化成就測驗或總結性評量方式，大規模地評量各校學生的學習成就；而教學評量則是由班級任課教師應用他的教學經驗、評量技巧及專業判斷，來對他所任教的班級進行學習成就的評估。因為，唯有個別的任課教師才對這班級學生應該評量什麼、如何評量、及如何應用評量結果最為清楚。教學評量很像研究法中的「行動研究」，亦即評量的設計者、實施者、及結果應用者都是同一人。

㈢與學科及班級文化密切配合

　　「工欲善其事，必先利其器」，不同的學科領域要使用不同的評量方法，沒有一種評量方法是適用於所有學科及所有年齡層的。

教師很容易發現，他所任教的同一學科的兩個班級，即使教材、教學內容、進度、指派作業等都一樣，這種平行的班級很快就會變得完全不同。學生的學習能力、先前學業水準、學習技巧和策略、學習態度和價值觀等，都會影響學生的學習結果，再加上師生之間及學生之間的互動方式，就形成了特有的班級文化。在此情況之下，唯有班級任課教師才能依據學科性質及該班的班級文化，選用最適當的評量方法。

㈣形成性評量重於總結性評量

教學評量中重視形成性（formative）評量勝於總結性（summative）評量。因為教學評量的主要目的在於改進學生的學習行為，而不是為學生評定期末成績。因此，取材內容少、實施次數多、有時候還可以不具名作答或不計算分數的形成性評量，最能夠達到這個目的。至於好的總結性評量，除了要具備有高信度、高效度及內容取材不偏袒的特色之外，還得考慮到學生的焦慮、作弊及公平性等問題；而且由於它通常在學期末實施，對於改進教學已經沒有多大助益。

㈤提供豐富回饋，以增進教學相長

教學評量能提供豐富的回饋使師生雙方都受益，它不但有最後結果的評定，也包括了學習過程的記錄；它不只是測驗分數，也包含了教師的文字評論與學生的自我檢討。它不但能夠促使學生主動地參與學習，也能引導學生去掌握教材內容重點和練習自我評量技術。而教師也因為在教學評量過程中，反覆地問自己：「我要讓學生學到什麼行為？」、「我如何知道學生已經學會了？」、「學生的困難在哪裡？」及「哪些學生需要幫助？」等問題，而提升了教師的教學效能。

表 1-1　篩選性測驗與教學評量之比較

	篩選性測驗	教學評量
實施目的	區辨受測者的能力、做錄取與否的判斷	改進學習行為、增進學習效果
評量者與被評量者的關係	陌生	熟悉、常接觸
被評量人數及時間	人數多、時間短	人數少、時間長
資料蒐集方式	短期的、橫斷的	長期的、縱貫的
比較的基準與結果的表示	與團體表現相比較，在團體中的相對地位	與教學目標相比較，達目標的程度
對評量結果的要求	公平性、區辨力、經濟性	診斷性、練習性、鼓勵性
評量方式的特徵	施測條件一致化（相同試題、防止作弊、客觀計分）、難易適中、大規模施測	強調真實性與學習遷移、回饋訊息與診斷補救、重視鼓勵與改進

第三節　教學評量的一般原則

　　評量是一個判斷學生學習與發展程度的統整程序，教師在使用時應該遵守下列原則，才能達到評量結果的公平、客觀與精確，並對教師的教學及學生的學習產生積極的回饋作用。

一、事先告知評量內容與範圍

　　教學前，教師應事先說明教學計畫並告知評量方式與範圍。沒有預告的、沒有明確範圍的評量徒然增加學生焦慮，對學生而言並不公平，也無法得知學生的真正學習成就。

二、要依據教學目標選擇評量方法

　　選擇評量方法時通常應該考慮其客觀性、正確性、方便性，但是最重要的還是要先看它是否是測量該教學目標最有效的方法。例如，若教學目標是培養學生的組織與表達觀念的能力，則用申論題、作文、心得報告等來評量就比用是非、選擇來得恰當。此外，教育目標不同於升學目標，若只考慮到升學目標，則教學評量的內容會偏狹到只剩下認知領域，評量方法會僵硬成只有紙筆測驗。

三、評量內容應綜合三大領域

　　教育目標應該包括認知、情意、技能三大領域，但國內的現況是各級學校都普遍偏重認知領域，只有職業學校和職業訓練中心重視技能領域，而在情意領域方面則是一片荒蕪。

四、試題內容取樣要公平且具代表性

　　試題內容在取樣上要考慮到對學生的公平性，例如，國文科閱讀理解測驗的材料不要都是取自科學雜誌，那對語文能力高但並不喜歡科學的學生就不公平。另外，若台北市高中聯招的作文以「台北街

頭」爲題，那對於從外縣市來的考生就不算公平。試題取樣若多且具有代表性，則該測驗便具有較高的內容效度，才能夠正確測出學生的學習成就。

五、尋求合作改進評量技術

教師在命題時並不需要單打獨鬥，他可以和其他教師合作共同擬題，在多人互切互磋、集思廣益之下，不但可以提高試題的品質，且無形中還可增進個人的命題技巧。此外，他也可以利用現成的題庫來命題或逐步建立屬於自己的題庫，以備將來命題時參考。

六、實施上兼顧學習歷程與結果

形成性評量在實施上是時間短、次數多，其目的在提供立即回饋以改進教學，具有診斷測驗的特色。總結性評量在實施上是等到學習告一段落後才來驗收成果，所以試題取樣廣而具有代表性，具有成就測驗的特色。兩者各有其功能，不能偏廢。

七、評量結果力求客觀與精確

教師應該在學生時間、體力及動機容許的範圍內增加評量次數與試題題數，以提高評量結果的可信靠程度。對於申論題、作業等的計分也應該力求客觀。

八、施測後應尊重學生隱私權

教學評量的結果不應該隨便公開，更不應該加以排列名次後公布

出來，因為這樣做不但會增加學生之間的惡性競爭，同時也打擊了成績低落者的自尊心。教師應該尊重學生的隱私權，遵守沒必要不告知的原則，只將結果告知學生本人、導師、家長及相關行政人員。

九、要能提供師生立即回饋

評量的結果應該盡快讓教師和學生知道，一方面讓教師能據以檢討自己的教學方法，或針對學生共同的錯誤進行補救教學，另方面讓學生能夠了解自己在學習上的錯誤與缺失，盡快自行改正。若在教學過程中使用形成性評量或是診斷性測驗，更應該爭取回饋的時效，以免錯誤和困難不斷地累積，影響學習效果。

十、要能充分利用評量結果

評量是用以達到教育目的的手段，而不是教育目的本身；所以評量的目的絕不是為了提供成績以便教務處登記，它的結果應該供給教師改進教材與教法；供給教育學者做學術研究或改進課程的參考；供給輔導人員對有學習困難學生做學習輔導；供給教務行政人員作決定；以及供給家長了解自己子女學習狀況等。

為了要能充分利用評量結果，評量結果的呈現方式除了數字外，還應該重視質的描述，才能讓使用者充分了解其含意。

第四節　教學評量的功能

現在國內很多人反對給與學生過多的考試，但這並不意味著他們否定教學評量的價值，倒不如說，他們反對將教學評量的方式窄化成

千篇一律的紙筆測驗，反對那些無法發揮教學評量應有功能的考試。

　　教學評量是指一切為了幫助學生學習、增進教學效果而進行的評估措施，它包括標準化測驗、教師自編測驗、實作測驗、觀察、口頭問答、作業評量等等，好好利用評量的結果可以達到下列的功能：

一、在教學上

　　任課教師及學生需要有教學評量活動，因為教學評量能夠：

⑴讓教師了解學生的起點行為，以便設定適當的教學目標。

⑵激發學生的學習動機。

⑶促進學習成果的保留及學習遷移。

⑷提供回饋，使教師能隨時調整教材、教法。

⑸提供回饋，使學生能自行補救學習上的缺失。

⑹判斷學生對教學目標或學科內容的精熟程度。

二、在行政上

　　學校教務處需要教學評量結果的資料，以便於：

⑴做入學或篩選上的決定，以提高學校的教學效率。

⑵做安置與能力分班的決定，以便於教師因材施教。

⑶做升級或核發學位或學力證明的決定。

⑷判斷班級及全校學生的表現，以便於課程與教學方案的評鑑。

⑸對外界說明學校的辦學績效。

⑹遵循學籍規則的規定，記錄歷年學業成績。

三、在輔導上

班級導師、輔導教師或家長也需要知道教學評量的結果，以便於：
(1)作為了解學生性向、興趣的依據。
(2)診斷學習困難所在、以便提供適當的學習輔導。
(3)當作進路輔導的參考，幫助學生設定教育及職業目標。

四、在教育研究上

課程專家、教材編撰人員、教育學者也都需要此一資料，以便於：
(1)進行或驗證有關學校教學的研究。
(2)找出潛在的教材及教學問題。
(3)做為修訂課程及教材順序的依據。

第五節　教學目標與教學評量

在生物學上有像界、門、綱、目、科、屬、種等分類上的名目，而這種分類學對於生物學領域的溝通的準確性，及動植物世界的組織和相互關係的了解有很大的幫助。同樣的，在教育領域中教育目標也是種類繁多，彼此之間又有某種關係，若能建立一套分類法，將有助於教育人員彼此間觀念與資料的交流。

一、教學目標分類方法的重要性

若要使各類教育人員之間能夠更精確地溝通，能夠協同合作，甚

至分享彼此的知識與經驗，那麼建立教學目標的分類方法就有其必要性。有了具體明確的教學目標分類方法之後，才能夠：

㈠建構起各類教育人員之間共用的專業語言

從事教育工作者除了一般教師及教育行政人員外，還有從事課程發展、教材編撰、教育評量、特殊教育的專家學者，他們之間需要有一套共同的專業語言，才能夠進行知識與經驗的交流。

若使用一般的語言，雖然大家都聽得懂，但是在專業領域的溝通上卻不夠精確，很容易造成彼此的誤解；但是若使用過於特殊的專業術語，則隔行如隔山，其他領域的教育人員可能根本聽不懂。唯有在各類教育人員都關心的課題——「教學目標」上建立起一套共同語言，才能促進彼此之間的溝通與合作。

㈡協助課程編製者簡化課程及教材的設計工作

教育目標的分類架構加上學科知識的架構，將有助於課程編製者設計各學科各層級的課程，根據這兩個架構來選擇教材或進行練習與作業的設計時，也比較能夠把握由易而難，由淺入深的原則。

㈢協助教學者與評量者掌握教學方案的重心

訂定明確的教學目標之後，教學者可以根據教學目標來選擇適當教材，編擬教學計畫；而評量者可以根據教學目標來命題；兩者都是根據同一套目標由上而下執行，所以能夠密切配合，不會在教學或命題時隨興所至，而有所偏差。

㈣引發研究者對教育心理學領域做新的探索

對目標的詳細分類可以使教育研究人員更容易發現以前所忽略的研究領域，研究人員可以依據此一分類架構進行分工合作，深入探討

教育的歷程，並建立起完整的教育理論體系。

二、分類的對象與原則

圖書館的圖書分類，對象很簡單，就是圖書。而教育情境下可以分類的對象卻很多，例如：教師行為、教學方法、學科內容，等等。在本書中教學目標的分類是以「教育歷程的預期成果」，也就是「學生行為上的改變」作為分類對象。這些改變包括認知思考、動作技能及情感態度上的變化。

在建立分類系統時要考慮下列原則，才能使該系統周延、實用。

㈠選擇適切的分類代碼或名目

分類所用的代碼或名目最好有邏輯上的意義，而且要便於記憶，最好能讓使用者可顧名思義，很快就了解該類目的內容，而不需要再另加註解。

㈡給與清晰而實用的定義

分類系統下的每一類別要有明確的定義，除了要說明它與其他類別如何區辨之外，還要敘述它與其他類別之間的關係。

㈢確保使用者之間的一致性

當建立好分類系統之後，除了要有明確的定義及豐富的範例之外，還要讓教育人員有機會練習和試用，以確保他們在使用這套分類系統時的一致性。

三、教學目標的三個領域

教學目標一般分成認知、情意、技能三個領域，各領域目標分類的代表作品、出版年代及作者分別列舉如下：

㈠認知領域

認知領域是討論人類思考上知識、理解、應用、分析、綜合、評鑑，六個層次的特徵及功用（詳細內容見第二章）。其代表作如下：

書名：Taxonomy of educational objectives. Handbook I: Cognitive domain.
作者：Benjamin S. Bloom, Max D. Engelhart, Edward J. Furst, Walker H. Hill & David R. Krathwohl (1956)

㈡情意領域

情意領域是討論人類的興趣、態度、價值觀、賞析，和適應的發展與改變的歷程。其代表作如下：

書名：Taxonomy of educational objectives. Handbook II: Affective domain.
作者：David R. Krathwohl, Benjamin S. Bloom, & Bertram B. Masia (1964)

㈢技能領域

技能領域主要是討論人類的反射性動作、基本動作、知覺動作能力、體能、技巧性動作及溝通表達性動作。其代表作如下：

書名：A taxonomy of the psychomotor domain

作者：Anita J. Harrow (1972)

書名：The classification of educational objectives in psychomotor domain.

作者：Elizabeth J. Sipson (1972)

　　教學目標的分類方式很多，了解不同的教育目標分類方法有助於撰寫更周延的教學目標，以下是另一種不同於上述三大領域的分類方法。

1. 知識	5. 一般技巧
1.1 術語	5.1 實驗室技巧
1.2 特定事實	5.2 實作技巧
1.3 概念與原則	5.3 溝通技巧
1.4 方法與程序	5.4 計算技巧
2. 理解	5.5 社交技巧
2.1 概念與原則	6. 態度
2.2 方法與程序	6.1 社會態度
2.3 書寫材料、圖表、地圖	6.2 科學態度
2.4 問題情境	7. 興趣
3. 應用	7.1 個人興趣
3.1 事實資訊	7.2 教育與職業興趣
3.2 概念與原則	8. 欣賞
3.3 方法與程序	8.1 文學、藝術、音樂
3.4 問題解決技巧	8.2 社會科學成就
4. 思考技巧	9. 適應
4.1 批判思考	9.1 社會適應
4.2 科學思考	9.2 情緒適應

第六節　教學目標的編選

　　教師只是了解教學目標是不夠的，若教師只按照別人所給與的教學目標和教材來施教，就像演員按照劇本來演戲，稱不上是教育專業。一個專業教師的先決條件是要能夠依照學生能力及環境條件來挑選合適的教學目標，甚至自己編擬教學目標，而且還要能在每個教學目標之下撰寫可以直接用於評量的行為目標。

一、教學目標的功能

　　教學目標不只可以促進各類教育人員的溝通，它單獨用於教學情境中，也能發揮多種功能，例如：

㈠可協助教師掌握教學的方向

　　事先準備教學目標一覽表，可以讓教師嚴肅地思考：他要讓學生學得哪些行為？而他所列的目標中哪些是不重要的？哪些被遺漏了？在教學過程中，教學目標好像一張地圖，提供了行進的方向與參照點。

㈡可做為選擇教材教法的依據

　　教學計畫源於教學目標一覽表，對教學目標有清晰的陳述，教師才能挑選達成這些目標所需要的教學方法、學習材料，並了解學生應有的起點行為。

㈢有助於說明教師對學生的要求

　　教學目標可以清晰傳達教師對學生學習結果的期望及評分的標

準;有了明確的努力目標,學生才能經濟地利用其時間和精力,做更有效率的學習。

㈣可做為評量學生成就的標準

要了解學習的成果應該依據教學目標來設計評量方式,而不是抓起教科書就拼命出題,只依據教材而不依據教學目標的命題方式,常會測量一些無關緊要的旁枝細節。實際上,教師只要把教學目標一覽表轉寫成具體的行為目標就是評量學生成就最直接的方法了。

㈤有助於不同教師間對於課程的溝通

列出整個課程的教學目標一覽表,將有助於教同課程同年級或教同課程但不同年級教師之間的溝通,這種溝通對於臨時代課的或新接任的教師尤其重要。

㈥增進教師與家長間的溝通

教學目標的陳述有助於教師向學生家長說明教師曾經教了些什麼,而家長可以做什麼樣的配合;教學目標也使得成績報告上的抽象數字變得比較有意義。

二、教學目標的運用

教學目標除了用在一般的班級教學之外,下列場合更需要使用明確、具體的教學目標:

㈠編序教學──教材細目的製作

編序式教學較一般教學更需要用到詳細且有階層性的教學目標。編序教學的特色是它具有循序漸進的教材細目,使學生能夠在沒有教

師的協助下也能獨立學習，而這種教材細目需要有層次分明的教學目標作爲指引。

㈡電腦題庫──試題的編碼

當試題要納入題庫時就像圖書要納入書庫一樣，需要做有系統的編號；但是在爲試題編號碼時絕對不能採用教科書的章節順序，因爲教材一旦版本不同或修訂，教師就無法根據章節編號找出所要的試題。題庫設計者應該依據知識架構、教學目標及題型來設計編碼系統，才能使題庫不受教材變動的影響，也更能夠掌握測驗的內容效度。

㈢標準參照測驗──試題的取樣

標準參照測驗又稱爲領域參照測驗，此類測驗在命題時是完全按照詳細的教學目標來擬題的，特別重視試題與教學目標之間的關聯性與代表性。在解釋測驗結果時，教師是依據教學目標來說明學生已經學會什麼，而哪些還沒有學會，而不是把學生的分數與其他人分數做比較。

㈣能力本位的教育方案──設計課程與教材

能力本位的教育方案通常用在職業技術教育上，它是以工作分析法（job analysis）去分析從事某一種職業所需的能力，然後再將之轉化成教學目標，因此這類方案的課程與教材是密切配合教學目標的。接受這種教育方案的學生需要接受能力檢定（如職訓中心的技能檢定、師範院校的國語文會考）才能畢業或授與資格證明。

㈤教學合約──教學成效的評估

在特殊教育領域中，有些私立教養機構會與家長簽定教學合約，並依據達成的教學目標的多寡來給付酬勞；這時候雙方都需要有一系

列的教學目標作為評估教學成效的依據。

㈥個別化教學方案——教師間的溝通

在特殊教育領域中，教師需要針對特殊學生的條件限制，及其個人的需要，為他單獨設計一套個別化的教學目標，並據以進行教學；而其他教師也需要了解此學生的個別化教學目標才能夠密切配合，給與適當的協助。

三、編選教學目標的方法

過去國內中小學教師很少為教學目標而煩惱，主要原因是全國統一的課程和教材已經提供了一致化的教學目標。但在教育日趨開放與民主化的今天，九年一貫課程的實施，讓學校有機會自己訂定學校本位的課程，因此教師不只可以自己選擇教材，也可以自己訂定教學目標。一般而言，在學校課程規畫小組中，教師可以經由下列途徑選編自己的教學目標，並據以實施教學與評量。

㈠依據現有的書面資料

1. 對現有國內外課程教材的分析

照理來說，我們應該先有了課程綱要，再擬訂教學目標，然後才編擬教科書與材料；而不是依據教科書來編擬教學目標（雖然現實中常常如此）。不過擬訂教學目標時難以無中生有，在編擬教科書之前，分析比較國內、國外、過去和現用的課程標準及教材乃是不可避免的。

在一般教學過程中，擬定教學目標的教師可以從檢查現在使用的或即將被採用的教科書的教學目標入手，擬定他自己的教學目標，然而他不必拘泥於這一版本的教材，他可以參考其他出版社的教科書所

附的教學目標，作爲附加的目標。通常這種策略可以顯露出在不同版本教科書中，教學目標的共同性及獨特性。

2.對現有成就測驗內容的分析

各種證照考試及技能檢定考試都強調試題內容對於未來工作表現的預測能力，分析這類測驗的內容有助於訂定一套符合未來就業需要的教學目標。效標參照測驗也是很好的教學目標的來源（雖然國內尚未有此類產品），這類測驗都具有以同樣的編碼系統建立的目標庫（objective pools）和題庫（item pools），讓教師在教學及評量上有很大的方便。如果學校的辦學目標是純粹爲了升學的話，那麼歷年來升學聯考的測驗內容也可算是教學目標的主要來源。

(二)依據現實條件的調整

1.任教同一課程教師間的協調

擬定教學目標是一件很耗費腦力和時間的工作，若有多位同事共同合作將使事情變得更容易些，而結果也會更周延些。教師集體參與訂定目標，也可以確保從不同教師那兒學習同一課程的學生是朝著同一目標而努力的。

2.任課教師對教室活動的觀察

教師需要依據學生的能力和背景來調整教學目標，才能使教學更順暢、更有效率。任課教師對自己班上的學習活動做定期的反省和記錄，有助於他依據自己的教學經驗把教學目標調整得更切合實際。

四、選擇教學目標的規準

教學目標的種類與數量繁多，在訂定或選擇教學目標時應該依據下列三個規準加以考慮：

㈠可行性

「可行性」（possible）是指這一教育目標在現有的條件之下可不可能達成？在判斷可行性時，主要的考慮在於學生的身心準備度及外在的師資設備條件。例如：

1. 學生條件的限制

包括學生現在的身心成熟度、以前的學習經驗、身心殘障及母語文化背景影響等。

2. 教師條件的限制

包括實際負責教學教師的能力、專業訓練、教學經驗及人格特質等。

3. 學習環境的限制

包括可獲得的教材、教學時間及學生練習機會等。

㈡所欲性

「所欲性」（desirable）是指這教育目標是不是值得追求？它涉及到教師、學生、家長及整個社會的價值觀，以及教學內容的可持久與可遷移的程度。某一教學目標是否值得追求，可以由下列三點來考慮：

1. 是否符合學生最大利益

亦即選擇目標時要考慮到個別差異，不只是要考慮到學生的性向與興趣，還要考慮到其社經背景和價值觀。不顧學生先天的條件和他本人的意願，不只在教學上會事倍功半，也常會造成人不能盡其才，才不能盡其用的人力浪費。

2. 是否配合社會未來變遷

在這資訊發達、社會變遷迅速的時代中，很多知識或技能轉眼之間就被淘汰。因此教師要有前瞻性眼光，預先想像學生成年後所生存

的社會，把將會淘汰的知識和技能從教學目標中篩選掉。例如，在紙筆使用量逐漸減少的資訊社會裡，要求學生用毛筆寫作文；在電子計算器隨手可得的時代中，反覆練習大數目的四則運算；或要求每位學生熟練珠算或心算等，這些都較不符合未來社會的趨勢。

3.是否配合教師、學校、國家的教育哲學觀

在班級中，教師有他個人的教育理念；在學校裡，校長有他所堅持的辦學精神；而課程綱要中也反映了國家的教育宗旨。教師在編選教學目標時，這些都不得不考慮進去。

(三)合理性

「合理性」（reasonable）是指各個教學目標在縱向之間具有連貫性與階層性，在橫向之間具有補充性與配合性。所以它是指內部的邏輯一致性。簡單的說，教育目標之間要具有下列兩種特性：

1.循序漸進

循序漸進是指同一學科之間的教學目標要具有階梯性的特徵，即前一個教學目標的達成是後一個教學目標的基礎，而後一個教學目標又統整了前面的學習經驗，保持了學習經驗的連貫性。這種循序漸進的性質在數學科或體育技能上的學習最為明顯。

2.相輔相成

相輔相成是指在不同學科之間的教學目標，應該能夠彼此聯絡配合，使學生在學習過程中獲得一個統整的經驗，加深學習效果。例如，國小階段的聯絡教學法或大單元教學法。

五、教學目標的撰寫

教育目標的撰寫可以有很多的層次，例如，最高的從憲法上的「教育宗旨」、到各級學校的「教育目標」、不同學科的「課程目

標」、各科在各年級的「課程綱要」、各個教材單元的「單元教學目標」（在九年一貫課程中稱爲能力指標）一直到在教學計畫中具體描述行爲結果的「行爲目標」。然而，在實際運用上，教師通常只需要撰寫單元教學目標及行爲目標即可。

一般而言，除非是教師自編教材，否則在課程綱要或教材（教學指引）上都會列出各單元的教學目標供教師參考。教學目標的概括性要能夠指引教師的教學方向，但又不至於限制了他對教學方法及教材的選擇。以下是概括性較高的教學目標：

(1)解釋統計圖表

(2)養成批判思考能力

(3)解政府組織結構

(4)欣賞古典音樂

六、行爲目標的撰寫

行爲目標是用來描述每一個教學活動所期望學生學得的行爲，所以比一般教學目標更具體，通常在一個教學目標之下可以有好幾個行爲目標。由於它對於學生行爲觀察的「情境」、「行爲」、「標準」都描述得非常詳細，所以每一個行爲目標都可以直接轉化成一個評量項目。通常在撰寫完整的行爲目標時應該具備下列五要素：

行為目標的組成要素	具體範例
A.行為者	師範學院三年級學生
B.情境	單靠教科書在二十分鐘內
C.表現的行為	能編擬出
D.行為指涉的事物	四選一的選擇題
E.通過標準	至少五題，並符合命題原則

㈠行為者（主詞）

第一個要素「行為者」部分是要說明由誰來完成這一指定的行為，由於教學或評量設計通常只針對固定年級的學生，而且作者和讀者之間已有共識，所以都不再提出，以免累贅。

㈡情境

第二個要素「情境」是指學生**在表現指定的行為時所加給他的條件或限制**。在文字敘述上它通常是指出學生可以（或不可以）使用某些訊息、工具、設備、資料及其他等，來協助完成指定的行為，例如：「能夠不用手指的協助，算出和為 10 以上的加法」。由於不同的情境會使該題目（行為）的難易度明顯地不同，所以需要明確地規定並且嚴格控制以求公平。

在設定情境條件時應該盡量使它接近真實生活，以利於學習效果的遷移，但也需要考慮到布置該情境的成本以及控制上的問題。

㈢表現的行為（動詞）

第三個要素「行為」是指要求**被評量者表現出來的可觀察行為**，如：「說出」、「寫出」、「分辨」、「裝卸」等。這些動詞可以決定測驗的形式（紙筆、口頭、實作等）以及學生將用到的認知思考層次（知識、理解、應用、分析等）。

這些實際操作的行為通常以動作動詞（action verbs）來描述，例如：確認、區辨、建構、指名、排列、描述、陳述規則、應用規則、展示、解釋等。

㈣行為所指涉的事物（受詞）

第四個要素「行為所指涉的事物」是指連接在該動詞之後的受

詞，它可以是**承受動作的事物**，如：調整「顯微鏡」；也可以**是因該動作所產生的結果**，如：寫出一篇「文章」。

　　有些行為目標並沒有這個要素，換句話說，它只有**行為的過程**，而沒有行為的對象或成果。這種行為目標通常只能針對行為過程來評量，例如：跑步、跳遠、跳水、舞蹈等。

㈤**通過標準**

　　第五個要素「標準」是讓教師用來判斷該行為的過程或結果，是否能夠達到所要求的水準。標準可以不止是只有一個，它可以採用多種標準，但通常是以**正確反應的數量或比例**以及**允許的時間限制**作為判斷標準；標準的高低也會影響通過比率，所以要訂得合理且明確。

參考書目

邱淵等人譯（民78）<u>教學評量</u>。台北：五南。見第二章「製定和挑選教育目標」。【譯自 Bloom, B. S., Madaus, G. F., & Hastings, J. T. Evaluation to improve learning.】

黃光雄編譯（民72）<u>教學目標與評鑑</u>。高雄：復文。見第二章「教學目標」。【譯自 Kibler, R. J., Barker, L. L. & Miles, D. T., Objectives for Instruction and evaluation】

盧欽銘、范德鑫（民81）良好測驗之特徵與要件。國立師範大學學術研究委員會（主編），<u>教學評量研究</u>，87-155）。台北：五南。

Angelo, T. A., & Cross, K. P. (1993). Classroom assessment techniques: A handbook for college teacher (2nd ed.). San Francisco, CA: Jossey-Bass. See chapter 1, "What is classroom assessment?".

Gronlund, N. E. (1993). How to make achievement tests and assessments

(5th ed.). MA: Allyn & Bacon. See chapter 1,"Achievement testing and instruction".

Linn, R. L., & Gronlund, N. E. (1995). Measurement and assessment in teaching (7th ed.). Englewood Cliffs, NJ: Prentice-Hall. See chapter 2, "Instructional goals and objectives: foundation for assessment".

Oosterhof, A. (1994). Classroom applications of educational measurement (2nd ed.). New York: Macmillan College. See chapter 1, "Measurement".

第二章　認知領域的評量

　　本章先分六節介紹知識、理解、應用、分析、綜合、評鑑，六種不同層次的認知領域教育目標。各節之中除了說明該層次認知思考的定義與試題特徵之外，還分析該層次與其他認知層次之間的關係，並提供題殼（item shell）和例題作為教師擬題時的參考。第七節則介紹如何依據同一份教材內容擬出六種認知層次的試題，並討論當我們在判斷現成試題的認知層次時，所遭遇到的困難。

第一節　知　識

　　知識（knowledge）層次強調的是**對於某一學科領域的內容及特定要素的回憶與再認**，所以照理應該是以「記憶」來命名，但是因為在心理學的實驗中常用無意義的資料來測量人的記憶能力，以避免實驗結果受到受測者原有知識的干擾，也因此「記憶」常被認為是機械性地存取無意義資料的能力。但在教學上所記誦的通常是學科領域中有意義的材料，所以只好改以記憶的結果──「知識」作為這層次的名稱，並以知識的內容來做更細的分類。

　　所謂「記憶」就是以再認（recognize）或回憶（recall）的方法，把先前存入於腦神經中的資料再取出來。「再認」是要求學生**就所提供的各種答案中判斷哪一個是與記憶的內容符合**，所以在測量上常以是非題、選擇題、配合題、重組題的題型出現。而「回憶」是要求學生**自己回想並寫出記得的內容**，所以通常是以填充題、簡答題、解釋名詞、默寫等題型出現。

一、重要性

㈠知識是所有較高層次認知的基礎

知識的片段雖然只是對於個別的、片段的資料的回憶，但卻是所有較高層次認知活動的基礎。例如：在應用層次就需用到「原理與原則的知識」或「方法的知識」，在分析層次就需要用到「分門別類的知識」或「理論與結構的知識」，而在評鑑層次就需要用到「規準的知識」。

㈡在一般生活適應及專業溝通上都必須用到知識

現代社會變遷迅速，現代人需要不斷地吸收新知識才能適應日趨複雜的現代生活。而專業人員為了執業與溝通上的需要，也要不斷地吸收新知識和新術語。

㈢新知識不斷地增加，此一教學目標在任何學習階段都很重要

在知識爆炸的時代裡，任何領域的專家都很難追趕得上知識增加的程度，因此即使在成人教育、在職教育階段，知識層次的教學目標仍然受到重視。

二、命題原則與試題特徵

知識層次的試題除了常用「描述、認出、配對、界定、說明、列舉、命名」等行為動詞之外，通常還具有下列重要特徵：

(一)試題內容的精確度和複雜程度非常接近原先學習的教材

由於試題內容非常接近原先的教材，所以常會被詬病，認為是在助長機械式記憶。然而這並非表示這一層次的試題就不重要，而是說這一層次的試題比較容易命題（由課本照抄即可），所以也比較容易被濫用，因而忽略了較高層次的能力。

(二)試題中不可以採用原先教材以外的新術語或新情境

就這一點而言，它與測量較高層次的應用或分析層次的試題不同，測量應用或分析層次的試題只能使用新情境、新材料，但測量知識層次的試題卻一定要遵循原先的教材。

三、教學目標與試題範例

1.00 知識（KNOWLEDGE）——記住先前學習的材料

1.10 對特定事物的知識

所謂對特定事物的知識（knowledge of specifics）是指學生能記憶教材中的字彙和術語的含意或是零碎的事實資料，這類知識的抽象層次很低，是所有認知思考的基本要素。

1.11 字彙或術語的知識

所謂字彙或術語的知識（knowledge of terminology）是要求學生記憶某一個特定符號（語文或圖像）的相關概念，例如，一個字的字形、字音、字義。有時候是要求學生能夠想起所給語詞的同義字、反義字，或是回想一專業術語的定義等。配合此一目標的題殼和試題舉例如下：

(1)「XXXX」又可以稱為什麼？

(2)下列哪一敘述是「XXXX」的最佳定義？

(3)在這一句子中「XXXX」是什麼意思？

例題 2－1

1.「令堂」是指別人的：A.父親　B.母親　C.房子　D.廳堂。

2.下列哪一句成語和「顛三倒四」的意義最相近？

　　A.朝三暮四　B.食言而肥　C.言不及義　D.反覆無常

3.教師依順序拿出五種化學實驗設備給全班學生看，要求每個學生在答
　案紙上依照順序寫出這些設備的名稱。

4.請將下列英文字譯成中文：

　　A. school　B. classroom　C. student　D. boy

5.寫出等腰三角形的定義。

1.12 特定事實的知識

　　特定事實的知識（knowledge of specific facts）是要求學生**記憶
起曾經發生的事件或發現的事物**，這類試題通常以有關「誰」、「何
事」、「何時」、「何地」、「何物」的疑問句形式出現，在歷史和
地理科目中就含有大量特定事實的知識。配合此一目標的題殼和試題
舉例如下：

　　(1)「XXXX」是發生在哪一年？

　　(2)「XXXX」是哪一國的首都？

　　(3)誰首先發現「XXXX」？

例題 2－2

1.古典小說「西遊記」的作者是＿＿＿。

2.臺灣有哪幾個國家公園？

3.甲午戰爭是＿＿＿和＿＿＿兩國之間的戰爭。

1.20 對處理特定事物的方法和工具的知識

所謂對處理特定事物的方法和工具的知識（knowledge of ways and means of dealing with specifics）是指學生記得組織、研究、判斷、批評的工具方法或程序。它是在抽象階層的中間層次，測量時是探察學生是否記得這些知識，而不是要求學生實際使用它們。

1.21 慣例與常規的知識

這類慣例與常規的知識（knowledge of conventions）是**經由約定俗成而逐漸形成的一套處理事務的方式，它會因為時空的不同而有所變化**，例如，交通規則、生活禮儀、風俗習慣、文章格式、標點符號用法等。雖然它不具有強制性，但是若能遵守它，則在人與人的溝通上，或為人處事上會更方便、更有效率。配合此一目標的題殼和試題舉例如下：

(1)下列哪一個符號是用來表示「XXXX」？

(2)當在「XXXX」時，通常的處理程序是如何？

(3)下列哪一方法最常用在「XXXX」？

例題 2－3

1. 寫西式信封時，寄件人的姓名和地址是寫在：

　A.左上角　B.右上角　C.左下角　D.右下角

2. 吃西餐時，通常最先端上來的是：

　A.湯　B.生菜沙拉　C.主菜　D.甜點

3. 奏鳴曲的第一樂章通常比其他樂章較：

　A.結構鬆散　B.快速與歡樂　C.長且複雜　D.情緒奔放

1.22 趨勢與順序的知識

這類趨勢與順序的知識（knowledge of trends and seqences）是**指學生能夠認識與時間有關係的歷程、方向、運動和轉變等的現象。**它通常要學生指出多種不同事項在時間上的出現次序，或是它們之間

的因果關係。配合此一目標的題殼和試題舉例如下：

　　⑴哪一統計圖最能代表「XXXX」的發展趨勢？

　　⑵下列何者爲「XXXX」的正確順序？

　　⑶下列哪一敘述最能說明「XXXX」的發展趨勢？

例題 2－4

1. 蒼蠅的生命發展歷程是：

　A.卵→幼蟲→成蠅→蛹　　B.幼蟲→蛹→卵→成蠅

　C.卵→幼蟲→蛹→成蠅　　D.卵→蛹→成蠅→幼蟲

2. 請將下列朝代依照先後順序重新排列後，將代號寫在橫線上

　A.西周　B.東周　C.商　D.夏　E.秦

　答：_____

1.23 關於分門別類的知識

　　當探討某一學門或主題到相當程度，並且累積豐富資料時，研究人員自然會把它們分門別類，以便將龐雜的事物加以組織和系統化，例如：對於動物或植物的分類等。

　　在評量上關於分門別類的知識（knowledge of classifications and categories）是要求學生**說明各種種類、組別的名稱，以及如何區分和編排它們的原則**，至於如何實際運用這些知識到新情境上則是屬於較高的運用層次。配合此一目標的題殼和試題舉例如下：

　　⑴「XXXX」可以分成哪幾個類別？

　　⑵下列哪一個是屬於「XXXX」的實例？

　　⑶請說明「XXXX」分類方法？

例題 2－5
1. 下列哪一種是屬於化學變化？
　A. 酒精蒸發　　B. 汽油燃燒　　C. 糖溶於水中　　D. 水結成冰
2. 以探討生物結構為主的科學之一是：
　A. 生理學　　B. 解剖學　　C. 胚胎學　　D. 病理學

1.24 關於規準的知識

　　關於規準的知識（knowledge of criteria）是指**在判斷事實、原理、意見或行為時所需要的規準**，這類知識是學生在進行評鑑時所必需的。對學生而言，規準通常較為複雜和抽象，需要與具體情境及問題相結合才有意義。配合此一目標的題殼和試題舉例如下：

　　⑴選擇「XXXX」的準則是什麼？

　　⑵有哪些標準可以判斷「XXXX」的好壞？

　　⑶進行「XXXX」分類時要依據哪些準則？

例題 2－6
1. 下列哪一個不是選擇良好測驗的準則？
　A. 題數　　B. 信度　　C. 效度　　D. 公平性
2. 依據 John Ruskin 的觀點，最偉大的畫應具有什麼特色？
　A. 與真實最相似　　　　B. 告訴觀眾最多內容
　C. 展示最偉大力量　　　D. 傳達最多偉大觀念
3. 請說明一個好的教學目標應該符合哪些規準？

1.25 關於方法學、問題解決策略的知識

　　關於方法學、問題解決策略的知識（knowledge of methodology）是指學生能夠**知道在研究某一學科領域或解決特定問題時，所應該用的方法、技術和程序**。這裡只強調對於方法的了解，而不要求做實際的使用。這種知識是一切實際運用的基礎，當工作進行到相當程度

時，最好能解析自己所用的方法並比較他人所用的方法，如此可以增加個人後設認知的能力。配合此一目標的題殼和試題舉例如下：

(1)有哪些方法可以用來「XXXX」？

(2)做「XXXX」的第一個步驟是什麼？

(3)處理「XXXX」的最佳方法是什麼？

例題 2－7

1. 下列何者是元素週期表的功用之一？

　A.算出化合物的分子量　　B.看出許多化合物離子化程度

　C.決定汽油的溶解度　　　D.推測未被發現的元素

2. 假如要瞭解飲食過量是否影響壽命，比較科學的探討方法應該是：

　A.訪問十個九十歲以上老人的飲食狀況

　B.研究健康食品的廣告

　C.抽樣五十位家庭主婦，問她們意見

　D.以白鼠做實驗，一組讓它們飲食過量，一組保持正常

1.30 對某一領域的普遍和抽象的知識

　　對某一領域普遍的和抽象的知識（knowledge of the universals and abstractions in a field）是經由反覆地實驗或大量地觀察而歸納出來的一種普遍性、抽象性的敘述；它是產生學習遷移的必要條件，也是進行「應用」時所必需的知識基礎。這類知識包含單一的原理與通則，也包含整體的理論架構或解釋模型。

1.31 關於原理與通則的知識

　　「原理」（principles）是指某種過程或關係的陳述，由於它們是來自於反覆地實驗和觀察，所以適用性很廣，少有例外。「原理」常見於化學、物理、數學上的各種定理或公式，例如：

(1)力＝質量×加速度

(2)植物的光合作用

(3)物體受熱會膨脹

「通則」（generalizations）是指依據大量觀察資料對某一現象所做的推論，它只在有限的範圍內有效，常可以發現例外。「通則」經常出現在社會科學或人文學科上，例如：

(1)疏離社會的人較容易犯罪

(2)大規模飢荒常導致戰爭

(3)父母的社經地位愈高，對其子女的教育成就期望愈高

這類知識只強調學生對原理或通則的定義，以及它在教材中的舉例說明做回憶，並不強調學生對於原理或通則的理解與運用。配合此一目標的題殼和例題舉例如下：

(1)「XXXX」現象的產生是因為下列哪一種原理？

(2)下列哪些例子可以用來解釋「XXXX」原理？

(3)下列哪一個通則最能夠說明「XXXX」現象？

例題 2-8

1. 用一條線綁著一塊磚頭可以在平滑的地面上拉動，但若用力猛拉，則這條線便會斷掉，下面哪一原理可以解釋這個現象？

 A.能量不變   B.兩物體相互接觸就有摩擦

 C.加速度的力量相等   D.以上皆非

2. 配合題：請指出左列的現象可以用右邊的哪一原理來加以解釋。

 ( )(1)車輛行駛後輪胎會變熱   A.燃燒生熱

 ( )(2)打開瓦斯爐可以燒開水   B.通電生熱

 ( )(3)在外面曬衣服比較容易乾   C.摩擦生熱

 ( )(4)燈泡開久了，會燙手   D.太陽輻射熱

 ( )(5)夏天平均氣溫比較高

1.32 關於理論與架構的知識

關於理論與架構的知識（knowledge of theories and structures）是指學生能認識各種原理、通則和其相互關係的組合，這類知識能對複雜的現象或問題有一清晰、完整和系統化的解釋。配合此一目標的題殼和試題舉例如下：

(1)下列哪一個公式才是描述「XXXX」理論的最完整公式？

(2)下列哪一個證據最能夠支持「XXXX」理論？

(3)下列哪一個敘述最能正確描述「XXXX」的組織與結構？

(4)下列哪一個敘述最符合「XXXX」理論？

例題 2-9

1. 請說明我國中央政府的組織及其相互關係。

2. 請依照課本的敘述，畫出水的循環的圖解。

3. 下列哪一敘述不符合植物生長的現象？

   A.要靠種子才能繁殖　　　B.莖、葉會向光源的方向生長

   C.根會向地下的方向生長　D.要有適宜的溫度和水才會發芽

第二節　理　解

「理解」（comprehension）是指個人藉著思考歷程把得到的訊息轉換成更具有意義的形式，甚至超出原有的意義之外。由於這一認知層次並不重視回憶能力，而強調對新資料的處理，所以在評量上常以「解釋資料式的試題組合」來測量此一能力。

一、重要性

㈠理解是人與人之間進行訊息溝通所需要的能力

記憶是機械地接收、儲存與擷取外界的訊息，而理解則是將新訊息與既有的知識與經驗，產生有意義的連結。缺乏理解時，所接收到的訊息只是片段、無意義的資料，就像外國人向你說你沒學過的外國話一樣，不只無法做適當反應，也難以長久記憶。

㈡理解在教學目標中占了最大比例

理解也是認知心理學家皮亞傑（Piaget）所謂的同化（assimilation）（將新經驗納入舊的認知架構）與調適（accommodation）（修改舊的或創造新的認知架構以容納新經驗）的過程。教材的內容、教師的講授都是一種訊息溝通，一種新經驗，而學生需要在他腦裡進行同化和調適，並擴展或改變認知結構，才算是理解了教材內容，掌握了教師傳達的概念。

二、命題原則與試題特徵

理解層次的試題除了常用「翻譯、重寫、歸納、摘要、預測、估計、舉例、說明、解釋」等行為動詞之外，通常還具備有下列特徵：

㈠提供的材料要不同於教學中所用的材料，但在語言、符號或內容上卻有類似的特徵

要分辨一個試題是屬於知識層次或理解層次，得先要看過學生所用的教材才行，如果試題與教材或上課內容雷同，則該試題就是屬於

知識層次；但若已經改變了形式，則可以列入理解層次。

㈡要求學生反應的方式偏重於概念表徵方式的轉換、概念抽象層次的變化、概念範圍的確定及概念與概念間的連結

　　評量學生是否理解某一概念時，可以要求他以不同的形式表達（翻譯或轉譯），或用不同抽象層次的語言來解釋，或是下一個定義，或是說明此一概念與另一概念的異同。

三、教學目標與試題範例

2.00 理解（COMPREHENSION）——掌握學習材料的意義

2.10 轉譯

　　「轉譯」（translation）是個人把得到的訊息由原來所用的形式轉換成另一種形式，它又可細分成三種：

2.11 從一種抽象等級轉換成另一種抽象等級

　　例如：將包含有多個專門術語的敘述改寫成一般語言；舉例說明一個概括性的法則；以摘要或抽象術語取代一段冗長敘述等。

例題 2－10

1. 下列哪一例子可以說明「報酬遞減率」？
   A. 一個機器用得愈久，穩定性就愈低
   B. 對農產品的需求量高於其供應量
   C. 一座工廠加僱了一倍的工人，但產品只增加了 50%
   D. 應徵某一工作的人增加，則該工作的薪水就會降低

2. 請從日常生活可見現象中舉兩個例子說明「熱脹冷縮」的原理，而你所舉的例子要不同於課本或習作。

3. 請用專業術語來重新敘述下列的句子。
   「選擇測驗題目時，不但要考慮該試題是否太難或太簡單，還要考慮到測出來的結果能不能正確區分學生能力的高低，還有它是不是對某些人比較有利，而對另一些人比較不利。」

2.12 從一種符號的形式轉換成另一種形式

例如：音樂科中的視唱；把統計數字轉畫成統計圖表；用口語唸出數學公式；找出平面圖所對應的立體圖等。

例題 2−11

1. 請看樂譜並聽鋼琴彈奏後，用固定唱名法唱出下面一段旋律。（樂譜省略）
2. 請依據以下所給的數據資料畫出一個直方圖。（數據資料省略）
3. 請用文字敘述的方式寫出下列數學公式的計算過程。

   $X =（A + B）÷（C + D^2）$

2.13 從一種語言系統轉換成另一種語言系統

例如：把中文譯成英文；把口語譯成手語；把文言文翻成白話文；把詩歌改寫成散文；說明詩詞中某一名詞所象徵的意義等。評量學生的轉譯能力，通常以其轉譯後的作品是否達到「信」（忠實、精確）「達」（完整、易懂）和「雅」（流暢、優美）做為判斷標準。

例題 2−12

1. 請將以下的詞翻譯成散文。

   風住塵香花已盡，日晚倦梳頭。物是人非事事休，欲語淚先流！
   聞說雙溪春尚好，也擬泛輕舟；只恐雙溪蚱蜢舟，載不動許多愁。
2. 請將下列句子用手語比出來。

   「我認為臉上的表情更能顯露出人的情感。」
3. 請將以下的中文句子翻譯成英文。

   「我不是不願意去，而是太忙了。」

2.20 解釋

「解釋」（interpretation）是個人將得到的訊息作進一步的說明或摘要，以幫助他人了解。解釋時不只要像轉譯那樣找出每一重要部分的含意，還要在辨識與理解各主要概念以及相互間的關係之後，進

行材料的再整理，甚至從自己的經驗中找出適當的例證，以幫助對方更容易了解。由於解釋需要由溝通訊息中抓出重點，所以實際已經在做分析了。

　　進行解釋時，解釋者可以依據對方的需要而降低語言的抽象層次，做更具體化的說明或舉例；反之，也可以升至較抽象的層次，例如做一總結或摘要。

2.21 能夠找出溝通訊息的重點，並以要求的形式表達出來

例題 2－13
1. 請你在閱讀下面一篇文章之後說出它的內容大意。（文章省略）
2. 讀完五上國語課本的第八課之後，請將其各段內容大綱寫出來。
3. 請在看完下列四張連環圖片之後，以小學生能理解的方式說明這些圖的意義。

（圖片省略）

　　解釋亦包括對於抽象的原理與通則的進一步闡釋，學生先需要對於原理與通則的成立條件、概推的限度以及可能的例外等有深入理解之後，才可能利用這些原理與通則做出正確的應用。

2.22 能夠判斷哪些原理和通則比較適合解釋所觀察到的現象

例題 2－14
1. 一個人在瞬間失去知覺的原因很可能是因為：
　A.腦細胞缺乏氧氣　　　　B.外在溫度突然降低
　C.肌肉協調減少　　　　　D.脈搏跳動次數減慢
2. 游泳池的台階在接觸水面的地方顯得彎曲，這是因為：
　A.光線入水時發生散射　　B.光在水中不沿直線運動
　C.光線在水面上衍射　　　D.光在水中與空氣中速率不同而發生折射

2.23 能夠說出某一原理或通則其成立的先決條件或概推的限度

> 例題 2-15
> 1. 商業上的「薄利多銷」是否完全正確？若不是，請問在何種情況下不能成立？
> 2.「龍生龍，鳳生鳳，老鼠的兒子會打洞」這句俗語是否正確？為什麼？

2.24 能夠指出某一通則的例外情況並說明理由

> 例題 2-16
> 1. 抽樣時「樣本愈大愈具有代表性」是否絕對正確？為什麼？
> 2. 憲法規定人人有受教育的權利，那麼為什麼讀大學還要經過考試？

2.30 外推

「外推」（extrapolation）是指個人能夠**超越文字上的理解，而預測、推估出可能的結果或即將發生的事**。

外推除了要能正確地轉譯和解釋資料外，還要去掌握在資料中並未呈現出來，但卻可以由現有資料推想出來的部分。外推的結果雖然不一定正確，但通常是比盲目猜測有更高的正確機率。在閱讀資料時，如遇到下列情況，讀者需要自行做外推，才能對資料的意義有更完整的理解：

(1)作者不太用心去敘述由該資料引出來的可能結論時。

(2)作者對於該資料可以適用的所有可能情境缺乏認識時。

(3)因為篇幅限制，作者必須限制其資料的呈現或表達時。

(4)因為所要傳達的觀念太過於概括或適用範圍太廣，而無法一一列舉時。

外推不同於「應用」，外推是把現有的觀念推展到過去、未來或其他情況，它的思考過程並沒有「應用」那麼抽象；而「應用」是個

人要先掌握概括的原理、行動法則等，然後使用到各種不同的新情境上。外推的認知活動通常出現在下列三方面的資料：

2.31 趨勢與傾向

若一系列的資料是隨著時間變化顯示出一種趨勢和傾向，那外推就是將此一趨勢或傾向延伸到未來的另一個時段上。未來學中對於未來社會的預測，以及統計學上的時間序列分析都是典型的代表；股票族在看盤時，心中預測股價的起落，是最好的實例。

2.32 論題與範圍

如果資料是有關一個論題或主題，那外推可能表現出一種擴展一個觀念到其他適切的論題或情境的企圖。這種外推不僅改變了溝通訊息的形式而已，而且還包含了把觀念延伸出原先討論的範圍之外。智力測驗上的類推（analogy）測驗是最典型的代表。

例題 2－17

1. ＿＿之於花卉，就如柑橘之於＿＿　（複比推理）
 A.菊花；植物　B.玫瑰；水果　C.花瓶；蔬菜　D.香味；甜味
2. 射擊、槍枝；書法、毛筆；釣魚、＿＿　（連比推理）
 A.魚餌　B.釣魚竿　C.漁夫　D.魚

2.33 樣本與母群體

如果資料是來自樣本，則外推可能關聯到樣本所出來的母群體。例如，總統選舉之前以電話抽樣調查的結果（樣本）來推論到各總統候選人的實際得票率（母群體）。反之，若資料是來自母群體，則外推可能涉及到其中的某一樣本。例如，統計資料顯示出一年中某幾個月的所有小汽車（母群體）銷售量，而推論可能是指裕隆牌汽車（樣本）的可能銷售量。

第三節　應　用

　　學習遷移是教育的必要條件，若沒有學習遷移，教學與學習將不勝負荷。而應用（application）就是指學生能把學到的原理（principles）和通則（generalizations）運用到新問題或新情境中，換句話說就是能夠「舉一反三」。

　　「應用」與「理解」的區別是：在教師說明解決問題的方法後，學生即能依指示解決問題，這是「理解」；若教師並未說明解決方法，學生就能根據過去所學的知識自己解決問題，這就是「應用」。

　　當「應用」是指利用原理與通則來解決問題時，就很容易與「綜合」層次混淆，有一種很容易區分的方法就是：「應用」雖然可以有不同的問題解決策略，但最後都指向一個共同的正確或最佳答案；而「綜合」則是有很大的自由表達空間，最後是建構出各具特色的有意義的整體作品。

一、重要性

㈠應用使得學生更了解學得知識的意義和價值，進而激發學習動機

　　當學生發現他所學得的知識能夠實際用來解決實際問題時，他會更重視這些知識的價值，而且更渴望學習相關的新知識。

㈡應用是一種學習遷移的證明

　　當學生能夠主動使用他所學到的知識來解決不同的問題時，這表

示他已經能夠舉一反三，產生教師所期盼的學習遷移了。

㈢應用強調知行合一，特別適用於實作評量

實作評量的施測情境大都是特定而具體的模擬情境或是真實情境，在此學生需要應用抽象知識實際地做出某些行為以解決問題，所以實作評量與運用層次有密不可分的關係。

二、命題原則與試題特徵

應用層次的試題除了常用「預測、證明、解決、修改、表現、發現」等行為動詞之外，通常還具有下列重要特徵：

㈠學生必須以某些方式對問題敘述進行加工處理，以利解題

這表示學生必須先分析題目的意義，了解題目中所含的要素、條件及要求。在這理解題意的過程中，學生需要：
　⑴從問題敘述中找出已給的條件和缺少的條件。
　⑵從問題敘述中刪除無關緊要的要素。
　⑶分析問題敘述之後再重新組合。
　⑷重新敘述和界定問題，使它更清晰明確。

㈡學生必須將問題放入一個規範或模型中，然後再利用已學過的原理或通則解決問題

這點表示學生需要用到知識層次中較抽象的【1.25 關於方法學、問題解決策略的知識】和【1.31 關於原理與通則的知識】，而不是對於特定事物的知識。

在測驗中，學生被要求演示和記錄其解決問題的步驟，以便閱卷者能夠從中推論他是否能夠正確運用原理和通則解決問題。

㈢問題情境應該是接近現實生活的新問題、新情境,而且具有挑戰性

測量應用層次的問題情境必須是學生有點熟悉,但又不能太熟悉的。因為若呈現的問題情境是學生先前曾學習過的,那他只要靠回憶就可解決問題,那只能測出他的知識或理解的層次;但若情境完全與他的舊經驗脫節,那就與學習教材完全無關,就好像在考智力測驗了。因此這表示應用層次的問題情境最好具有下列其中一種特色:

(1)一種虛構的情境。

(2)大部分學生未曾接觸過的教材。

(3)是學生所熟悉的,但卻含有學生未曾想過的新觀點。

至於判斷該問題情境對學生而言是否為新情境,這就得由原來任教教師來判斷,因為如果該問題情境是教師曾經舉例過的或是學生曾經練習過的,那所測量的層次就降為知識層次,而試題難度也大為降低。

三、教學目標與試題範例

3.00 應用(APPLICATION）──在特定和具體情境中使用抽象的知識

在實際擬題目時,命題者若能採用下列由「試題情境類型」及「作答方式」所構成的雙向細目表,將更有助於編擬應用層次的試題。表 2−1 中「實際解決問題並展示其過程」是應用層次中最常見的形式,例如,一般要寫出解題過程的數學應用題,或以紙筆寫出實驗操作程序等,所以本節中不另外舉例。

表2-1　應用層次試題的各種命題模式

學生作答方式	試題情境的分類		
	尚未接觸過的情境	純屬假設虛構的情境	對於通俗情境的新觀點
選擇正確地解決問題的方法或其理由	例2-18	例2-20	例2-22
實際解決問題，並展示其過程	（另見實作評量一章）	（另見實作評量一章）	（另見實作評量一章）
實際解決問題，但只呈現問題的最後答案	例2-19	例2-21	例2-23

3.01 能夠重述問題，以判斷哪些要素或條件對於解決問題是必要的

例題2-18

1.每一桶油漆價格500元，有2公升，可以漆30平方公尺的面積，現有一面牆長40公尺，高2公尺，問要漆完此面牆需要買幾桶油漆？下面哪一個計算式最可能算出正確答案？
　　A. $500 \div 2 \div 30 =$　　B. $40 \times 2 \div 30 =$
　　C. $40 + 2 - 30 =$　　D. $40 \times 2 \div 30 \times 2 =$

3.02 能夠利用已知道的原理或通則來解決新的問題

例題2-19

1.甲和乙兩人可以在二十天內一起做完一件工作，當他們兩人一起工作五天之後，甲先退出，而乙繼續工作二十天後才完成剩餘工作，如果一開始就由甲單獨做這件工作，他要花多少天？
　　A. 50　　B. 60　　C. 70　　D. 80　　E. 以上皆非

3.03 能夠依據原理或通則作出正確的預測並說明理由

> 例題 2-20
>
> 1. 在下面問題中，請你預測每一種政策對所得分配的影響，在每一個案例中，我們假設並沒有其他政策會改變而抵銷此一政策的影響。請以 A 表示貧富差距會加大，以 B 表示貧富差距會縮小，以 C 表示對貧富差距沒影響。
>   - （　）⑴實施全民健康保險
>   - （　）⑵增加個人所得稅免稅額
>   - （　）⑶減少商業壟斷的程度
>   - （　）⑷提高累進所得稅的稅率
> 2. 當人的體溫降到攝氏十八度時，會怎樣？為什麼？
>   - A.血液含氧量比正常的多，因低溫時氣體更容易溶解在液體中
>   - B.表皮血管擴張，因為血管收縮神經是鬆弛的
>   - C.大多數的活動將減慢，因為溫度降低時所有的化學活動將減少
>   - D.心跳會更快，因為寒冷會刺激控制心臟的中樞神經

3.04 能夠利用適當的原理或通則對假設情境中可能發生的狀況作預測

> 例題 2-21
>
> 1. 以下的配合題每題不只一個答案，你要運用天文學的知識去推論如果地球發生下列狀況（1-5），則將會產生哪些現象（A-G）？
>   - （　）⑴如果地球沒有月球環繞著它
>   - （　）⑵如果地球公轉的軌道是正圓的而不是橢圓的
>   - （　）⑶如果地球沒有斜著軸做公轉
>   - （　）⑷如果地球的重量不變，但直徑縮小成原來的一半
>   - （　）⑸如果地球是向西運轉，而不是向東運轉
>   - A.則太陽將在東方落下
>   - B.則所有地區的畫夜都同樣長短
>   - C.則地心引力將是原來的四倍
>   - D.則不再有季節的變化
>   - E.則需要重新選擇一顆北極星

3.05 能夠說出在某一問題情境中，為什麼要運用某個或某幾個原理或通則的理由

例題 2－22

1.在通貨膨脹時，把金錢投資在一般股票上可以避免財產的損失，這是因為股票：

　A.有固定的股息收入

　B.在通貨膨脹時付較高的利息

　C.會隨著公司資產的增加而增加其價值

　D.受中央存款保險制度所保障

3.06 能夠利用適當的原理或通則來支持或說明某一特殊的行為或決策過程

例題 2－23

1.成語中的「望梅止渴」，可以用心理學的什麼原理來加以說明？

2.某人參觀一養鴨場，不小心踢到路旁飼料桶，但見一群鴨子朝他衝過來，請用心理學原理解釋這群鴨子的行為。

第四節　分　析

　　分析（analysis）是指把一個溝通材料拆解成幾個構成要素或是幾個部分，以使各概念的相對階層能夠更清楚，或各概念之間的關係能夠更明顯。

　　要在「分析」與「理解」之間畫一條明顯的界線是不可能的，但或可說，理解所針對的是材料的內容，而分析則同時處理材料與形式二者。有些人所說的分析某些材料，其實只是積極地、有系統地去理解材料的內容而已；而真正的分析卻是除了理解文件中已經言明的東

西外，還要能站在訊息之外去看它是怎樣產生效果或影響的。

　　「分析」和「評鑑」之間也是難以劃分，尤其當我們談到「批判性分析」時更是如此。當讀者在分析一篇文章的要素、組織時，他很自然地會把它和舊經驗作比較，並依據評鑑規準給與褒貶。雖然如此，這三者仍然有層次上的區別，能夠理解不一定會分析，會分析不一定能夠做出適當的評鑑。所以我們若把分析視爲一種深入理解作品的方法，或是作爲評鑑作品的前奏，在教育上可能更爲周延。

一、重要性

㈠在藝術欣賞的課程中特別需要

　　在音樂、美術、或文學作品的欣賞課程中，教師引導學生分析該作品的構成要素，說明各要素之間的關係，提示整個作品的組織原理，以及找出它所要表達的意念，這些都是在教導學生分析的能力。

㈡是一種能夠永久保留的能力

　　分析能力的學習很像技能的學習，學生需要利用不同性質、不同難度的材料進行練習才能有進步，教師也要不斷示範、引導和糾正才能收效；而這種能力發展到一個適當的程度就能永遠保留下來。

㈢是協助深入理解事物的手段

　　分析是強調將材料分解成各個組成部分，並探求它們之間的關係和它們的結合方式。所以在分析的過程中、我們對事物的了解會更周延、更透徹。

二、命題原則與試題特徵

分析層次的試題除了常用「選出、分析、區辨、比較、指出、判斷」等行為動詞之外，通常還具有下列重要特徵：

㈠要提供新穎材料以供作分析

提供作分析的材料可以是一篇文章、一篇實驗報告、一段樂曲、一幅畫等，但唯有材料對受測者而言是新穎的情況下，才可以盡量排除過去學習與回憶的影響。

㈡少有正確答案，大多採用最佳答案

測量分析能力的試題大多以申論題為主，讓學生自由表述他個人的見解，即使使用客觀計分的題型，也是以最佳答案式居多，少有採正確答案式的。

三、教學目標與試題範例

4.00 分析（ANALYSIS）——把材料拆解成有意義的部分以了解其組織結構

分析可以分成三個層次，第一個層次是要把訊息拆解成可以識別或歸類的要素；第二個層次是要確定各個要素之間的關係和交互影響；第三個層次則是辨認該溝通訊息的整體安排及其組織原則。

4.10 要素的分析

一種訊息溝通可以視為是一大群要素的組合，其中有些要素很容易識別和分類，有些要素則隱晦不明，需要加以解析。要素分析（analysis of elements）就是要**學生依據所給的分析準則或建議，對資料文**

獻或作品的個別要素進行區別、辨認、分類或編碼；這類認知活動包括：判斷一段文字敘述的性質與作用，認出未明說的假設、辨認作者的立場或觀點、區別事實與意見、分辨結論與支持結論的事實等。

　　這一類的分析並不需要直接測量學生對該敘述的理解或評鑑，而只是用來判斷學生是否能夠識別作品中哪些要素的功能、目的或用途。例如，在一篇文章中如果能分辨哪一部分是事實的陳述，哪一部分是主觀的論斷，哪一部分是企圖的表白，將有助於對該文章的深入了解。此一層次的教學目標和試題舉例如下：

　　⑴能夠依據所給與的分析準則，對文獻中的詞句或敘述進行分類。

　　⑵能夠說出沒有陳述出來的假設。

　　⑶能夠區分假設、事實、推論、規範與價值判斷。

例題 2-24

1.發給每位學生一篇影印的社會新聞報導，要求學生在閱讀之後：

　⑴以紅色筆畫出可以查證的事實部分。

　⑵以藍色筆畫出撰稿人的個人推論部分。

　⑶以綠色筆畫出撰稿人的價值判斷部分。

2.下面幾個句子各含有一個從屬子句，請以在字底下劃線方式將子句部分標示出來，並在括弧內以 A 表示它是名詞子句，以 B 表示它是形容詞子句，以 C 表示它是複詞子句。

　(　)⑴ Don't forget that this is my car.

　(　)⑵ Though he was young, he was able to do the job.

　(　)⑶ My uncle introduced to me a businessman who is a billionaire.

3.請指出下列左邊的敘述句到底是屬於右邊哪一種性質的語言？

　(　) 好國民應該誠實納稅　　　　　　　　A.假設

　(　) 我已經報繳今年度的綜合所得稅了　　B.事實

　(　) 大家都誠實納稅才會有更多的公共設施　C.規範

　(　) 政府專門找我們這些薪水階級的要錢　D.情緒性語言

　(　) 綜合所得稅的每人免稅額是七萬元　　E.價值判斷

　(　) 今年的薪資所得的特別扣除額定得太低了

　(　) 你最好採用夫妻合併申報比較有利

4.20 關係的分析

關係的分析（analysis of relationships）是要求學生**透過推理思考找出資料中各要素之間的關係**。在美國由ETS所主辦的專供研究所入學時參考用的GRE測驗中就有一個分測驗是專門測量這種能力的。

要進行關係分析時最好要先具備基本的邏輯概念，並且在分析時盡量將各要素用符號或圖形表達出來，如此才能在思考時減少記憶容量的負荷，並且容易看清楚各要素之間彼此的關係。此一層次的教學目標和試題舉例如下：

(1)能說出一段文章裡各個觀念之間的交互關係。

(2)能找出可以決定某一論斷是否有效的敘述。

(3)能分辨因果關係及其他種類的序列性關係。

(4)能找出某一議論在邏輯上的缺陷。

(5)能找出歷史事件中的因果關係，並分辨各細節的重要性。

例題 2−25

1.請問下列論證是否有效？若是無效，請說明原因。

　有些科學家不是數學家。

　沒有數學家是哲學家。

　所以，有些科學家不是哲學家。

2.有王、陳、林三位教授分別擔任統計學、經濟學和心理學的課程，三者的關係如下：

　　♣教心理學的教授是陳教授的好朋友，而且是三人中最年輕的。

　　♣林教授比那位教經濟學的教授還要老。

　依據上述資料，下列哪些敘述是正確的？

　　ㄅ王教授負責教心理學的課。

　　ㄆ陳教授負責教統計學的課。

　　ㄇ林教授比教統計學的教授還老。

　　　A.只有ㄅ　　　　　B.只有ㄆ　　　　　C.只有ㄇ

　　　D.只有ㄅ和ㄇ　　　E.ㄅ、ㄆ和ㄇ都正確

4.30 組織原理的分析

組織原理的分析（analysis of organizational principles）這一層次的試題是要求學生**指認或說出一個思想、意見或資料（如文學作品、音樂、美術等）所隱含的形式、組型、或結構**。

由於溝通材料的製作者很少明白地指出他所用的組織原理，而且也常常不自覺地在使用，所以對於訊息結構與組織原理的分析就顯得更複雜和困難。也許作者的目的、觀點、態度、思想特色都已經在作品中表達出來了，但除非讀者能夠確認、指明它們，否則可能無法完全理解或評鑑此一溝通訊息。

同樣的，作者會使用一些技巧、形式、風格和架構來組織他的議論、證據等構成要素，這時候讀者若能分析作者所採用的組織原理，將有助於理解和評鑑整個溝通訊息，而且除非能達到這一層次，否則評鑑的工作就不可能展開。此一層次的教學目標和試題舉例如下：

(1)能說出各材料之間的關係，以及創造出此關係與組織的方法。

(2)能識別文學或藝術作品的形式與風格，以作為了解其意義的手段。

(3)能根據作者呈現在作品中的各種線索來推論他的目的、觀點及思想特色。

(4)能識別在說服性材料，如廣告、宣傳等等中所用的技巧。

(5)能找出歷史論述者的觀點或偏見。

例題 2－26

一、請分析以下各數字系列的構成原理，並依此推論出橫線上的數字應為多少？

　　1. 1, 2, 3, 5, 8, 13, 21, ＿＿，

　　2. 1, 6, 3, 8, 5, 10, 7, 12, 9, ＿＿，

二、以下試題係根據在現場播放的一段樂曲來作答。

　　1. 這段樂曲的基本結構是什麼？

　　　　A.主題、展開部、重述

　　　　B.主題一、展開部、主題二、展開部

　　　　C.序曲、主題、展開部

　　　　D.主題和變奏曲

　　2. 依據樂器的運用，這段樂曲應屬於：

　　　　A.弦樂四重奏　　　　B.小提琴協奏曲

　　　　C.弦樂五重奏　　　　D.交響樂

三、閱讀以下文章之後，請回答下列問題：

　　　　塞下秋來風景異，衡陽雁去無留意。

　　　　四面邊聲連角起，千嶂裡，長煙落日孤城閉。

　　　　濁酒一杯家萬里，燕然未勒歸無計。

　　　　羌管悠悠霜滿地，人不寐，將軍白髮征夫淚。

　　1. 由詞中的描述來看，作者的身分最可能是：

　　　　A.思念朋友的文人　　B.派駐邊境的軍人

　　　　C.丈夫出征的婦人　　D.流放邊疆的罪犯

　　2. 作者使用「家萬里」「歸無計」「征夫淚」是想要表達：

　　　　A.個人的孤單寂寞　　B.對戰爭的厭惡

　　　　C.長途旅行的辛勞　　D.對家鄉的思念

第五節　綜　合

　　綜合（synthesis）是指將各元素或各部分組合在一起使之成為一個新的有意義的整體。它包含片段、部分和要素的處理過程，並安排

與組合它們,使之構成一個新的組型或建構。它是最能讓學生表現其創造力的類目,但在一般情況下,學生只能在教師所限定的問題、教材或某一理論或方法論中去盡情發揮。

一、重要性

綜合也是教育的終極目標,因為它具有下列的重要性:

㈠綜合能力是自由表達的基礎,是民主社會的公民所必需的

基本上,綜合層次的認知活動是強調個人的主動投入,而反對被動地參與;它強調個人獨立地思考與行動,反對依賴。有願意主動參與又能獨立思考與行動的公民才能防止極權社會的權威領導。

㈡與綜合能力密切相關的創造性思考是社會進步所必需的

前面的認知層次——知識、理解、應用、分析——都可歸之於聚斂性思考,而綜合卻是屬於擴散性思考。在這層次中學生不是被要求提出正確的答案,而是需要提出獨特的、止於至善至美的作品。科技的創新、文化的發達不能靠模仿與抄襲,我們需要有自己的東西,透過綜合能力的培養,進而開發全民的創造潛能,才能使人力資源發揮出最高效用。

㈢各級的學校教育都需要有綜合能力方面的教學目標

有些教學目標如「提出假設的能力」、「培養寫作技巧」等,從小學到研究所階段都同樣適合,只是有關此目標的工作分量與複雜程度會隨著學校的層級而不斷地增加。

㈣綜合層次的活動比較能引發強烈的學習動機

綜合層次的活動比起一般作業來得有趣且多變化。此外，人們面對自己主動創造出來的東西比較容易產生成就感，所以大多願意更進一步去做類似的工作。

二、命題原則與試題特徵

綜合層次的試題除了常用「摘要、設計、歸納、組織、製作、創造」等行為動詞之外，通常還具有下列重要特徵：

㈠問題或任務要新穎，而且能自由建構其反應

教師所提供的情境或材料、所提出的問題、所要求的工作應該是新穎的，以免學生依靠回憶，或依靠抄襲、模仿來完成工作，而無法實際測出其綜合的能力。而在解釋問題或工作要求時，應該讓學生能夠自由反應，才能發揮其創造力。凡是有標準答案或唯一解答方式的問題或任務都不能列入綜合層次，因此，是非、選擇、填充、配合等選出答案題型都不可能測量到綜合層次的認知能力。

㈡應該允許學生使用各種參考資料，或其他材料解決問題

綜合能力的評量最好採開卷考試、指定作業等方式進行，並給與學生充分的時間和參考資料，以降低知識層次能力以及書寫速度對於評量結果的影響。

㈢其結果應該由多人從多個角度加以評量

在評量「綜合」層次的學習結果時，可以就其製作過程的適當性、作品的完整性或對讀者、觀賞者的影響力等方面來加以判斷。另

方面為了減少評分上的主觀影響，應該採取多人分別獨立評分然後加以平均的方式進行。

三、教學目標與試題範例

5.00 綜合（SYNTHESIS）──將部分組合成新的有意義的整體

綜合又分成三個層次，第一個是強調成品及其所傳達的訊息，即「作出獨特的訊息溝通」；第二個是強調過程的安排是否恰當，即「製作一套可以運作的計畫」；第三個最難，需要有高度的創造力，才能夠「推演出一套抽象關係」。

5.10 製作一件獨特的溝通訊息

散文、圖畫、歌曲、雕塑、演講、影片等都是人類用來溝通思想、情感的媒介物，能夠獨立製作這些溝通訊息來表達個人的看法，是人類社會中很重要的能力。要求學生製作一件獨特的溝通訊息（production of a unique communication），這類題目的說明，應該包含下列要素才算完整：(1)要溝通的對象；(2)使用的媒介物或形式；(3)所要傳達的想法、情感或經驗；(4)希望達到的效果。

例題 2-27

1. 請寫一篇約兩千字的短文，描寫黃昏時你獨自在海邊沙灘上漫步的感覺，文章要能夠使讀者能產生清晰的意象，有如身歷其境。

2. 任選一種角色，運用五種不同的刻劃技法，彰顯「嚴厲」這個特徵。請先自擬題目然後開展成文再用 1, 2, 3, 4, 5, 標注所用的技巧。（台東師院兒童文學研究所國文科入學試題）

3. 請畫一幅水彩畫，該畫要具備「彩色的對比」和「粗獷的筆觸」，並能產生強烈的「動態感」。

5.20 編擬一套可以運作的計畫

編擬一套可以運作的計畫（production of a plan or proposed set of operations），這類題目強調要學生設計出一套可以執行的操作計畫，它包括機械的操作手冊、廣告企畫書、論文研究計畫、電腦程式流程圖等，或是提出一套行動建議，如實施辦法、政策方案等。在實際編擬這些計畫之前，學生都會拿到規格或格式的說明書，或是對此計畫的評量規準。

在實作測驗中，為了避免危險或浪費材料，可以要求學生先把他即將要做的操作程序先用紙筆寫下來，這種以書面說明來取代實際執行的方式，又叫做「紙筆式的實作測驗」，例如：實習教師的教學計畫、實習醫生的手術計畫等都是。

例題 2－28

1. 教師展示紙板、線、保麗龍球、直尺、膠水、剪刀等材料，要學生構思如何以這些材料製作一個測量風速的儀器，學生不需要實際動手，只要寫出製做過程和畫出完成後的圖樣即可。
2. 教師要求選修教育學程的大學生編擬一份國小學藝競賽辦法，教師並提供場地、日期、師生人數、比賽項目等相關資料。

5.30 推演出一套抽象的關係

在推演出一套抽象的關係（derivation a set of abstract relations），這一層次的思考需要有豐富的專業知識及高度的創造力，例如一個理論的提出、一個定理的發現、一套分類方法的建立等，都算是一套抽象關係的發現與建立。科學研究論文中的提出假設、建立解釋模型、驗證該模型的效度等就是典型的代表。在評分時，評分者重視的是這套抽象關係的獨創性、實用性、周詳性及可類推性。

測量這類能力的試題可以分成下列幾種：

5.31 對於所觀察到的特殊現象能夠提出一個可以驗證的假設或合理的解釋

例題2-29

1. 依據近年來教育統計資料顯示,位於大都市中心,以及偏遠地區的國小大都趨向於逐年減班,而位於大都會邊緣的鄉鎮的國小又趨向於逐年增班。請你提出一個合理的解釋,並說明如何證明你的解釋是對的。
2. 有一位農夫想提高稻米的產量,於是他想研究影響稻米產量的因素。請你幫他列出幾個可以進行驗證的假設。

5.32 為了說明一系列現象、數據或觀察結果,而提出一套分類系統、解析模式或理論

例題2-30

1. 教師先讓學生閱讀不同年齡的人在不同溫度、濕度及風速下,所報告的人體舒適感的數據資料,然後要求學生先提出一理論,來說明溫度、濕度及風速如何影響人體的舒適感,並寫出研究假設,以便驗證該理論。
2. 要求學生自備國語成語辭典一本,告知學生在瀏覽全辭典之後,要提出一套不同於原來辭典的成語分類方法,並說明這一套新分類方法的特色及優點。

5.33 說明從一個理論、一套命題或一套抽象關係中可以導引出來的假設或邏輯說法

例題2-31

1. 如果下列幾個命題成立,請寫篇短論說明未來十年內國內就業市場會產生什麼樣的變化?
   A. 資訊科技促使工廠自動化,體力勞動日趨減少。
   B. 資訊科技持續發展,電腦使用日趨普遍。
   C. 電腦網路的廣泛架設,將使在家工作更為容易、普遍。

第六節　評　鑑

「評鑑」（evaluation）是指為了某種目的而使用一套準據來對於不同的觀念、作品、方法、材料等的價值做判斷。評鑑是利用規準（criteria）或者是標準（standards）來鑑定特定事物的正確、效率、經濟及令人滿意的程度。判斷的結果可以是數量的，也可以是質量的；它所用的規準可以是學生自行提出的，也可以是教師規定的。

有兩類和價值判斷有關的活動很容易和評鑑相混淆。一類是源自於個人興趣、偏好和習慣的價值判斷，這種判斷是主觀的、直覺的，它主要是受到情感影響的，而不是依據規準或標準作認知的判斷。這種價值判斷一直以「我喜歡這個」、「我喜歡那個」的形式表達出來，所以通常被稱之為「偏好」或「興趣」，因此它應該是屬於情感領域，而非認知領域的教育目標。

另一類更膚淺的價值判斷就是所謂的「個人主觀意見」，它是出自於個人倉促的決定，是一種本能的、直覺的判斷，個人並未清楚意識到形成判斷的基礎和它所依據的線索。這種主觀意見常常是高度自我中心的，它不是受過去情感的影響，而是依據該對象對他是有利還是有威脅，或者他是否熟悉並能夠掌控該事物而下的判斷，例如：保守的人士對於太前衛、不熟悉的藝術作品就常難以接受，而心生排斥。

一、重要性

㈠評鑑與情感行為有密切關聯性

情感行為中的欣賞、興趣及價值觀的建立都與評鑑有關係，但評

鑑比較偏向認知層面，其中先前的價值觀會影響評鑑規準的選擇，而評鑑結果又影響個人對於評鑑對象的興趣與重視程度。

㈡評鑑是一切選擇的基礎，是日常生活所必需

生存的本能使得人類時時刻刻對一切外在的刺激做評估，看它是否熟悉、是否對自己有威脅，這種評鑑是瞬間的、近乎本能的，也是無意識的。而日常生活中的購物、安排行事曆等也需要對各種可能的選擇做評鑑，面對事業、婚姻、置產等重大決定時更需要有長時間的深思熟慮。至於立法、重大工程、公共政策等的決定更需要經過眾人集思廣益，充分陳述利弊得失的評鑑過程，才做成決定。

評鑑能力也是個人獨立思考判斷的能力，個人若缺乏這種能力將陷於徬徨、焦慮，而希望他人幫忙做決定，並且容易受他人煽誘、擺布，而成為極權政府的溫床。

㈢從評鑑活動中也可以看出理解、分析、綜合的能力

評鑑活動涉及到判斷規準的選擇、對幾個事物的分析與比較、最後以評論性的敘述把判斷的過程與結果表達出來，所以實際上它已經包含了多種認知能力。

一般而言，對於藝術作品的評鑑，評鑑者需要從批判的角度作出客觀且深入的評鑑，而在評鑑過程中所作的評論性敘述通常能夠幫助一般大眾更深入了解此一作品。

例如，對於美術作品的陳述可以分成描述、形式分析、詮釋和價值判斷四類。其中最基本的「描述性的陳述」是在說明一件作品的各種視覺表象（如人物、物品、色彩、形狀等），客觀性比較高，它可以顯示出學生所注意到的訊息量的多寡。當學生在把他所看到的作品轉譯成語文時，即顯現出其**理解能力**。

第二種是「形式分析性的陳述」，是指學生分析作品裡各部分之

間的關係，例如，將作品的色彩、明暗、線條、紋理、形狀與空間等
美學元素提出來說明，再就作品的平衡、對比、和諧、變化、漸層、
運動、比例、統一等合乎美學原理者提出來討論，然後將美學元素和
美學原理來作交叉分析。以上都屬於**分析能力**，它需要有豐富的美學
原理知識做基礎。

　　第三種「詮釋性的陳述」是指學生要具有創意地運用類比、隱喻
或提示等方式來幫助讀者穿越作品的表象，而進一步體會到作品想要
表現的情感或意境。詮釋性的陳述是一種**綜合能力**的表現，是依據原
作品的再創作，是要引導讀者更接近作品而非遠離作品。市面上常見
的「詩詞賞析」、「樂曲欣賞」等書籍都是屬於用來詮釋藝術作品的
著作。

　　第四種才是「價值判斷性的陳述」，它是對作品的價值與意義所
作的評斷，但它很容易和學生的一時偏好相混淆，所以教師需要追問
其理由。在做價值判斷性的陳述時通常會包含前三種的陳述以支持其
觀點，它可說是一種**評鑑能力**的表現。

　　就以美術作品《拾穗》為例，它可以就下列幾方面來加以陳述：

(1)表象方面：

描述該作品的場景、人物、動作等。例如：「黃昏時刻，幾個農婦彎著腰在撿拾麥穗」。

(2)感覺方面：

描述該作品給人的感覺經驗如何。例如：「米勒的《拾穗》這幅畫給人一種沈重、無奈又有些卑微的感覺」。

(3)形式方面：

分析該作品中各個部分對於整體的關係如何。例如：「遠處兩高一低的稻草堆與近處兩低一高的彎腰婦人形成奇妙的對稱」。

(4)材料方面：

描述所用的材料如何與形式、主題產生交互作用。例如：「褐色系統的色彩使整張圖看不出生命與歡樂的氣氛」。

(5)主題方面：

超越作品的視覺訊息，解釋它所要傳達的觀念。例如：「這幅畫所要訴說的是農村婦女的勤勞與農村生活的困苦」。

(6)象徵方面：

指出作品中所用素材背後所代表的含意。例如：「三個婦人彎腰拾穗的姿勢象徵著農村婦女地位的卑微及為了生活忍受地主的剝削」。

(7)背景方面：

包括時代、區域、與其他作品的關係、作者的性格與意圖等。例如：「此作品因為暴露十九世紀法國農村貧苦情形，被認為具有社會主義色彩，而遭受當時資產階級的強烈抵制不准展出」。

二、命題原則與試題特徵

屬於評鑑層次的試題通常以申論題的形式出現，但有些標準化測

驗也試圖以選擇題的形式來評量學生的評鑑能力（例如，美感判斷測驗），因此，以下分兩種題型來討論其命題原則。

㈠以選擇題的形式評量評鑑能力

當以選擇題形式來評量學生的評鑑能力時，其形式就像「資料解釋式試題組合」（見第三章第五節）一樣，都是先呈現一件作品，再列出幾個不同的評論敘述，要求學生判斷哪一個評論敘述最為恰當；或者是同時呈現多件作品之後，再提出一個判斷標準讓學生從這些作品中選擇一件最符合該判斷標準的作品。

這種試題的優點是：⑴作答省時，在相同時間內可以做較多的題目，使得試題取樣較廣；⑵作答時不需要陳述判斷的過程與結果，不受語文表達能力的影響；⑶計分上方便、客觀。

但其缺點有：⑴擬題時，在選擇作品、編擬誘答以及決定最佳答案的程序上都比一般選擇題更花時間；⑵它只要求學生選出其判斷的結果，但並不要求學生說明為何他會做出這樣的判斷，因此無從知道學生的評鑑過程是否恰當；⑶它不能評量出學生能否主動提出適當的判斷標準的能力，而這能力在日常生活中做選擇時是非常重要的；⑷它非常容易與分析層次的試題混淆。

這類試題除了題目敘述中常用「比較、判斷、支持、選出符合……」等行為動詞之外，通常還具有下列重要特徵：

1.用來供做評鑑的作品或事物必須是新的或是不熟悉的

若供做評鑑的作品或事物是學生已經非常熟悉或是已經被討論過的，那學生對它所作的反應，可能是來自於記憶中他人對此作品的看法，而不是自己分析判斷的結果。這種依據別人意見所做的判斷不能當作是學生本身的評鑑能力。

2.計分標準上的最佳答案需要經過多位專家的共同決定

評鑑通常帶有主觀性，所以沒有正確答案，只有多位專家都同意

的最佳答案。因此測驗編製者絕對不應該自行決定計分標準，應交由
多位專家共同決定，若不能達成協議，該題目應該廢棄。

3.評分時，可以採用選項加權計分法，依據各選項所作的評論的適當程度來給與不同的加權值

評鑑層次的試題非常不容易編製，試題通常很少，若只用對錯二分法計分，不只是不合理，而且無法使分數散布開來；但若採取針對不同選項給與不同加權的計分方式，將更能提高整個測驗的鑑別力。

㈡以申論題的形式評量評鑑能力

以申論題的形式來評量學生的評鑑能力是要求學生在做了價值判斷後，自己陳述他做判斷的依據和過程。答題時學生要建構自己的答案，所以實際上是包括評鑑與綜合兩種能力。

編製標準化測驗的專家覺得這種方式不但施測時間長，計分麻煩又主觀，而且兩種能力混雜在一起，所以很少採用；但在教學評量上這種方式卻因為命題上較簡單，而且比較接近真實情境，所以反而使用的機會較多。

1.用來供做評鑑的作品或事物必須是新的或是不熟悉的

若供學生評鑑的作品是學生熟悉的，那他可能已經聽過或讀過別人對它的評論，這時測量到的是他的豐富的知識與記憶力，而非他的評鑑能力。

2.試題中應該要求學生做一價值判斷，並說明做此判斷的理由

學生對於一事物的評鑑應該以評論的形式呈現出來，而所謂「評論」就是「評比」和「討論」，也就是說不只要做優劣的比較，還要說明是根據什麼來判斷優劣。

有些試題，如「試比較XXX與XXX之異同」，只要求學生分析和比較，不需要做價值判斷，這種試題只能歸入分析層次。

3. 評分時，要決定學生所作的評論是否適當，教師應該把重
點放在評論的內容上而非判斷的結果

要了解學生是否具備良好的評鑑能力，應該由他的評論內容中看
他是否能夠選用適當的比較規準，而不是看他們判斷的結果是否與教
師一致。

4. 當教師要判斷學生所作的評論是否恰當時，他可以採取下
列方式來做決定

(1)依據學生在評論中所做的詮釋、論證、辯護是否適當和充分來
判定（依據內在證據評分）；(2)拿學生所做的評論與該學科領域頂尖
專家所做的評論互相比較（依據外在規準評分）。

三、教學目標與試題範例

6.00 評鑑（EVALUATION）——為了某種目的而以某些標準
來判斷一事物的價值

6.10 依內在證據做判斷

以內在證據做判斷（judgment in terms of internal evidence）是
指學生**就所拿到的作品，依據作品本身的條件來做判斷**，這裡的內在
證據是指此一作品要發揮功能時所應該具備的**精確性、邏輯性與內部
一致性**等條件。這種試題通常要求學生主動指出作品上謬誤及缺陷之
所在，因此不適合以再認式（是非、選擇、配合）的題型來命題。此
部分的教學目標包括：

(1)能夠依據一件作品的準確性、精密度和謹慎程度，來判斷一件
作品的好壞。

(2)能夠按照論證的連貫性、假設或證據和結論之間的關係、邏輯
和組織的內在一致性，來判斷一件作品的好壞。

(3)能夠經由辨認出某一作品所隱含的價值觀、觀點和假設，來判

斷一件作品的好壞。

例題 2-32

1. 呈現一篇國小學生的作文給受測的大學生看，要求他們對這一作文做一個講評。

2. 「依據丹麥的研究顯示，禁止出版含有明白描寫性關係的書籍是弊多於利，因此我們應該允許青少年自由接近色情書刊。」對於此一敘述你是否同意？並請說明理由。

3. 拿幾本翻譯的日本漫畫「蠟筆小新」給受測的大學生看，要求他們說出該漫畫書所隱含的價值觀，並預測它對學童的影響。

6.20 依外在規準做判斷

以外在規準做判斷（judgment in terms of external criteria）是指**學生將被評鑑的作品和已建立的標準或該類作品的典範做比較**。所謂外在規準是指公認的標準、理想的範本或公認的優秀作品等，它所強調的是該規準的**優越性及有效性**。要回答這類題目需要對於被評鑑的作品有更多的相關知識，學生不只需要知道適於判斷這類作品的規準，也要具備使用這些規準的技巧；如果作品相當複雜的話，還要先能理解並分析這一作品。此部分的教學目標和試題包括：

6.21 能透過與其他作品的比較，來判斷一件作品的好壞

例題 2-33

1. 試比較兩位不同翻譯者所翻譯的「老人與海」一書，然後寫一篇評論性文章比較兩者翻譯的優劣。

6.22 能運用一套現成的規準或標準，來判斷一件作品的好壞

例題 2–34

1. 在你將你的作文交上來之前，請回答下列問題，做一自我評鑑。
   (1)這篇文章有個精彩的開頭嗎？
   (2)細節都組織起來了嗎？
   (3)所用的詞彙和成語豐富多彩嗎？
   (4)標點符號都正確而沒有遺漏嗎？
2. 在檢視一套指定的標準化成就測驗的題本、指導手冊及編製報告之後，請你依據「教育與心理測驗標準」上所列的準則，寫一篇文章評論此一測驗。

6.23 能運用自己所提出的一套規準或標準，來判斷作品的好壞

例題 2–35

1. 請你設計一份評定表格以便比較來自不同出版社的一年級數學科教科書，評定表中要列出比較的項目及其加權量，然後收集各版本教科書實際加以比較評定，以判定其優劣。

第七節　如何判斷試題之認知層次

　　為了幫助讀者更熟悉上述六個認知層次之間的區別，本節先示範如何依據同一份教材來擬出六種不同認知層次的試題；接著並討論在判斷某些現成試題其所屬認知層次時，所遭遇到的困難。

一、根據同一教材編擬不同認知層次試題

　　在教導學生唱李叔同的《送別》之後，教師決定依照六個認知層

次來命題以了解學生在國語文與音樂上的學習效果，此曲的歌詞如下
（樂譜略）：

> 長亭外，古道邊，芳草碧連天。
> 晚風拂柳笛聲殘，夕陽山外山。
> 天之涯，地之角，知交半零落。
> 一瓢濁酒盡餘歡，今宵別夢寒。

㈠知識層次

例題 2-36

1.下列有加底線的字請寫出其注音：

天之涯（　）　　一瓢（　）酌酒　　晚風拂（　）柳

2.請將下列歌詞寫完整：

____外，古道邊，芳草_____。晚風拂柳____殘，夕陽山外山。
天之涯，地之角，____半零落。一瓢濁酒_____，____別夢寒。

㈡理解層次

例題 2-37

1.請將以下歌詞翻譯成白話文：

(1)長亭外，古道邊，芳草碧連天。

(2)孤雲一片雁聲酸，日暮塞煙寒。

2.由李叔同的《送別》第一句歌詞可以看出送別的地點最可能是在：

(1)城外　　(2)家門口　　(3)河邊　　(4)酒樓

3.第三句歌詞「天之涯，地之角，知交半零落」是形容：

(1)世界之廣大　　　　(2)天地景色之壯麗

(3)天地變化之快　　　(4)老朋友分散各地

㈢應用層次

> **例題 2－38**
>
> 1. 請在視唱《送別》的旋律數次之後，從唐詩三百首中找出一首適合的詩，填入曲調中作為歌詞。
> 2. 在你學過的歌曲中，有哪些是適用於喜慶的場合？哪些是適用於感傷的場合？請寫出曲名（及作者）。

㈣分析層次

> **例題 2－39**
>
> 1. 李叔同的《送別》這首曲子的旋律變化是採用哪種形式？
>   (1) A B B A　(2) A A' B A　(3) A B B' A　(4) A A' B A'
> 2. 《送別》這首曲子的歌詞中有哪幾個字是押韻的？是押什麼韻？
> 3. 李叔同的《送別》這首歌詞中，哪些字眼可以推斷送別的時間？請用紅筆圈起來；哪些字眼可以推斷作者的年齡？請用藍筆圈起來。

㈤綜合層次

> **例題 2－40**
>
> 1. 請你為李叔同的《送別》這首曲子填上新的歌詞，你的歌詞要淺顯易懂，能配合國小中、低年級學生的語文能力及生活經驗。
> 2. 請你為李叔同的《送別》這首曲子填寫第二段的歌詞，你的歌詞的字數、格式、押韻和意境都要和第一段相同。
> 3. 請你為李叔同的《送別》寫一篇介紹性文章，並對其歌詞做一創造性的詮釋，引導讀者進入這首曲子的意境中。

㈥評鑑層次

例題2−41

1. 以下是某師院學生將《送別》這首曲子的歌詞改寫成適合國小學生學習的新歌詞，請你對它加以評論，並說明應如何修改會更好。

星期天，天氣晴，大家去郊遊。過了一村又一村，到處好風景。

桃花紅，楊柳青，草地綠油油。唱歌聲伴歡笑聲，一陣又一陣。

2. 以下是甲乙兩位不同作者所寫的《送別》的第二段歌詞，請比較其優劣，並說明你做此判斷的依據。

甲的作品：

長亭外，古道邊，芳草碧連天。送君此去何時回，來時莫徘徊。

天之涯，地之角，知交半零落。人生難得老友聚，唯恨別離多。

乙的作品：

秋風起，露漸深，落葉動客心。獨自惆悵嘆飄零，寒光照孤影。

憶故土，念故人，高堂思雙親。鄉路迢迢何處尋，醒來歸夢新

二、判斷試題認知層次所遭遇之困難

教師在教學或編擬試題過程中常會接觸到許多現成的試題，這些試題可能來自於作業簿、參考書或現成的測驗卷，教師為了達到教學目標需要對它們加以分析，以掌握其測量的認知層次，但是教師在實際判斷試題的認知層次時卻會遭遇到許多困難，例如：

㈠認知層次的判斷不能只看題目，還要了解學生的學習經驗

由於判斷知識層次的主要依據是「試題內容是否與原先教材雷同」，所以要判斷哪些試題對哪些學生是屬於哪一認知層次，應該由熟悉學生學習教材內容的任課教師來擔任較為妥當。例如，一題看似屬於應用層次的數學應用題，如果它的內容與教師在上課時舉例講解的完全相同，則只能算是知識層次的題目；若試題數據稍加修改，則

可以算是理解層次；要使試題情境對學生來說是新穎的，且與真實生活有關的，才可以算是應用層次的試題。

在升學壓力下，許多學校不斷地舉辦模擬考試，就是希望在升學考試時遇上雷同的題目，讓學生可以只靠記憶就回答，不必花時間去思考。

㈡不同學生對於同一試題可能作出不同層次的反應

照理說，同一道試題對於不同學生應該測量到相同層次的反應，但是實際上卻不是那麼一回事。例如，在國語科的造句中，有的學生寫出與課本一模一樣的句子，有的卻是完全自己想出來的句子，因此前者只能歸入記憶層次，而後者卻應該歸入應用層次。或者，在自然科中以問答題的形式要求學生舉例說明「熱脹冷縮」的原理時，有的學生所舉的例子和教科書完全相同，有的則是自己觀察到的；因此前者表現出其記憶的能力，後者則是表現出理解能力。

要避免這種困擾，命題者可以在作答說明中規定學生的答案不可與課本內容雷同，或者說對於內容雷同者將給與較低的分數。

㈢類似的題目可以要求學生作出不同層次的反應

有時候外型非常類似的題目，卻可要求學生使用不同的心理歷程，例如，在下列的數字系列測驗中，第一題要求的只是機械性記憶能力（五個一數），而第二題要求的卻是分析此數字系列構成原理的分析能力。

例題 2－42

1. 5, 10, 15, 20, 25, 30, ＿＿＿＿

2. 2, 3, 4, 5, 8, 7, 12, 9, 16, 11, ＿＿＿＿

㈣誤把題型當作判斷認知層次的依據

　　一般而言，是非題常用於測量知識與理解層次，而申論題則常用於測量綜合與評鑑層次；因此，以題型來判斷試題所測量的認知層次似乎是行得通的，然而若考慮到選擇題及問答題，麻煩就來了。在選擇題方面，由於它可以測量的認知層次很廣，除了綜合與評鑑之外幾乎都可以，所以還是需要仔細讀試題的內容才能下判斷，不能草率認定選擇題就一定是測量知識、理解層次。

　　而問答題的形式和簡答題及申論題又很相像，有些教師連精確區辨這三種題型都有困難，更甭論判斷其認知層次了。例如，筆者就曾見過有人把下列題目當作問答題，而認定它是測量綜合層次的試題：

例題2-43
1.台灣現在有哪幾個國家公園？
2.如果你在家裡打破了玻璃杯，這些碎片你應該如何處理？

㈤一個題目可能要求做出多種認知層次的反應

　　當一個題目很龐大時，命題者可能把題目分成幾個部分，而每一部分要求學生做不同的認知反應。例如下列的研究所入學試題。

例題2-44
1.仔細閱讀《雁陣》這篇小說，針對主題加以分析，想一想這篇小說的主題是什麼？作家如何呈現主題？呈現得好不好？請將上述三個答案組成一篇評論，並加上主副標題。（台東師院兒童文學研究所國文科入學試題）

　　這一題目要求學生寫一篇評論，乍看之下可能會認為是評鑑層次，但仔細分析，它可分成三部分，第一部分是要求說明該小說的主題，應該列入理解層次中的解釋；第二部分是要求說明該作家如何呈

現主題，應該列入分析層次中的組織原理的分析；第三部分要求判斷呈現得好不好，這才進入到評鑑層次。

參考書目

邱淵等譯（民78）教學評量。台北：五南。見第八章「知識目標與理解目標的評量技術」，第九章「應用目標與分析目標的評量技術」，第十章「綜合目標與評鑑目標的評量技術」。

陳武鎮譯（民79）兒童知覺的發展與美術教育。台北：世界文物。見第八章「兒童美術的評量能否被評量」。

黃光雄等譯（民72）認知領域目標分類。新竹：省立新竹師專。【譯自 Bloom, Benjamins., Taxonomy of Educational Objectives. Handbook I: Cognitive Domain.】

第三章　選擇反應式的題型

　　在第二章中，我們已經利用試題範例介紹了以認知層次來分類的試題形式，第三、四章則要介紹紙筆測驗的各種題型，我們依據學生在作答時能夠自由發揮的程度將紙筆測驗區分為「選擇反應式題型」（selected response formats）及「建構反應式題型」（constructed response formats）兩種，這兩種類別也是在計分時區分為「客觀計分」及「主觀計分」的基礎。

　　所謂選擇反應式的題型是指學生在作答時，要從命題者所提供的多個答案中，選擇一個正確或最佳的答案。這一類的題型有：是非題、選擇題、配合題、重組題等，由於學生只要在有限的反應中做選擇，故又稱為「限制反應式題型」。這一類試題通常作答所需的時間較短，計分上也比較簡單、客觀。

第一節　是非題

　　是非題（true-false items）是以一段敘述作為題目，學生反應時只能就此一敘述做對或錯的判斷，並以「○、✕」、「T、F」或「R、W」來表示對錯；它最適於測量有明確對錯的事實、術語定義或原理原則的敘述。此題型必須備有標準答案，在計分上最為簡便、客觀。

一、題目形式及範例

㈠單純概念的是非題

　　單純概念的是非題（simple true-false items）在是非題中是最基本，也是最常用的形式。它只呈現單一的敘述句，並要求學生判斷此一敘述句是對還是錯。此題型的優點是大部分的人都很熟悉這種題型，且不太占空間，可容納較多題目；缺點是取材上容易偏向零碎知識。

例題 3-45

作答說明：下列的敘述若是對的就在括弧內打○，錯的就打×。

（　）在沒有光線的地方就看不見影子。

㈡關鍵字畫線的是非題

　　關鍵字畫線的是非題（keyword underlined true-false items）是把一個敘述中的重要部分以加底線方式加以強調。在作答說明中應該告訴學生要判斷畫線部分與該敘述的其他部分的關係是對還是錯。使用畫底線的方式可以減少試題的含糊性，並容許命題者使用較複雜的句子。

例題 3-46

作答說明：請判斷畫線的部分與整句的關係是對還是錯，若是對的就在括弧內打○，是錯的就打×。

（　）本草綱木於<u>明代</u>刊行，是中醫師必讀的一本書。

㈢要求更正的是非題

　　要求更正的是非題（true-false items requiring corrections）是要求學生對於答「非」的題目要將括弧或加底線的部分加以更正。它的優點是可以減少猜答的影響，確認學生是否完全了解；但缺點是試卷可容納的題數會減少，而計分的主觀性也會增加。

例題 3−47

　　請以○表示「對」，以×表示「錯」，若你答「×」，請把括弧內的字更正並寫在橫線上。

（　　）＿＿＿當你面向南方時，你的左手邊是（西）方。

（　　）＿＿＿在各種題型中，以（是非題）最容易受猜答的影響。

㈣要求回答理由的是非題

　　要求回答理由的是非題（true-false items requiring answers）題型是要求學生對於答「非」的題目要以簡答題的形式說明其理由。其優點如同上一題型，但可容納題數將會更少，計分的主觀性會更高，如同問答題一樣。

例題 3−48

　　請以○表示「對」，以×表示「錯」，若你答「×」，請把理由寫在尾端橫線上。

1.（　　）狗、豬、羊、兔、虎、熊都是家畜。＿＿＿＿＿＿＿＿＿

2.（　　）長方形是線對稱圖形，也是點對稱圖形。＿＿＿＿＿＿＿

㈤叢集式是非題

　　叢集式是非題（cluster true-false items or multiple true-false items）是把性質相近的是非題合併成一個具有共同題幹的是非題組

合。這種題型因使用共同題幹不但可以減少閱讀上的負擔，還可以增加題數以提高信度。

它適合精確測量學生對某一概念的理解程度，特別是可以列舉的，例如：有關於類別、分類法、特徵方面的知識。

例題 3-49

作答說明：下列動物若是屬於家禽的就打○，不是的打×。

1（　）貓　2（　）馬　3（　）雞　4（　）牛

5（　）鴨　6（　）鵝　7（　）狗　8（　）豬

㈥合併式是非題

合併式是非題（merged true-false items）題型包含有兩個敘述句，一個代表原因，一個代表結果。作答時要先分別判斷這兩個敘述句的對錯，然後再判斷這兩句之間是否確實有因果關係。所以每一題要答三個答案。

這種題型的第三個答案並不是獨立的，因為除非前兩個敘述都是正確的，因果關係才有可能成立，否則因果關係一定是錯的。

例題 3-50

　下列試題各有兩個敘述句，你要先分別判斷這兩個敘述句是對還是錯，然後再判斷這兩個敘述句合起來是否構成正確的因果關係。請用○表示對，用×表示錯，每題應答三個答案。

	事實敘述	因果關係
1. 醫學實驗結果說明多吃蛋類、肥肉，易患動脈硬化。	（○）	
＜因為＞蛋類、肥肉含有高量膽固醇。	（○）	（○）
2. 颱風起源於熱帶海面。	（　）	
＜因為＞熱帶海面常有移動性高氣壓。	（　）	（　）

㈦鑲嵌式是非題

鑲嵌式是非題（embedded true-false items）題型是在一篇文章中挑出部分的字彙加以畫線，然後要求學生依據上下文來判斷該字彙是否有錯誤。這種題型較適於測量中、英文的字彙能力，或是歷史科中人、事、時、地的配合。

例題 3-51

請判斷下面一段文字中，畫線部分是否正確，若正確則在括弧內打○，若不正確則打×。

Most tests in science measure your ability to apply[1] your knowledge at[2] the solution of problems. That's[3] why science tests usually have drawings, graph[4], charts, and so forth.[5]

1.（ ） 2.（ ） 3.（ ） 4.（ ） 5.（ ）

㈧系列式是非題

系列式是非題（sequential true-false items）題型是把一長串的解題歷程拆成幾個步驟，受測者要逐一判斷若根據前一題的條件，現在這個解題步驟是對還是錯。這種題型特別適合用於代數、三角、幾何和邏輯學等需要進行邏輯推理的科目。

例題 3-52

試題 1 到 4 是一個學生解代數題的步驟，請判斷每一個步驟是否相當於上一個步驟。

如果該公式等於上一個公式，則在括弧內打○

如果該公式不等於上一個公式，則在括弧內打×

若（4X-3）（3X+8）=（3X+4）（3X+6），求 X 的值。

（×）1. $12X^2-24 = 9X^2 +24$

（○）2. $3X^2 = 48$

（○）3. $X^2 = 16$

（×）4. X = 8

㈨二選一式試題

二選一式試題（alternate-choice items）的作答方式看起來像選擇題，但因爲它只有兩個選項，且其意義通常是相反或相對的，所以本書把它歸類在是非題中。

此一題型因爲只需要一個誘答，所以比傳統的選擇題更容易編擬及排版，雖然它的猜對機率較高，但因爲作答時間短且所占空間小，命題者可以用增加題數方式來提高測驗信度。

例題 3－53

（　　）1.清晨時你背向太陽，則影子在你的（A.前面　B.後面）。

（　　）2.兩變項間有因果關係，則兩變項間會呈現（A.高　B.低）相關。

㈩檢核表

檢核表（checklist）事實上是一系列的二選一試題，它要求答題者在二分的選項上（是／否、通過／不通過）做選擇。

檢核表可以當作教材，用來幫助學生了解技能操作的程序和要點；也可以當作評量工具，讓教師用來觀察和記錄學生在技能上或情意行爲上的表現。檢核表也可以當作試卷使用，例如，教師要求學生用檢核表去分析、判斷一篇文章的文法結構，或一首曲子的作曲技法。

例題 3－54

請閱讀所發給的樂譜，分析此一作曲者在作曲時，對於動機的發展共用了哪些方法；若用了該方法，請在「有」字那欄打 V，並註明是在哪幾小節。若確定沒用該方法，則在「無」字那欄打 V。若你無法確定，則什麼都不填寫。

方法	無	有	出現位置（小節編號）
1.動機的反覆	＿＿	＿＿	＿＿＿＿＿＿＿＿＿
2.動機的變位	＿＿	＿＿	＿＿＿＿＿＿＿＿＿

（下頁續）

（續上頁）
3. 動機的擴展 ＿＿＿ ＿＿＿ ＿＿＿＿＿＿＿
4. 動機的縮小 ＿＿＿ ＿＿＿ ＿＿＿＿＿＿＿
5. 動機的增值 ＿＿＿ ＿＿＿ ＿＿＿＿＿＿＿
6. 動機的減值 ＿＿＿ ＿＿＿ ＿＿＿＿＿＿＿
7. 動機的倒轉 ＿＿＿ ＿＿＿ ＿＿＿＿＿＿＿
8. 動機的轉向 ＿＿＿ ＿＿＿ ＿＿＿＿＿＿＿

二、擬題原則

㈠題目應避免直抄課文或斷章取義

抄自課文的試題會鼓勵學生做機械性的記憶，養成死背書的讀書習慣，妨礙理解能力的發展。另方面，由於學生憑著殘缺的印象也能猜對答案，致使分數普遍偏高，學生會滿足於一知半解的狀況，而失去積極求知的動機。

至於由課文中斷章取義的題目，通常不會考倒死背書的學生，但因為沒有前後關係的文字，反而使得真正有理解力的學生或學科專家覺得不知所云。

㈡若是要考對因果關係的了解，應該使前句和後句都是正確的，至於兩者的關係則可以為對或錯

要考對因果關係的了解可以用合併式是非題（如例題 3－50），但若不用合併式，而採用單一答案式的是非題，就應該使前句和後句都是正確敘述，只留下因果關係的對錯讓學生去判斷。

㈢除非是在考因果關係，否則同一個題目中不可含有兩種概念

試題若含有兩種概念會使句子變得複雜，如同在考學生的閱讀理解能力。此外，若考試後教師只告知標準答案，而未進一步做說明，將容易導致學生觀念上的混淆。

例題 3-55
（　　）1.高雄市是直轄市，也是台灣第一大都市。（劣）

㈣避免使用界定適用範圍的限定詞，如：所有的、有些、只有等等

試題中若使用下列限定詞，將會提供不必要的線索，例如，含有「凡是」、「所有的」、「一定」、「沒有一種」等很肯定的敘述句通常是錯的。但含有「通常」、「有時候」、「在某些情況下」等很有彈性的敘述句則通常是對的。

例題 3-56
（　　）1.所有的鳥類都會飛。
（　　）2.大部分的鳥類都會飛。

㈤避免使用否定句，尤其是雙重否定的句子

實證研究顯示使用否定句比相同意義的肯定句所需的作答時間較長，而且錯誤較多。學生在考試時間壓力下容易忽略否定字，所以若需要用否定字時，應該在字上加線或改用不同的字體以提醒學生。使用雙重否定的句子其語意較難，且使用倒反的推理歷程，會使低年級學生不容易了解，而變成在測量他的閱讀理解及推理能力。

例題 3－57
（　　）1.當溫度升高時，冰不會不融化。（劣）
（　　）2.當溫度升高時，冰會融化。（佳）

㈥避免使答案為「是」的敘述總是比答案為「非」的長

命題者通常會把答案爲是的敘述寫得比較周延、清楚，無形中句子就加長了，這就提供了學生猜答的線索。補救之道在於應把答案爲非的敘述也設法加長。

㈦答案為「是」的與答案為「非」的題數不可相差太多，答案也不可作規則性的排列

不可相差太多也並不意味著要完全相等，只是希望學生亂猜時，不會因而提高其猜對機率。答案作規則性排列，雖然可以方便人工計分，但是若學生識破其排列規則，就很容易猜對答案了。

㈧敘述要明確，使各專家都得到一致的答案

當敘述不周延時，相關知識愈豐富的學生愈能舉出各種例外，而做出相反的判斷。若用詞不精確時，不同的人對於同一詞句有不同的解釋，則難有一致的正確答案。

㈨切忌故意出誘人上當的題目；或因疏於校對，而在關鍵字上出現錯字

例題 3－58
（　　）1.中華民國的國父是孫中正先生。
（　　）2.丟垃圾應該丟近垃圾桶，以免掉在外面。

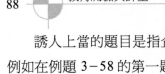

誘人上當的題目是指企圖以一字之差造成學生判斷錯誤的題目，例如在例題 3－58 的第一題，學生可能沒看仔細而答成「是」；也可能自行把「正」字改成「山」字，然後答「是」，但在計分上卻都被認為不知道這個事實材料。至於第二題，學生很難判斷是「近」字不小心打錯字，抑或是故意寫成這樣。這種試題考的是學生的細心和警覺性，而非學習成就；這種題目常會讓被扣分的學生覺得不公平。

㈩若採用答錯倒扣方式計分，應該在作答說明中明確告知

雖然有些學者主張使用猜測矯正公式（即答錯倒扣），但實證研究顯示那樣並沒有增進測驗的效能。不過一旦決定了要使用猜測矯正公式，就一定要事先向學生說明。是非題常用的猜測矯正公式是答對題數減去答錯題數，其結果是相當於未答時扣一題的分數，答錯時扣兩題的分數。

(十一)若可能的話，盡量不用「單純概念式」的是非題，而多採用其他形式的是非題

單一答案式的是非題在命題上較簡單，但它天生的缺陷及常被濫用，導致難以測到真的學習成就。

(十二)不要把無法做是非判斷的敘述，以是非題形式來要求學生作答

這種錯誤最常出現在國小社會科及生活倫理科的考試中。個人行為的自陳報告或意見都是沒有對錯之分的，它可以在情意評量上使用，但不可作為認知評量上的試題，比如例題 3－59 中的第一題，就會造成標準答案上的爭議。

例題 3-59

(　　) 1. 我每次看到師長時都會打招呼。（劣，沒有標準答案）
(　　) 2. 當我們看到師長時應該打招呼。（尚可，但未考慮到特殊的時
　　　　間或地點）
(　　) 3. 看到師長時主動打招呼是一有禮貌的行為。（佳）

三、優缺點

㈠優點

1. 試題編擬容易

　　它不像選擇題需要有多個誘答，也不像申論題需要有參考答案及計分標準，所以在相同時間內，可以擬出更多的是非題。

2. 作答方法簡單、迅速

　　學生作答時不需要書寫文字，使得低年級學生也可使用，且在相同時間內可以答完的題數比其他題型多。

3. 計分容易而且客觀

　　是非題可以用機械計分，若使用人工計分也很簡單、迅速，只要提供標準答案，學生也可以代勞。計分結果很客觀，不會像申論題那樣有不一致的情形。

4. 試卷可容納題數較多，內容取樣更具代表性

　　因為作答時不必去讀誘答，也不必書寫文字，所以在相同大小的版面上或相同作答時間內可以容納較多的題數，使得試題取樣更能符合測驗計畫中雙向細目表的要求。

(二)缺點

1. 盲目答中率高達50%，比其他題型更容易受到猜答的影響

在真實情況下，學生即使不了解題目，他根據文法知識和殘缺印象，也可以獲得高於50%的答對率。一般而言，在題數相同的情況之下，採是非題題型的測驗，其信度最低。所幸的是，學生平均每分鐘可以答兩題是非題，所以可以很方便地以增加題數的方式來提高測驗信度。

2. 教師無法從學生的錯誤答案中進行分析以獲得診斷性訊息

當以選擇題或填充題作答時，教師可以依據學生的答案來分析哪些是學生常有的錯誤概念，進而實施補救教學，但是非題則無法提供此類訊息。

3. 試題內容難以超越「知識」層次，且常直接抄自教科書，或是屬於不重要的細節

是非題的題目是用來做是非判斷的敘述，教師常未加以改寫而直接抄自教科書，學生可以只憑讀過一次的殘缺印象就答對題目。

4. 許多現象無法以二分法做判斷，而敘述的方式也影響到能否作這樣的判斷

自然現象或社會現象很少能以「是否」或「對錯」二分法做判斷的，而且常常是知道得愈多愈可能找出一些例外，但如果命題者要使試題周延，通常會露出作答線索，例如：

例題 3-60
（　？　）1. 鳥類可以在天上飛翔。（不周延）
（　×　）2. 所有的鳥類都可以在天上飛翔。（周延）
（　○　）3. 大部分鳥類都可以在天上飛翔。（周延）

有些直接取自教科書的敘述，看來像是是非題的好材料，但事實

上卻需要改寫才能作對錯的判斷，例如：

例題 3-61
（？）1.選擇題很容易受到猜答的影響。（劣）
（○）2.是非題比選擇題更容易受到猜答的影響。（佳）

5.即使學生能夠判斷一個敘述為「非」，也不能證明他已經知道什麼才是正確的

雖然有些是非題的衍生題型（如，要求更正的是非題、要求回答理由的是非題）可以要求學生更正敘述中的關鍵字或寫出答「非」的理由，以確定學生是否真正理解，但是這樣做已經減少了是非題在作答與計分上的方便性，所以並不值得鼓勵。

第二節　選擇題

選擇題（multiple choice）是測驗中最常出現的題型，在團體標準化測驗或大規模的考試中更是常用。其構成包括下列四部分：

1.題幹

題幹（stem）是指命題者所提出的問題，用以要求學生作反應。題幹有兩種表達方式。一種是直接問句式（direct question）（例題 3-62），它是以完整的直接問句作為題幹，並以問號（？）做結束，無須選項的補充說明也可直接回答。

例題 3-62
（　）1.一年中有 30 天的月份共有幾個？
　　A.四個　B.五個　C.六個　D.七個

另一種不完全敘述式（incomplete statement）（例題 3-63），

它是以未完成的句子作爲題幹，並以冒號（：）做結束，它需要加上選項的內容才能成爲完整句子。在使用未完成句時，除非是語文測驗，否則最好採用待答式（例1），而不要採填空式（例2），以免和填空題混淆。

例題 3－63

（　）1. 魚能在水中游水前進是靠：
　　　　A.尾　B.鰭　C.蹼　D.翅　（待答式，佳）
（　）2. 魚是用＿＿＿在水中游水前進
　　　　A.尾　B.鰭　C.蹼　D.翅　（填空式，不佳）

2.選項或可能答案

選項或可能答案（options, possible answers, alternatives）是指提供給學生選擇的答案，它包含正答與誘答，通常爲四到五個。若選項太少時學生盲目猜答的猜對率會提高，測驗結果分數不可靠（信度低），但若選項多時，由於不容易找到合適的誘答，命題工作常會事倍功半。選項的多寡取決於測驗內容的性質及擬題者的專業經驗與能力。

3.正確答案或最佳答案

正確答案或最佳答案（correct answer, best answer）是指符合題幹所要求的正確或最佳的答案，除了「多重正確答案題型」外，選擇題通常只有一個正確答案。

4.誘答

誘答（distractors, misleads, foils）與正確答案在內容、形式上很相近，但卻「似是而非」；它是用來引誘一知半解的學生去選的錯誤答案。若每個誘答在文法形式、屬性、文字長度都和正確答案很相像（同質性高），則誘答力高，正確答案也就比較不易被猜中。

教師在批閱家庭作業、課堂問答或回答學生的發問中經常會發現

學生常見的錯誤、誤解或迷思概念，這些都是編擬誘答的最好材料。除此之外，教師也可先用填充題的形式來考試，然後分析、歸類學生的答案，找出比較常見的幾種錯誤答案作爲選擇題的誘答。

一、題目形式及範例

選擇題的種類繁多，不同學者有不同分類方式，以下所介紹的並沒有包含所有的題型。

㈠單一正確答案式選擇題

單一正確答案式選擇題（right answer multiple-choice）是最常見的題型（例題 3−62），雖然在答案上是只有一個正確答案，但在題幹上面則可分成肯定或否定兩種形式。

㈡最佳答案式選擇題

最佳答案式選擇題（best answer multiple-choice items）常見於社會科學領域的試題，或測量分析、評鑑的認知層次的試題。由於每個選項常難以判斷對或錯，所以只能要求學生選出對於該問題的最佳解釋或處理方法。

例題 3−64
（　　）1.當你晚上回家，開門後聞到很濃的瓦斯味道，你應該先：
　　A.摸黑進廚房關瓦斯爐　　B.打開電燈找出原因
　　C.把門打開，退出房子　　D.打電話報警

㈢關係類推式選擇題

關係類推式選擇題（analogical multiple−choice items）常見於語文智力測驗中，它在題幹上列出三個語詞，並要求學生先想出前兩

個語詞的關係，再將此關係類推到第三個語詞與選項上面。擬題方法可以參見下一節：配合題擬題方法中關係的類型。

例題 3−65

（　　）1.太陽之於金烏，就如月亮之於＿＿＿。

A.嫦娥　B.玉兔　C.地球　D.月光

四數量比較式選擇題

　　數量比較式選擇題（quantitative comparison multiple-choice items）常見於數學成就測驗中，它比較適於測量學生的數學概念及以心算進行推估的能力，而不太需要精確的計算能力。

例題 3−66

作答說明：以下各題在A欄與B欄之下提供兩個數量讓你比較大小，請在答案紙上作答，以下是你可做的選擇：

A: 若A欄的值比B欄大

B: 若B欄的值比A欄大

C: 若A欄與B欄的值相等時

D: 若依所給的資料無法判斷大小

	A 欄	B 欄
1.	999×0.5	500×0.999
	$X > 0$	
2.	$3X + 5$	$2X + 3$
3.	0.3	$\sqrt{0.9}$

㈤多重正確答案選擇題

多重正確答案選擇題（multiple-choice multiple-response items）
的外形像是選擇題，但不同的是每一題中有多個正確答案，學生要針
對每一選項來判斷對錯，若是對就寫出其編號，國內有人稱之為「複
選題」；事實上它是一種叢集式的是非題，但是卻以選擇題的形式來
作答。

由於它有幾個選項就相當於幾題是非題，所以計分上應該以選項
為計分單位；凡應選出而未選出，或不應選出而選出的都算答錯。

例題 3-67
作答說明：請選出正確答案，注意每題的正確答案不只一個。
　（　）1.下列動物哪些是屬於家禽？
　　　　　A.貓　B.鴨　C.雞　D.牛　E.馬

㈥剔錯式選擇題

這種剔除錯誤答案的選擇題（detect error multiple-choice items）
只有一個正確答案，但是作答時是以剔除錯誤選項的方式作答，計分
時是依據學生能夠找出幾個錯誤選項來給分，但若誤選了正確答案則
完全不給分。此法的優點是可以讓那些只有部分知識的學生也可以得
到分數，因此可以提高試題的區辨力；但缺點是計分程序複雜，需要
有電腦閱卷的配合才有實用價值。

例題 3-68
作答說明：作答時請把錯誤的答案塗黑。每題三分，每塗掉一個錯誤答
案得一分；若都未塗，或塗去了正確答案，則該題為零分。
　A B C D 1.本縣的縣長是如何產生的？
　　　　　　A.縣民選舉　B.中央派任
　　　　　　C.考試合格　D.省政府派任

㈦選項重組過的選擇題

　　以下幾種題型，原先都是不適於機械計分的複選題、重組題、配合題，但是為了計分方便，命題者自己先作答，並把幾種答案並列出來，使它們成為單選題的選項，然後再要求學生依照單選題的作答方式選出一個正確的選項，因為這些選項都是經過命題者重新組織過，所以將它們歸類為選項重新組織過的選擇題（reorganized options multiple-choice items）。

　　這種題型的優點是：(1)不必把一完整概念拆得支離破碎來施測；(2)可以擬出難度較高的試題。而其缺點是：(1)命題及編輯上比較難；(2)試題比較占空間，閱讀時間較長，常使得題數減少。因此，此類題型比較適用於高中以上學生，且施測時間較長的測驗上。

1. 複選題式選項

　　本題型雖然在思考上要求學生逐一判斷，但並不直接要求學生寫出判斷結果，而是提供幾種不同的組合當做選項。

例題 3－69

1. 在蝴蝶、蜻蜓、蜈蚣、蜘蛛之中，哪些是昆蟲？
　A.蝴蝶、蜻蜓、蜘蛛　　B.蜻蜓、蝴蝶
　C.蜘蛛、蜈蚣、蜻蜓　　D.蝴蝶、蜻蜓、蜈蚣
2. 下列哪些因素會影響測驗的信度？
　(1)試題題數
　(2)試題的長度
　(3)學生能力的變異程度
　　　A.1和2　　B.2和3　　C.1和3　　D.1,2和3

---

2. 重組題式選項

　　本題型雖然在思考上要求學生對答案進行重組，但它並不要求學生直接寫出順序，而是提供幾種不同的排列組合當做選項。

例題 3-70
1.在中國文物發明的時間順序上，下列哪一組是對的？
　A.文字→筆→活字印刷→紙　　B.文字→紙→筆→活字印刷
　C.紙→筆→文字→活字印刷　　D.文字→筆→紙→活字印刷

3.配合題式選項

　　本題型的選項是屬於配合題的材料，但是在作答方式上卻是屬於單一答案的選擇題。

例題 3-71
1.在下列國家與首都的配合中，哪一組是錯誤的？
　A.泰國—曼谷　B.法國—倫敦　C.日本—東京　D.韓國—漢城

二、擬題原則

　　選擇題的擬題原則較多，可分為：

㈠題幹方面

1.題幹應該意義完整，且明確地界定問題

　　就例題 3-72 而言，若光看題幹會令人不知道如何回答，還好它是選擇題，若是填充題就會衍生出好幾個正確答案。

例題 3-72（不佳試題）
1.中華民國的總統是：
　A.不可以連任　B.六年一任
　C.需年滿三十歲　D.由立法院選出

　　另外有些命題者喜歡把同一主題的相關敘述放在一起，然後在題幹上問：「下列敘述何者正確？」，像這種題幹就應該改為「關於 XXXXX，下列敘述何者正確？」。

　　題幹意義不完整不只會造成作答者的困惑，也不能夠放入題庫中

供人檢索，因為在電腦題庫系統中通常會以在題幹中找關鍵字的方式來檢索試題，同時也會以兩個試題題幹的內容是否雷同來刪除重複的試題。

2.題幹的遣詞用字要前後一致，並配合學生閱讀能力水準

常見同一份試卷上有好幾種意義相同的敘述句，例如：「下列敘述，何者為非？」、「何者錯誤？」、「何者為誤？」、「何者不正確？」，這些都會造成閱讀者的困擾應該避免。

另外，除非是考語文科目，否則試題的字彙難度及句型複雜程度都應該低於學生現有的閱讀能力平均水準，舉個例說，若以文言文來編擬數學科的選擇題，就令人弄不清楚是在考國文或是考數學，這種題目對語文能力差的學生而言是不公平的，而且效度也很低。

3.題幹中應盡量避免使用否定式敘述

在時間壓力之下，學生常會把否定句誤讀成肯定句，若恰好有一選項是當題幹改為肯定句時就成為正確答案的，則學生就很容易誤答這一選項，因此若必須使用時，應特別以**粗體字**或<u>否定字底下加線</u>的方式提醒學生。

4.避免題目與題目之間相互提供作答線索

在小單元的有限教材中要編擬出很多試題時，常會發生不同試題之間有內容重疊的現象，這種即使學生未學過該教材，也可在其他的題目中找到正確答案的現象，稱之為「互相關聯的題目」（interrelated items）。

5.避免以前一題答案作為下一題的基礎

當學生需要先知道一個題目的正確答案才能答對另外一個題目，這現象稱之為「相互連鎖的題目」（interlocked items）。這類試題違反了試題應相互獨立的原則，因此無法拆開來使用，也無法分別放入題庫中。

㈡選項內容方面

6.每一題目應該有三到五個彼此互斥的選項，而其中只有一個才是正確或最佳答案

　　選項之間要避免有同義、重複、相似、包含或從屬的關係，以免提供猜答線索或造成正確答案的爭議。

　　在選項數目方面，按照機率來看，選項愈多則猜對機率愈低，測驗分數信度應該愈高；然而選項愈多所占的版面愈大，可容納題數就愈少，作答時閱讀時間愈長，而好的誘答又不可多得，因此信度可能反而降低。在十二題五選一的或在二十題三選一的選擇題之間，寧可採用三選一的形式而讓題數多一些。

7.誘答必須具備似真性，或各選項之間要有同質性

　　各個答案之間愈具有同質性，或是每一個誘答項都具有似真性，則學生就愈難以用剔除法來猜答，試題的難度就愈高。例題 3-73 是個反面例子，因為該題的選項D是海洋名稱並非都市名稱，與其他選項顯然不同，缺乏誘答力。

例題 3-73（不佳試題）

1. 美國的首都是在：
　A.溫哥華　B.紐約　C.華盛頓　D.太平洋　E.丹佛

8.避免使正確答案顯得特別長

　　擬題者為了避免在正確答案上有爭議，常會把正確答案寫得特別周詳，因而提供了猜答的線索給學生；解決之道在於使隨伴的誘答也都有近似的長度和複雜度。

9.如果所有的選項都有共同的文字，應該把該文字移到題幹上

　　把各選項之間一再重複的文字搬到題幹上，不但能節省受測者的閱讀時間，也能節省所占的版面空間，而容納更多的試題。

10.要避免選項編號與選項內容相混淆

例如，在數學科的選擇題中，試題以 1234 為選項編號，而選項內容中也恰好含有這些數目時，就很容易產生混淆。

例題 3-74（不佳試題）
1.在 3461.5 這一數目中，百位數為多少？
　　(1) 1　　(2) 3　　(3) 4　　(4) 6

11.盡量避免使用「以上皆是」的答案

在單一答案的選擇題中，使用「以上皆是」會使試題變得更簡單，因為學生只要知道其中某兩個答案是對的，就可推斷「以上皆是」就是正確答案；或者是知道其中某一答案是錯的，就可以刪去「以上皆是」這一選項。此外，它只能用在正確答案題型，絕對不能用在最佳答案題型上，因為有好幾個最佳答案豈不是與題意自相矛盾。

12.謹慎使用「以上皆非」的答案

當在考英文拼字、數學計算或歷史事件等要求絕對正確答案的題目時，可以使用「以上皆非」作為最後一個選項；但是在最佳答案題型或是只要求最接近的數值時，則使用「以上皆非」就不太恰當。

(三)選項排列方面

13.正確答案應隨機出現在各個選項位置上

換句話說，各題間的正確答案不應該形成固定的排列順序（如，112233 或 ABCDABCD），也不能集中在某一位置上。根據測驗學者的調查發現，測驗編製經驗較缺乏的教師常會把正確答案集中在第二或第三個選項上，尤其選項的內容是數目字時更是如此。

14.各個答案之間應盡量依邏輯順序排列

各個選項之間若有邏輯順序，就應該依照其邏輯順序（數目大小、時間先後、發展順序等）排列，這樣不但可以使學生搜尋答案的

速度加快，同時也減少誤讀選項代號的可能性。

例題 3-75

1.一年四季中哪一季平均氣溫最低？
　A.秋季　　B.夏季　　C.春季　　D.冬季（劣）
　A.春季　　B.夏季　　C.秋季　　D.冬季（佳）

15.選項的排列格式要一致、整齊

　　排版時，選項部分要另起一行，不要緊接在題幹之後。當每個選項都很簡短時，可以排成一行，如例題 3-74，但選項之間應有相同的間隔。若一行排不下，則可以排成兩行，但選項編號要上下對齊，如例題 3-75。若選項再稍長，則可以讓每一選項各自成一行。

三、編擬誘答的方法

　　編擬誘答的原則就是要「似是而非」，讓每一個誘答具有似真性，這樣一知半解的學生就不容易以剔除法來猜中答案。

　　編擬選擇題時，教師可以依據個人教學經驗預測學生可能出現的錯誤答案；也可以用簡答題的形式先考一次，以便蒐集學生各種可能的錯誤答案；此外教師可以循下列方向來構思誘答：

　　(1)以錯誤的方式使用專門術語。

　　(2)由作業或口頭問答中找出學生常見的錯誤概念。

　　(3)使用可算正確，但非重點的，而是旁支細節的答案。

　　(4)使用在同一單元上曾經用到的術語、或新字彙。

　　(5)部分對，但因缺乏某要素使得其他選項顯得更周延、正確。

　　(6)若更改部分題幹就會變成正確答案的選項。

四、優缺點

㈠優點

(1)可測量從簡單到複雜的學習結果。

(2)作答時間不長,可容納題數較多,內容取樣較廣,可提高內容
效度。

(3)若精心設計,不同的誘答也能提供教師教學診斷所需的訊息。

(4)和是非題相比,選擇題比較不容易受到猜答的影響,信度較高。

(5)計分容易、客觀、可靠。

㈡缺點

(1)比是非題好,但仍無法免於猜測的干擾。

(2)測驗分數容易受到考生閱讀能力的影響。

(3)有些題目不容易找到具有似真性的誘答,命題過程較花時間。

(4)無法測量問題解決、組織或表達思想的能力,容易流於測量知
識的記憶。

第三節　辨錯題

辨錯題(error recognition items)是在語文科中用來測量學生辨
認錯別字或文法錯誤的能力。雖然它在作答與計分上很像選擇題,但
因為它沒有題幹與選項之分,形式上不同於一般的選擇題,且命題原
則更是大不相同,所以另成一節作介紹。

一、題目形式及範例

例題 3−76

1. 下面每一題有五個英文單字，其中有一個是拼錯了，請寫出其代號。
   A. illegal　　　B. summary　　　C. generally
   D. beggar　　　E. necessary
2. 下面每一題中有六個成語，其中有一個是錯誤的，請寫出其代號。
   A.一柱擎天　　　B.萬馬奔騰　　　C.顛三到四
   D.班門弄斧　　　E.嫦娥奔月　　　F.汗牛充棟
3. 以下題目中每題被區分成四部分，其中一部分含有拼錯的字，請寫出其代號。
   A.　　　　　　　B.　　　　　　　C.　　　　　　　D.
   The woman/ refused to admit/ that there was sufficient / coffee for everyone.

二、擬題原則

㈠所考的字彙應該是重要的，而非太冷僻或太專業的字

　　選擇字彙時要考慮教學目標，曾經學過的或常用的字彙要優先考慮，並要考慮該字彙對學生的公平性，以避免造成試題偏袒。

㈡所考的字彙應該只有一種拼法或寫法，以免造成答案的爭議

　　有些英文字有美式拼法和英式拼法之分（如 theater 和 theatre）應該避免使用。中文字也同樣有正寫與俗寫之分，不應列入辨錯題之中。

㈢因為選項很容易編擬，應增多選項以降低猜對率

一般選擇題在編擬選項時，因為要考慮它與題幹之關聯性，及各選項之間的同質性，所以不可能編得太多。但辨錯題型則不受這種限制，在版面編排許可下，可增多選項以減少猜對率。

三、優缺點

㈠優點

(1)作答方式簡單，能夠測量更多字彙或文法知識。

(2)計分方式簡單，沒有填空題的爭議。

㈡缺點

(1)經常閱讀有錯誤的字句，對於初學者可能會造成學習上的反效果。

(2)事先知道只有一個錯誤，比較容易猜答，倒不如改用複選題或叢集式的是非題。

第四節　配合題

配合題（match items）是選擇題的變形，它是把具有相同特質的選擇題的題幹部分以條列方式放在左邊，稱之為前題項（premises），並把供每一前題作配對的選項部分以條列方式放在右邊，稱之為反應項（responses）；作答時是依據一定的關係把各前題項與反應項加以配對。

　　此種題型理論上可以適用於任何學科，實際上卻較適合取材範圍較廣的評量，例如：學期末的總結性評量或評鑑學校教學效能的大規模測驗。在小單元的教材內常常難以找到足夠的同類性質的材料進行配對。它尤其適合應用在需要將「人物」、「事件」、「地點」、「時間」加以配合的學科。

一、題目形式及範例

㈠圖對圖或圖對文式配合題（幼童的連連看）

　　這種題目通常用於幼稚園或國小低年級階段，這時學生還不識字或才剛開始認字，所以使用圖與圖的配合以測量其生活常識，或圖與單字的配合，以測量其字彙能力。作答時只要求學生畫一條線把兩個項目連接起來，而且常採用一對一的方式（完全配合式）編擬題目，以降低其難度。

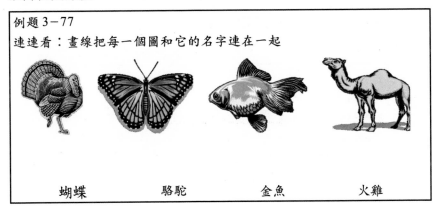

例題 3－77
連連看：畫線把每一個圖和它的名字連在一起

蝴蝶　　　　駱駝　　　　金魚　　　　火雞

㈡兩欄文字式配合題

　　配合題最常見的形式是左右兩欄都是文字，左邊一欄稱做前題

項，相當於選擇題的題幹；右邊一欄稱做反應項，相當於選擇題的選項。此種配合題左右兩邊數目並不需要相等，反應項被選的次數也不限於一次。

例題 3－78

作答說明：請用ㄅ、ㄆ、ㄇ標示出下列各種營養素的主要功能。

（　）1.蛋白質

（　）2.脂肪　　　　　ㄅ、調節人體機能

（　）3.礦物質　　　　ㄆ、產生人體熱量

（　）4.維生素　　　　ㄇ、構成身體細胞

（　）5.醣類

㈢叢集式選擇題

有一種配合題因為反應項很少又很簡短，所以直接放到作答說明中，這種題型和叢集式是非題很相像，但作答時是選擇題的形式，所以又稱為叢集式選擇題（cluster multiple-choice items）。這種題型可以減少閱讀上的負擔，並測出學生對某一概念的理解程度。它適合測量有關於類別、分類法、特徵等方面的知識。

例題 3－79

下列東西在空氣污染物的分類中，若屬於懸浮微粒的請寫 A，屬於惡臭氣體的請寫 B，屬於有毒氣體的請寫 C。

（　）1.汽機車排放的廢氣

（　）2.動物屍體分解後的氣味

（　）3.建築工地產生的塵粉

（　）4.人畜排泄的氣味

（　）5.家庭瓦斯燃燒不完全

（　）6.工廠洩露的氯氣

二、擬題原則

㈠要事先決定前提項與反應項之間的配對關係

編擬配合題時，所用的關係和編擬智力測驗的語文類推題型（analogies）時所依據的關係是一樣的。在此只列出下列數種供參考，命題者還可以自行再找出新的關係來。

*1.*意義相同或相反。例：青蛙—田雞，天—地。

*2.*部分與整體。例：耳—頭，輪—車，舵—船，翅—鳥。

*3.*測量單位與測量屬性（或工具）。例：公斤—秤。

*4.*因果關係。例：戰爭—條約、年代；人名—發明、功績。

*5.*材料與產品。例：米—飯，布—衣服，紙—書。

*6.*常伴隨出現。例：紙—筆，碗—筷，秤—鉈，鍋—爐。

*7.*空間上的坐落。例：都市、山脈、河流—國家（五大洲）。

*8.*時間上的坐落。例：人名、戰爭、事件—朝代、年代。

㈡前提項以五至八個最為適當

前提項過少則失去配合題的目的，過多則占據太大篇幅，排版不易且減少其他內容出現機率。

㈢反應項的數目可以比前提項數目多或少，並應該在作答說明中告知配對原則，以及每一反應項可重複選用

若配合題的配對方式不是採一一對應，且反應項可以使用多次時，便可以明顯減少學生猜中的機率。此外，若要使配合題能充分發揮功能，必須要使每一個反應項都是任一個前提項的可能答案，所以不應該限制反應項的被選用次數。

㈣各前題項之間應具有同質性，各反應項之間亦同

下面例題的前提項中，第二題要求回答總統的姓名，而其他前提項則要求回答都市的名稱，所以第二題不具備同質性，很容易認出對應的正確答案。

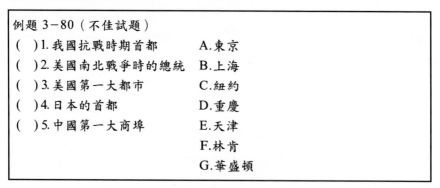

```
例題 3-80（不佳試題）
（　）1.我國抗戰時期首都　　　A.東京
（　）2.美國南北戰爭時的總統　B.上海
（　）3.美國第一大都市　　　　C.紐約
（　）4.日本的首都　　　　　　D.重慶
（　）5.中國第一大商埠　　　　E.天津
　　　　　　　　　　　　　　　F.林肯
　　　　　　　　　　　　　　　G.華盛頓
```

㈤同一大題的內容都要排放在同一頁上

配合題所占的版面較大，所以排版時若不小心就會產生跨欄或跨頁的現象，如此將造成學生作答時需要不斷地翻頁，也常使得粗心的學生忽略了排在另一頁上的反應項。

㈥把較長的敘述放在左邊當作前題項，以數字來標示；較短的敘述（片語、名詞、符號）放在右邊當作反應項，以英文字母或注音符號來標示順序

由於反應項需要反覆閱讀，若把較短的敘述或圖解當作反應項，答題時就可以節省閱讀時間，而以字母或注音符號標示反應項，可避免與題號相混淆。

㈦反應項應該盡可能依照邏輯順序排列

　　由於學生每答一題就要在反應項中搜尋一次答案，若將各反應項依照邏輯順序（如時間、筆劃、英文字母）排列，將可以節省學生搜尋答案的時間。

三、優缺點

㈠優點

　　(1)格式比「是非題」、「選擇題」更濃縮、精簡。

　　(2)閱讀及作答試題的時間，比選擇題還節省。

　　(3)反應項多時可以大量降低猜答造成的誤差。

　　(4)計分上客觀、容易，且信度高。

㈡缺點

　　(1)試題內容常局限於連結式的簡單知識。

　　(2)某些教材難以編製出足夠數目的同質性反應項。

　　(3)常因為同一題材的題數太多，而造成內容取樣上的偏差。

第五節　克漏字題

　　克漏字法（cloze procedure，或譯作完形填空法）是依據完形（Gestalt）心理學理論的「封閉」原理而設計的題型。該理論認為人可以在潛意識中藉著周遭的各種線索，把訊息中缺失的部分自動補起來，而形成一個有意義的形式。

　　研究古代歷史的學者常從出土的「斷簡殘編」之中去猜測原來的文字，也因此引來「魯魚亥豕」之譏。克漏字法同樣是要求受測者，循著文章脈絡去解釋「被打斷」或「殘缺不全」的訊息，為文章的空白處找出最適當的替代字，所以它最適用於測量語文閱讀理解能力。

　　克漏字最初是用在測試文章的可讀性上，後來被用在外語能力的測試中，它是測試學生系統的語言知識的有效方法，去掉的詞愈多的短文，或文字愈難的短文，就愈需要有高水準的語文能力才能答對。

一、題目形式及範例

　　克漏字若依據命題時抓出字的原則，可以分成「系統取樣抓字法」和「立意取樣抓字法」，而立意取樣抓字法的立意又可分為測量「文法規則知識」和測量「用字精確能力」兩種。若依據作答方式，則可分成選擇題、配合題和填空題。

㈠以抓字方法分

1. 系統取樣抓字法

　　此法是將文章固定每隔數個字就抓掉一個字，然後用以測量受測者的語文能力。在英文上最常用的是每隔五、六或七個字就抓掉一個字，又稱為定距刪詞克漏字（fixed-ratio cloze）。下列例題是每隔五個字抓掉一個字，並以填充方式作答，請注意該文章前三句並沒有抓去任何字，以便讀者能夠較容易掌握文章主旨。

例題 3－81

　　以下文章中共有六個空白處，請你根據上下文找出一個最適當的字，使之放進去恰好能成為一通順、合理的故事，請把你想到的字寫在下方的橫線上。

　　Once upon a time a farmer had three sons. The farmer was rich and had many fields, but his sons were lazy. When the farmer was dying, he called his three sons to him. "I have left you ___1___ which will make you ___2___ "he told them. "But ___3___ must dig in all ___4___ fields to find the ___5___ where the treasure is ___6___ .

| 1._____ | 2._____ | 3._____ |
| 4._____ | 5._____ | 6._____ |

2.立意取樣抓字法

　　所謂的「立意取樣」就是取樣者依據他對文章的理解，主觀地抓取特定的文字。命題者有時候為了能夠更具體地測量語文能力中的某種成分，故意只抓出某些特定類型的字，即為立意取樣抓字，又稱為合理刪詞克漏字（rational cloze）。這種抓字法改變了原有的隨機性，但增加了目的性與實用性，它通常是為了下列兩種目的：

(1)測量文法規則知識

　　命題者在抓字的時候不一定要採取相等間隔的方式，他也可以針對某些文法規則來抓字，例如：英文的單複數、動詞時式、介系詞等，國文的標點符號、量詞等，如此可以看出學生對於某一文法規則是否已經深入了解。

例題 3－82

　　讀完下列文章後，請在文章下面的一行字中選出最適合填在空格裡的字，然後直接寫在該空格裡。

　　說著說著，兩個兄弟就開始數算起自己的財產了。一（　）破屋，門前有兩（　）老樹，一（　）水井；後院裡養著三（　）瘦馬，幾（　）白鵝；屋子裡擺著一（　）桌子，四把椅子，壁上掛著是一（　）山水畫。

　　個　張　口　隻　匹　頭　顆　棵　棟　架　幅　片

(2)測量精確用字能力

　　若要測量學生對於字義的把握，可以抓出一個名詞或動詞，然後根據該句子找出可以補上去的其他字作為誘答，下列例題即在測量學生依據上下文挑選適當字彙的能力，且是以選擇題方式作答。

例題 3－83

　　以下文章中共有六個空白處，而文章下方針對每一空白處提供了五個字彙供你選擇，編號分別為 A,B,C,D,E 請依據前後文選出最合適的字彙，並把其代號寫在括弧內。

　　Astrology is the ancient (1)＿＿ of telling what will (2)＿＿ in the future by studying the (3)＿＿ of the stars and planets.(4)＿＿ astrologers thought that the stars and planets influenced the (5)＿＿ of men, they claimed they could tell (6)＿＿

	—A—	—B—	—C—	—D—	—E—
1.	art	business	magic	study	system
2.	coincide	come	chance	foretell	happen
3.	light	positions	places	shapes	times
4.	Although	Because	For	However	While
5.	affair	business	attires	chances	times
6.	advice	fortunes	futures	horoscopes	luck

　　1.（　）　2.（　）　3.（　）　4.（　）　5.（　）　6.（　）

(3)測量辨別錯別字的能力

　　要評量學生辨別中文錯別字或英文正確拼字的能力，也可以採用克漏字的形式來施測。例題3－84即具有不占空間以及計分客觀的優點。

例題3－84

讀完下列文章後，請在括弧內的兩個字中選出一個正確的字。

行舟江中，夜雨漂1.（A泊，B伯），酒後獨對昏2.（A登，B燈），在百般無3.（A潦，B聊）中，看著江水的漲落，有感於己身的遭遇和官場的冷暖，4.（A富，B福）貴榮華的多變化，不禁深深感5.（A嘆，B漢）。

1.（　　）　　2.（　　）　　3.（　　）　　4.（　　）　　5.（　　）

(二)以作答方法分

1. 以選擇題方式作答

　　同樣內容的克漏字題，若以選擇題作答時，試題會變得較簡單，學生只要把命題者提供的少數幾個字彙套進去，看看是否通順、合理即可。這種作答方式較容易答對，作答時間也較短，比較適合國小學生。本節的例題3－83即是以選擇題作答。

2. 以填空題方式作答

　　以填空題方式作答時，學生會就會，不會就不會，無法亂猜，不會有猜答造成的誤差，但在計分上卻常因答案紛歧而產生困擾。計分時若採用「唯一正確」答案法計分，雖然較簡單，但理由上卻常牽強無理，畢竟在語文表達上並沒有唯一的絕對的正確方式。若採用「可接受」答案計分法，雖然在理論上較為合理，但在實務上卻要為每一空格準備多個可接受的答案，並針對每一空格做多次核對，很花人力和時間。除此之外，寫錯別字是不給分或只給部分分數也應該事先作個決定。本節中例題3－81、3－82即是以填空題方式作答。

3.以配合題方式作答

以配合題方式作答，雖然也是選出答案，但卻不像選擇題那樣有那麼高的猜對率；而跟填空題比起來，它的計分卻較簡單、客觀。

例題 3-85

以下文章中共有五個空白處，而文章下方針對每一空白處提供了一些字彙供你選擇，請依據前後文選出最合適的字彙，並把其代號寫在括弧內。

其實大自然就是靠不斷地動，產生有節奏有韻律的美感。你不覺得繽紛(1)要有翩翩彩蝶，才會生趣盎然？藍天(2)也要有掠飛海面的海鷗，才能(3)單調乏味？隨風(4)的芒草，持續(5)的浪潮，……你會發現很多這種迷人的動態美。

A.綠水　B.森林　C.花叢　D.白雲　E.碧海　F.草原　G.青山
H.彩雲　I.消除　J.劃破　K.飄動　L.搖曳　M.而去　N.拍岸
O.翻滾　P.不再
1. (　　)　2. (　　)　3. (　　)　4. (　　)　5. (　　)

二、擬題原則

㈠所選的文章要不同於常見的教材，且是原著，最好出自名家之手

若文章是某些學生已經讀過的，則該克漏字不是在測量他的語文能力，而是測記憶能力。若文章是出自名家的原作，正確答案比較能夠確定。反之，若使用經過修改的或簡化的文章，或非母語者所撰寫的文章，答案常會造成爭議。

㈡文章的前面幾個句子最好不要有空字

文章前面的完整句子可以當做引導，以便學生能夠熟悉作者的寫

作風格並掌握文章主題，進而降低試題難度。題型若以難度較高的配合法或填空法作答時，這點尤其重要。

㈢在抓字時，間隔不可太小

空字較多時雖然可以提高測驗的信度，但也同時提高了試題的含糊性，增加作答上的困難。尤其當以填空法作答時，抓字的間隔更是不能太小，以免學生無法由上下文推論出該字。

㈣刪詞時要避開專有名詞、人名、地名、及數字與日期

上述是屬於事實資料，而非語文測試的範圍，學生語文能力再好也無法依據上下文猜出正確答案。

㈤應該詳細說明作答方法

克漏字並不是廣泛使用的方法，所以應該讓學生徹底了解作答的方法，並應鼓勵學生在作答之前先快速瀏覽整篇文章，以便掌握文章大意，如此作答才有效率。

㈥以填空法作答時，計分標準要採「可接受」答案，而非「正確」答案

語文表達的方式並沒有絕對的對或錯，常只是精確度或適當性上的程度不同而已，所以只要學生所填上去的字讀起來通順合理即可，並不一定要用哪一個字才算正確。不過這樣做會對於哪些字是可以接受的產生爭紛。

減少計分標準上的爭紛的方法，就是像要下列例題，要在刪掉的字上寫出該字的頭尾字母（指英文），以限制學生用字的範圍。

> 例題 3－86
> It is estimated that in the y____ two thousand the world has l____ more
> than a hundred species of animals. A similar n____r of species of bird
> has also b____ extinct.

三、優缺點

(一)優點

　　⑴測驗材料中較少支離破碎的文句，比較接近真實閱讀情境。

　　⑵養成學生利用各種線索作推論的習慣，符合閱讀理解原理。

(二)缺點

　　⑴只適用於語文科目，其他科目很難派上用場。

　　⑵選擇文章時容易有偏差，常會變成測量其他專業知識。

　　⑶以填空法作答時，比較逼近真實情境，但計分上更困難。

第六節　資料理解式試題組合

　　這種題型是先提供相關資料給學生聽或閱讀，並依據資料內容提出約五到十題的任何題型的題目，但通常以選擇或簡答題居多。由於答題時是基於對所提供資料的理解，而且各個試題不能脫離資料單獨使用，故稱為「資料理解式試題組合」（英文稱做interpretive exercises, contex-dependent item sets, item bundles, testlets）。

　　這種題型在語文科中，可以稱做「閱讀理解測驗」、「聽力理解測驗」，在其他科目則被稱做「題組題」。這種試題因為是依據所提

供新的情境和資料作答，所以可以超越知識層次，測量到學生的理解、應用、分析或評鑑的能力。

一、題目形式及範例

㈠依據閱讀資料的性質分類

(1)閱讀理解測驗──文學、文件、報導等書面資料。

(2)聽力理解測驗──對話、短文朗讀、新聞報導等錄音資料。

(3)圖表解釋測驗──統計圖表、解剖圖、地圖等圖解或表格資料。

例題 3-87

以下的圖解和試題是用來測量你的觀察能力,你可以一邊看圖一邊作答。

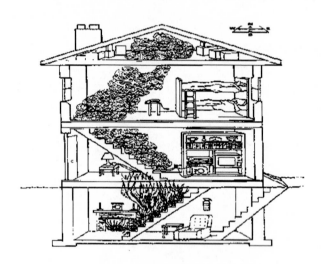

請依據這房子的剖面圖回答下列問題:

1. 就下列而言,這房子中最可能引起火災的地方是:
   A.電視機　B.電線插座　C.收音機　D.電唱機

2. 消防隊員有幾條通路可以進入房子?
   A.一　B.二　C.三　D.四

3. 依圖示,這房子引起火災的原因最可能是:
   A.從壁爐跳出的火星　　B.電線插座過度負荷
   C.閣樓上的易燃物品　　D.在床上抽煙

4. 消防隊員如果要救孩子,從哪裡進去最快?
   A.東邊窗戶　　　　　　B.西邊窗戶
   C.前門　　　　　　　　D.地下室入口

取自 Pre-Examination Booklet for the Philadelphia Fire Department Fire Fighter Examination

㈡依題目形式分

接在資料後面的試題形式以選擇題居多，通常閱讀理解測驗和聽力理解測驗都使用選擇題。若資料是機械圖、解剖圖、地圖時，可能使用填充題或配合題。對大學程度以上的學生可以要求他在閱讀一篇文章或研究報告之後，以申論題方式去分析、比較及評論該資料。

二、擬題原則

㈠所選的資料內容要新穎，但是要與課程內容和教學目標有關

當教師所選擇的資料是來自現用的課本或常用的參考書，則測量的認知層次會降為機械性記憶能力，而非分析、理解、預測等能力。教師可以從報紙、新聞雜誌或圖書館的參考資料中取材，通常可以找到符合教學目標但又不同於上課教材的資料。

㈡所選的資料要配合受試者之學習經驗與閱讀能力

雖然所選的資料要對學生而言是新穎的，但也不能內容太偏、或文字太難，而讓學生無法以舊經驗和現有字彙去了解其內容。在選擇閱讀理解測驗的文章時，編製者可以先用克漏字法檢查該文章是否適合該年級學生的閱讀能力。以全篇文章去掉的字數為基礎，若學生平均答對率超過50%（注音、錯別字不扣分），即可視為具有可讀性的文章。

㈢要考慮不同性別或社經背景學生對於所選之資料的熟悉程度，以免產生測驗偏差現象

測驗偏差（bias）是指試題本身較有利於某一群體，而不利於另

一群體，亦即兩群體對同一試題的答對率有明顯的不同。例如，在閱讀測驗中，若所選資料都是與運動、汽車、武器有關，顯然有利於男生，而不利於女生。

㈣呈現資料時要盡量使用原件，但必要時可加以修改，使之更清晰、簡潔

原件的內容比較接近真實生活世界，而且通常已經經過多人校閱，所以引用原件可以節省製作資料的時間，並避免遺漏或錯誤。閱讀材料通常需要經過修改或編輯，內容可以加以濃縮或利用圖表，以節省版面空間及閱讀時間。

㈤編擬試題時要強調學生對資料的分析與解釋能力，而不是有關的背景知識或表面的事實資料

在資料理解式試題組合中，最糟糕的題目是那種懂的人不必看資料就可以答對，而不懂的人即使看了資料也想不出答案來的試題。那種題目通常是在測量學生對該篇資料的背景知識，而不是他對資料的分析與解釋能力。

編擬題目時，盡量不要編只問表面事實資料的試題。表面資料是指資料中已經明白顯示的人、事、時、地、物等事實資料，問這些問題只能測出學生依據問題迅速查閱資料的能力，並不能測到他對於資料含意的理解程度或較高層次的思考技巧。

㈥試題的題數宜與資料的長度或複雜程度成正比

當學生發現他需要花很長時間去閱讀資料，而卻只能回答一、兩道題目時，他可能會依據成本效益比例原則，放棄這些題目。

三、擬題方法

舉閱讀理解測驗為例，教師可以從下列方向思考，來擬出試題。

(1)文章的**主題**為何？（常出現於文章的第一段，或段落中的第一句）

(2)文章內容中有哪些**事實細節**？（文章提及的人、地、時、事、物、為何、如何等細節）

(3)作者**寫作的語調**？（幽默？批判？客觀報導？挑剔？反省？嘲諷？……）

(4)作者的**觀點**如何？（作者的態度？他讓你產生怎樣的感覺？）

(5)作者**以什麼方法支持他的論點**？（個人經驗？邏輯推論？研究數據？）

(6)你可以下什麼**結論**？（依據所讀資料所做的推論、預測）

一般教師自編的閱讀測驗在出題時常常局限於前兩種方式，所以只考到學生對文章表面敘述資料的理解，並不能測到學生對文章深層含意的掌握。教師應該隨著學生年級的增加而逐漸提高後四種題目的比例。

四、優缺點

㈠優點

(1)能脫離現有教材，測出學生學習遷移的程度。

(2)能測量解釋文章、地圖、統計圖表、和漫畫等閱讀社會科學文獻的能力。

(3)針對共同的資料所提出的一系列問題，比較能夠測出思考技巧的深度與廣度。

(4)不必記憶許多事實資料，就可以評量較高層次的分析、推論和詮釋的能力。

(二)缺點

(1)由於閱讀材料的難度及閱讀所需時間很難控制得恰好，所以很難擺脫閱讀能力的影響。

(2)選擇題材時，很難事先確知它是否對於每一學生都是新穎的材料。

(3)由於同一組試題之間並非相互獨立，故與同題數的其他測驗相較，試題的區辨能力與分數的信度都較低。

(4)試題形式與其他題型差異頗大，需要另行設計才能納入電腦化題庫中。

(5)與申論題相較，它無法看出學生自己建構出來的整體的問題解決策略。

第七節　重組題

所謂重組題（reorder items）是指命題者提供數個編有號碼的項目，要求受試者依照某種規則（成長順序、自然定律、邏輯、或文法）重新排列組合。由於答案是由學生自行排列組合，所以可能出現的答案形式會隨著項目數的增加而增加，造成核對、計分上更加困難。

重組題的計分可以採用較單純的「全對或全錯」計分法，或是較麻煩但較精細的「相似程度」計分法，此計分法詳細內容請參見第五章第五節。

一、題目形式及範例

㈠字句重組題

字句重組題（word-order items）可以測量學生對於文法概念及語文表達習慣的理解，最適用於語文科目。例如，它可以測量學生是否了解，當多個不同種類的形容詞用來修飾同一個名詞時，其排列順序應該如何。

例題 3-88

請將下列文字重新排列，使成之為通順、有意義的句子。

1. 警察正在找（A.轎車　B.黑色　C.新的　D.一輛　E.大型）

答案：_____

2. Everyone's forgotten　（A. cup　B. he　C. which　D. used）

答案：_____

㈡邏輯順序重組題

邏輯順序重組題（logic-order items）可以測量學生對歷史事件、生物發展、物理變化的先後次序的理解，適合用在歷史、生物、物理、數學等科目中，以測量學生對於「趨勢與順序方面的知識」。

例題 3-89

請將下列的戰役依照發生的先後順序排列後，將編號寫在下面直線上。

A.武昌起義　B.八年抗戰　C.八國聯軍　D.鴉片戰爭

答案：_____

二、擬題原則

㈠用以排列的項目要在三個以上，七個以下

　　項目太少，學生容易猜中，失去重組題的意義；項目太多，則大部分學生很難完全答對。這時若以全對或全錯計分，會降低其鑑別力；但若依據與正確答案相似的程度來給分，又會增加計分上的困難。

㈡各項目要隨機排列，並加以編號

　　各項目經過隨機排列後，可以避免學生利用殘餘印象來猜中正確順序。各項目以數字或字母編號後，學生作答時只要以編號寫出正確順序，可以節省重抄文字的時間。

㈢要確定只有一種正確的排列順序

　　若有多種正確的排列順序，不只會造成學生作答時的困惑，也將造成計分上的困難，這種情形在文句重組上較容易出現。

三、優缺點

㈠優點

⑴試題編擬容易。重組題不需要有誘答項，學生也不容易誤解題意，標準答案的製作也比填充題、問答題簡單。

⑵作答簡單，且猜對機率不高。作答時只要重新寫出正確排列順序，方式簡單。此外，項目愈多，可能的排列組合方式愈多，盲目猜對的機率愈小。

㈡缺點

⑴除了語文、歷史、生物外，其他科目中合適重組題的材料不
多，很容易被學生猜中題目。

⑵計分上的爭議較多。若以全對或全錯的二分法來計分，固然簡
便，但對於排列順序接近全對者顯然並不公平；但若採用依據
接近正確答案的程度來給分，則計分上將耗時費力。

參考書目

李坤崇（民88）多元化教學評量。台北：心理。見第一章第五節「各
類試題類型的編製原則」。

考選部題庫管理處（民86）測驗式試題命題手冊。台北：考試院。

考選部資訊管理處（民88）八十七年國家考試試題影像檢索光碟。台
北：考選部員工消費合作社。

蔡銘津（民 85）閱讀能力的測驗與評量。測驗與輔導，139，
2879-2884。

Carlson, S.B. (1985). Creative classroom testing. Princeton, NJ:
Educational Testing Service.

Gronlund, N.E. (1993). How to make achievement test and assessment.
(5th ed.). Needham Height, MA: Allyn & Bacon. See chapter 3,
"Writing Selection Items: Multiple-Choice" and chapter 4, "Writing
Selection Items: True-false, Matching, Interpretive Exercise".

Haladyna, T.M. (1994). Developing and validating multiple-choice test
items. Hillsdale, NJ: Lawrance Erlbaum. See chapter 3, "Multiple-
Choice Formats".

Oosterhof, A. (1994). Classroom applications of educational measurement
(2nd ed.). New York: Macmillan College. See chapter 9, "Multiple-
Choice Items" and chapter 10, "Ture-Fales and Alternate-Chose Items"

第四章　建構反應式的題型

　　選擇反應式的題型可以測量從很簡單到很複雜的學習結果，它們之所以廣受歡迎是因爲它們能夠：(1) 嚴格控制學生所能做的反應的類型；(2)對於教學內容作廣泛的抽樣；(3)快速且客觀地計分。若不去考慮這些優點，那麼建構反應式（constructed response）的題型也同樣能夠在教學評量上扮演重要的角色。

　　建構反應式題型若依據學生能自由發揮程度，可以分成三個層次，從有明確標準答案的簡答題（short answer questions），一直到可以長篇大論的申論題（essay test），或工程浩大的研究計畫。這些題型名稱及所適於測量的認知層次，請見表 4-1。

表 4-1　各種建構反應題型在反應自由及所測認知層次上的比較

高度受限制的反應 <--------------------------> 高度自由的反應

試題題型	填充題 簡答題 計算題	問答題 解釋名詞 數學應用題	申論題	建構式作業創造思考作業、寫作
主要認知層次	知識、計算技巧	知識、理解、應用	分析、綜合、評鑑	應用、綜合、評鑑

第一節　填充題與簡答題

　　簡答題（short answer）和填充題（completion）都是要求學生寫出具體的重要字詞、數字或符號等，以回答一問題或完成一個敘述句。

在這類題型中受試者雖然可以自由書寫，不受試題所提供選項的限制，但是仍然有客觀的標準答案。此外，因為作答方式的限制，如果試題所測量的是知識層次的能力，那它測得的應該屬於對知識的回憶（recall）能力，而非再認（recognition）的能力。

一、題目形式及範例

㈠填充題

此法在古代科舉考試中稱之為「帖經」，照杜佑《通典·選舉三說》：「凡舉司課試之法，帖經者，以所習經掩其兩端，中間開唯一行，裁紙為帖。隨時增損，可否不一，或得四，或得五，或得六為通。後舉人積多，故其法益難，務欲落之，至有帖孤章絕句疑似參互者以惑之。」由此可知，古代是以帖經的方式要求受試者記憶詩文或經書的內容，形式有點兒像現代的填充題或默寫。

現代的填充題是將一個敘述句中的關鍵字去掉而以空格代替，然後要求學生寫出此一關鍵字，此關鍵字通常是重要的名詞、術語、數字或符號。

例題 4-90（填充題）

1.台灣最早開發的工業是＿＿＿＿。

2.圓柱的側面為曲面，但是展開之後卻是一個＿＿＿＿＿形。

㈡簡答題

簡答題和填充題很類似，都是要求學生寫出具體的重要字詞、數字或符號等，只是簡答題的題目一定是完整的問句，答案可以包含有

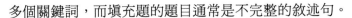

多個關鍵詞，而填充題的題目通常是不完整的敘述句。

簡答題在乍看之下和問答題或申論題非常相似，但細讀內容之後就會發現它一定有標準答案，而且通常是數個名詞，不像問答題要回答完整的敘述句。簡答題可以很容易轉換成填充題的形式作答，它和填充題一樣，只適於評量知識與理解層次的學習結果。

例題 4−91（簡答題）

1.構成民族的要素有哪些？

2.正五邊形的任何一個內角為幾度？

3.什麼是文房四寶？

二、擬題原則

㈠能夠以選擇、填充方式考的內容就不要使用簡答題

命題時應該考慮到作答與計分的方便，若無特殊的功能，應該使題型盡量簡化，例如下題就應該使用選擇題。

例題 4−92

1.當你面向東方時，你的右手邊是什麼方向？

㈡填充題單一題目中不可有太多的空格，以免學生無法把握題意

理論上增加空格數就等於增加題數，是可以提高測驗信度的，但是在同一題中有太多的空格，很可能要填的是一些無關緊要的字詞，答題會變成猜謎遊戲。若命題者覺得要填的空格都是重要概念，不妨把題目改成簡答題。

㈢空格中要填的應該是重要的概念，而不是無關緊要的字詞

填空題不是默寫，不應該要求學生背誦教材，所以空格中要填的應該是教材中的事實或術語，而不是句子的動詞或形容詞。

㈣各題所留的空格長度要一致，並放在句子末尾

空格長度應以最長的答案為準，使每一空格保持一致，以免學生依據空格長度來猜測答案。空格放在末端可以使學生更容易把握題意，減少語文理解能力的影響。

㈤盡量使用直接問句，少用未完成語句

使用直接問句可以讓填充題的空格一律放在題目的尾端，這樣不只計分方便，也可以讓學生在看到空格之前就了解題意，減少閱讀上的困擾。

㈥若答案與測量或數量有關時，應該指明答案所用單位和精確度

若未事先指明數量所用的單位或精確度，會跑出好幾種都可以算是對的答案來，徒然增加計分上的困擾。

㈦不要將教材原文照抄之後，省略一字詞做為填充題題目

課文在課本中因為有上下文及圖表補充，很容易理解。但從課本上原文照抄的試題，因為是斷章取義，再去掉關鍵詞，讓學生不知所云，這種試題只有利於擅長死記硬背的學生。命題者應該將教材重新組織或是換個角度敘述，題目敘述才會比較完整，也才可以測到學生的理解能力。

⑻應該備有標準答案及明確的計分標準，但與標準答案不同而仍合理的仍應給分數

　　填充題與簡答題雖然都屬於建構反應的題型，但計分上仍傾向於客觀計分，所以要事先準備標準答案；有時學生答案可能與標準答案不同，但仍是標準答案的同義詞或類似概念，這時教師應該依據其專業判斷決定是否給分。

　　造成計分困擾的原因有二：(1)**使用同義字，或相關的概念**。有些答案具有不同程度的正確性，例如：例題 4-93，正確答案是「血液」，但若寫「氧氣」、「水分」「紅血球」也不能算全錯，這時閱卷者要判斷何者算做全對，何者只給部分分數，增加了計分的困難。(2)**寫錯別字或用注音代替**。學生不會寫正確的字是否應該給分？若都不給分豈不是則連國文能力也測進去了？若都給分則又增加閱卷者判斷上的困難。

例題 4-93
1.心臟的功能是把_____輸送到全身各部分。

三、優缺點

㈠優點

1.編擬試題過程容易，不像選擇題還要編擬誘答
2.減少學生猜對答案的機率，降低測量誤差
　　是非題的盲目猜對率是 50%，四選一的單選題的盲目猜對率是 25%，若學生有部分知識更會提高猜對率；而填充題沒有選項可供盲目猜答，可以減少猜答所造成的誤差。

3. 平均作答時間都不長，可以大量採用，以求試題取樣更具
代表性

　　填充題除了數學和自然科的解決問題式題目外，平均的作答時間
都不長，所占版面也不大，可以大量增加題數以提高試題取樣代表
性，提升內容效度。

㈡缺點

1. 除了數學和自然科的解決問題式題目外，不適合用來測量
複雜的學習成果

　　為了保證答案的唯一性，擬題者通常會以重要的事實知識作為擬
題材料。

2. 試題敘述上很難限制到只有一個正確答案

　　由於作答時是自由反應，所以同義辭或對同一概念的不同抽象層
次的指稱（例如，牛、家畜、動物、生物）都有可能是正確答案。

3. 計分上比客觀測驗困難

　　雖然填充與簡答題的計分比問答、申論題來得快速和客觀，但除
非事先就能預測學生的各種可能答案，並逐一加以規定給分標準，否
則對於部分正確或過於抽象的答案，將會有給分不一致的困擾；此
外，書寫字跡與錯別字也會影響計分的客觀性。

第二節　解釋名詞與默寫

　　這類題型在作答反應上比填充題有更多的自由，但在計分上卻仍
然有明確的標準答案。這類題型在預備標準答案時，已經需要考慮如
何部分給分的問題。

一、題目形式及範例

㈠解釋名詞

「解釋名詞」（explanation item）是在試題上只列出專有名詞、術語、人名或概念等，然後要求學生用較具體且一般人能懂的話加以說明。評分時以學生所下的定義是否具體、周延，來判斷學生對該專業術語的了解程度。它在作答反應上很自由，但所測的能力卻常局限於「知識」層次，唯有當命題者特別要求學生以不同於課本的形式回答時，才能測到學生的「理解」的層次。此種題型特別適合評量高職或大專學生對於專業學科中的基本術語的了解。

例題 4-94（解釋名詞）

請以比較通俗的話說明下列術語的意義。

1.光合作用　2.密度　3.電壓

㈡默寫

默寫（rehearsal writing）是指教師在測驗之前要求學生記誦他指定的材料，然後在評量時要求學生靠記憶寫出來，此種題型特別適合評量在語文科中對於詩詞及重要文章的記誦能力。雖然此類題型所能測量的只是知識層次，但這並不一定就代表這種題型就比較簡單，例如，要完全背誦唐代詩人白居易的《長恨歌》就不是簡單的事了。

古代的考試方法中就有「口義」和「墨義」，口義猶如塾師的挑誦，即是指名學生以口頭背誦文章，而墨義就是以紙筆進行默寫。

例題 4−95（默寫）

1.請默寫孟子離婁章句上第十二章。

2.請默寫下一段文句中未寫出的部分。

　孟子曰：「居下位，而……；不誠，為有能動者也。」

二、擬題原則

(1)要解釋的名詞應該是重要的專有名詞或課程的核心概念。

(2)要解釋的專業術語若有多種譯名時應該加註原文。

(3)要求學生默寫的內容應該是非常重要的要點，或是值得背誦的文章。

(4)要考默寫的範圍應該事先告知學生。

三、優缺點

(一)優點

(1)命題時比選擇題來得省力，且不受猜答的影響。

(2)比起填充題來，學生更難找到作答線索。

(3)命題上比問答題、申論題簡單，但試題取樣較廣，內容效度較高。

(4)備有標準答案，計分上比問答題或申論題客觀、簡單。

(5)很容易將它改成課堂上口頭問答的題目。

(二)缺點

(1)只適於測量知識、理解的認知層次，不能申論發揮。

(2)計分上比填充題複雜、費時，開始具有主觀性。

(3)容易養成學生只背誦教材綱要的學習習慣。

(4)命題簡單，但卻容易流於濫用。

第三節　問答題與問題解決

一、題目形式及範例

㈠問答題

　　問答題又稱為「限制反應的論文題」（restricted response essay questions），它不像簡答題那樣，只需要回答一個或幾個簡單的關鍵名詞；但也不像申論題那樣可以充分自由發揮，而是介於兩者之間。

　　它通常在問題裡已經明確界定受測者所應考慮的材料範圍，也同時指出要求的答案形式（例如，舉例、列出、界定、比較、說明理由等），而且通常會由擬題者準備參考答案，作為計分的依據。為了限制學生的反應，命題者可以在問題之前用一段文字來說明「問題情境」以限制學生的思考範圍及方向，也可以在問題之後加一段話，以限定「答案的形式或長度」。

　　問答題適合用來評量理解、應用、和分析層次的學習結果，在綜合、評鑑層次上則無多少價值，在最高兩個層次應以申論題來評量更為合適。

例題 4-96（問答題）

1. 請比較「常模參照測驗」和「標準參照測驗」的異同。請用列出表格的方式作答。

2. 請舉三個不同於教科書的例子來說明水蒸發的現象。

㈡計算題

此種題型特別適合評量學生對數學科的運算規則或物理科的運算公式的理解程度。

例題 4−97（計算題）

1. 320 ＋ 467 ＝

2. (23 − 9) ×9 ＝

3. 若半徑為 5 公分，則圓周長為＿＿＿＿公分

㈢應用題

「應用題」是唯一以認知層次來命名的題型。它是提出新穎的問題情境，然後要求學生應用其現有的知識和技能來解決該問題。在紙筆測驗上，以數學科的應用題最為常見，自然科次之。一個好的應用題應該是新穎且真實的，讓學生覺得有挑戰性和實用性。

國語科的「造句」是要求學生應用其現有的字彙及文法知識造出一完整有意義的句子。若依其測量的認知層次及反應自由程度也應該歸入應用題這一類。

例題 4−98（應用題）

1. 量體重時，甲學生比乙學生重 3.5 公斤，乙學生是 46.5 公斤，請問兩人共重多少公斤？

2. 應用下列的語詞造一個完整的句子，你的句子要與課本完全不同。

　　雖然……還是……

　　若是……或許……

二、擬題原則

㈠編寫試題時應同時準備好參考答案及計分標準

雖然這類題目並沒有嚴格的「標準答案」，但也不像申論題那樣只有籠統、抽象的評分規準，命題者還是可以列出在答案中應該具有的要點，作爲「參考答案」，並列出各要點應給的分數。

㈡應用題的問題情境對學生而言，應該是新穎且真實的

題目若與教科書或作業簿過於雷同，則只能考學生的記憶、理解能力，唯有新穎的題目才能看出學生應用所學知識的能力。此外，問題情境愈接近現實生活，學生愈覺得學習有意義，愈願意認真作答。

三、優缺點

㈠優點

(1)命題比選擇題簡單，且不猜答的影響。

(2)比起填充題來更少作答線索。

(3)命題同申論題一樣簡單、但卻有標準答案，計分較申論題客觀、明確。

(4)很容易將它改成課堂上口頭問答的題目。

㈡缺點

(1)只適於測量記憶、理解的認知層次，不能申論發揮。

(2)計分比填充題、簡答題複雜、費時，開始具有主觀性。

(3)容易養成學生只背誦教材綱要的學習習慣。

(4)命題簡單，但卻容易流於濫用。

第四節　建構式轉換題

　　建構式轉換題（constructing transformation）是將聲音、圖形轉換成文字、符號，將一種語言轉換成另一種語言，或是將一種表達形式轉換成相同意義的另一種表達形式。由於它不是以選擇題形式作答，而是要靠自己建構出答案，所以測量的是認知層次上的「理解」能力，而且是以轉譯（translation）和解釋（interpretation）為主，但是並未到達申論題、作文所需要的「綜合」層次。

一、題目形式及範例

㈠聽寫

　　聽寫（dictation）是將聲音刺激（如，口語、旋律、和弦等）轉換成文字或符號，它最常見於強調聽力的語文科或音樂科。例如，在國語科的評量中要求學生以注音或國字寫出教師所唸的生詞或短句，或在英文科評量中要求學生寫出教師所唸的英文單字或句子。

例題 4-99（聽寫）

1.請以注音符號寫出教師所唸的語詞。

　　(1)　　(2)　　(3)　　(4)

2.請以英文字母印刷體拼出教師所唸的英文單字。

　　(1)　　(2)　　(3)　　(4)

音樂科——聽樂器聲音寫出其節奏、和弦或旋律。

例題 4-100（聽寫）

1.請仔細聽鼓聲，然後在下面橫線上以音符寫出其節奏變化。

    (1)＿＿＿＿＿＿＿＿　　(2)＿＿＿＿＿＿＿＿

    (3)＿＿＿＿＿＿＿＿　　(4)＿＿＿＿＿＿＿＿

2.請在五線譜上，逐題寫出教師以鋼琴彈奏出來的和弦音，每個和弦都以全音符表示。

聽寫是一種統整的技巧，它包含多種能力，每一種能力的缺失都會造成學生聽寫時的錯誤，教師在診斷與補救教學時應加以區辨。

1.聽覺的區辨力

例如，不能區辨音高、音長或區辨「厂」與「ㄈ」。

2.聽覺短期記憶廣度

例如，在當句子較長時，在寫的時候雖還知道句子的大意，但卻無法逐字寫出正確的內容。

3.視覺長期記憶能力

這是指記得國字字形的能力。例如，學生知道教師唸什麼（字義與發音）但卻無法正確地寫出（字形）來。

4.對字形與字音結合（或英文字的發音規則）的理解程度

例如：中文讀音常可以有邊讀邊，無邊讀中間（如巴、把、爸；馬、罵、媽）。英文字母 C 在何時發 k 音，何時發 s 音，何時發 ∫ 音。

5.對文法與字彙的熟悉度

例如，當聽寫材料是一完整句子時，文法與字彙熟悉度較高的學生可以較快掌握整個句子的意義，在書寫時也比較會利用文法知識推測沒聽清楚的部分。

(二)翻譯測驗

翻譯測驗是將由一種語言系統所呈現的材料轉換成另一種語言系統。最常見的有：注音符號翻成國字、中文翻成英文、英文翻成中文、口語翻成手語，以及數學或物理公式翻譯成文字敘述等。

翻譯測驗可分成兩種層次，一種是在教師自編測驗中常見的生字生詞測驗，例如，國字加上注音符號，英文單字翻成中文等，是屬於知識層次的題目。另一種是整句或整篇文章的翻譯，學生通常需要達到理解的層次才能回答題目。

例題 4-101（翻譯）

請將下列句子由中文翻譯成英文，或由英文翻譯成中文。

1. 其他事項稍後也將討論。

2. Both of the sisters are not here.

(三)改寫測驗

有些語文測驗並不要求把一種語言系統轉換成另一種語言系統，而只是要求變換其表達的方式而已。例如，把文言文改寫成白話文、詩歌改寫成散文、論文改寫成摘要、長句改寫成短句、或由一種句型改成另外一種句型。有些人把它們歸入寫作能力評量上較簡單的題型。

例題 4-102（改寫）

請將下列的七言絕句改寫成白話文。

　　寒雨連江夜入吳，平明送客楚山孤，

　　洛陽親友如相問，一片冰心在玉壺。

例題 4－103（改寫）

將下列各英文句子依照所給的開頭字重新改寫，但不要改變句子的原來意思。

1. I haven't written to you for a long time.

    It's been a long time＿＿＿＿＿＿＿＿＿

2. Joe can sing better than you.

    You cannot＿＿＿＿＿＿＿＿＿

二、擬題原則

㈠聽寫測驗所提供的聲音材料要清晰、正確

考聽寫時要避免外來噪音干擾；必要時固定反覆一次。

㈡國語的聽寫要注意是否有同音字

聽寫時不只是老師要發音標準，更要考慮在沒有上下文的情況下，學生是否會誤解，例如，把「孔融」聽成「恐龍」。

㈢語文的翻譯要避免使用已經教過的課文

使用已經教過的材料當作試題，會流於考記憶能力而非理解能力，是鼓勵學生背誦而非擴展他的學習經驗。

三、優缺點

㈠優點

1. 要求學生自己建構答案，情境比較接近現實生活

現實生活中所遭遇的難題，很少事先就具備幾種解決方案讓你選擇，通常是要你自己提出解決策略的。

2. 能同時測量學生對於語文的理解能力與表達能力

㈡缺點

1. 適用的學科較少，比較適用於語文科目

2. 計分時容易偏向主觀

翻譯與改寫題型雖然可以備有參考答案，但是同樣一句話可以有多種不同的表達方式，至於哪種表達方式較好，有時很明顯，有時卻見仁見智。

第五節　創造思考作業

創造思考作業經常出現於語文科或音樂、美術、戲劇等科目。創造力與基爾福特（Guilford）智慧結構論中的擴散思考有關，強調答案的流暢性、變通性、獨創性及精密性。而教育目標分類法中的「綜合」層次與擴散思考關係最密切。

評量擴散思考的作業時不能事先確定答案，而是期望每個人提出不同的、獨特的答案，由於這類作業無法就對、錯進行計分，所以通常以評定量表的形式就下列四項標準來加以評定：

1. 流暢性

流暢性（fluency）是指產生大量意念的能力。它是計算學生反應的多寡，反應愈多，代表流暢性愈高。

2. 變通性

變通性（flexibility）是指一種改變思考方向的能力。「自發的變通性」是指思考時從一個類目轉移到另一個類目的能力。對於某一類目的執著性低，則產生新意念的可能性就增加。「適應的變通性」是將概念加以修改或重新賦予意義，以產生轉向的產品。

3. 創新性

創新性（originality）是指產生與眾不同的觀念或產品的能力。它並不需要是前所未有的或是具有非常的價值，只要是在統計上是稀少的就可以。

4. 周全性

周全性（elaboration）包括兩種，一種是指盡全力完成一個計畫的能力；另一種是推敲、潤飾細節或設想周到的能力。

一、題目形式及範例

例題 4−104（創造思考）

1. 寫出以「會」字開頭的名詞，愈多愈好。

2. 寫出以三個相同的字所構成的字，如：三個「木」構成「森」。

3. 寫出以「五」字開頭的成語，愈多愈好。

4. 依據對聯的上聯寫出下聯。

二、擬題原則

㈠要考慮學生的程度和興趣

　　擴散思考有高低不同層次,從簡單聯想到新穎觀念到周詳企畫案都是,使用前要考慮學生的能力和興趣,以免揠苗助長。

㈡作業的形式要多變化

　　創造思考作業要求學生發揮創造力,但若教師本身所設計的作業形式一成不變,則學生很快會感到厭倦。但也因為形式多變化,所以創造思考作業需要配合詳細的說明和範例。

㈢要先向學生說明計分的方式

　　以創造思考作業來評量學生的創造力時,應該向學生說明計分的標準,讓學生了解何謂流暢性、變通性、獨創性及精進性。

三、優缺點

㈠優點

1. 不採用對錯計分,學生較少挫折感

　　創造思考作業與傳統那種有正確答案的評量方式比起來,學生較少看到負向的評語,比較不會有挫折感。

2. 作業方式多變化,學生容易感興趣

　　創造思考作業本身形式就多變化,比起傳統測驗方式更是多采多姿,很容易引起學生興趣。

3.可以培養創造力，達成文學、藝術的高層次目標

創造思考作業可以改變學生那種一個問題只有一種正確解決方法的觀念，而重視創造力的價值。在作業過程中，學生的自由表達及獨創思考能力得以充分發揮，無形中達到培養文學、藝術創作能力的教育目標。

(二)缺點

1.計分耗時，且不容易客觀

在評量學生的變通性時需要先把所有的反應分類之後，再數算有多少類別，所以會很花時間。而在評量獨創性和精進性時，則需要將其作業與多人的作業相比較之後才能下判斷，所以較主觀。

2.過分強調獨創性時，學生反應容易流於胡鬧

有些學生為了強調自己的與眾不同，常故意找一些稀奇古怪的答案，而毫不考慮其有無意義，久而久之，會引起他人的反感。

3.比較適用於語文、藝術表現的學科

有些學科，如數學、物理及社會科等是以測量批判思考能力為主，若也硬要設計出創造思考作業，將會歪曲教學目標。

第六節　申論題

申論題（essay test）是針對特定主題或學科所寫的短篇文章，形式上很像散文，但是偏向於分析、推理及解釋。它是源自於中國古代科舉的考試方式──「策論」，其作答方式是由應考生依據所給的題目，自由發揮，在形式及範圍上不作限制，但可能有時間及頁數上的限制。

策論所要求的內容多為評論朝廷政令上的缺失，並提出改進的對

策。漢文帝十五年親策「賢良」，詔書指定應選者需就四項發言，即「朕之不德，吏之不平，政之不宣，民之不寧」，以後兩千年的「對策」大都沿襲此制。此法沿用至今，仍常見於公務人員高等考試或研究所的入學考試之中。

申論題又稱為「擴展反應的論文題」（extended-response essay questions），它與作文中的議論文很相像，但它的重點不在於評量學生的寫作能力，而在於測量學生組織、統整、綜合其專門知識的能力，使用資料解決新問題的能力，或者是提出新方法以解決舊問題的能力。

與其他題型相較，申論題的特色是題數較少、作答時間較長，但可以測量到較高層次的分析、綜合、評鑑的能力。它通常應用在行為及社會科學領域的評量上，如行政學、教育學、經濟學、心理學等。

申論題的施測方式除了一般的團體測驗方式外，還可以使用開卷考試（open-book examination）或是在家考試（take-home examination）的方式。開卷考試是允許學生在答題時可以參閱其課本或筆記。依據調查，大部分大學生認為開卷考試具有下列優點：(1)促進學習；(2)降低對考試的憂慮與緊張；(3)減少作弊。至於在家考試除了上述開卷考試的優點之外，還可以減少考試時間壓力，這使得書寫速度慢與筆跡潦草的影響降到最低；然而它也引出另外一個公平性的問題，亦即該試卷可能是經由父母或他人的協助所完成的。

一、題目形式及範例

㈠概念比較式

此種試題主要是測量學生分析、比較的能力。命題者提出兩個或三個專有名詞或概念，然後要求學生找出適當的比較點，並說明這些

概念在這幾個比較點上的相同及相異之處。

例題 4-105（概念比較）

1. 試比較「教學評量」與「招生考試」之異同。

2. 試比較「編序式教學法」與「啟發式教學法」之異同。

㈡未來策畫式

此種試題主要是測量學生綜合、規畫的能力。命題者提出他所要達成的目的，而要求學生規畫達成目的的步驟及所需要的資源。

例題 4-106（未來策畫）

1. 何謂「教育機會均等」？教育政策上應如何規畫才能確保教育機會均等？

2. 請就本校之規模，編擬一份本校運動會各項競賽時間場地分配表。

㈢問題解決式

這種題目是古代科舉考試策論的翻版，它提出現實社會中有待解決的社會問題，然後期望受試者能夠洞察問題的癥結，並提出具體的解決方案。

例題 4-107（問題解決）

1. 請分析本省交通秩序混亂的原因，並試從交通建設及交通管理兩方面提出對策。

2. 本省在暑假和連續假期時，青少年騎機車飆車問題特別嚴重，造成交通及社會秩序的混亂，請從法律、教育、交通管理、心理輔導等層面提出解決對策。

㈣評論式

　　此類題目主要在於測量學生的評鑑能力，它包括判斷所得的訊息是否適當與可靠的能力；判斷一個演繹過程是否正確或一個歸納的結論是否合理的能力；自行提出一套標準來判斷一件作品（如：音樂、美術、文學、報告、計畫等）優劣的能力；以及對自己行為或作品作錯誤分析及自我糾正的能力（後設認知）。

例題 4-108（評論）

1. 下列的演繹結論是否正確？若不正確，請說明其理由。

　如果下雨了，池塘水位會漲高。

　現在水位漲高了。

　現在下雨了。

2. 試就主試者所發給的一篇實證研究報告做一評論，此評論的內容應包括：

　a.研究題目是否有價值？為什麼？

　b.研究工具及研究設計是否恰當？應該做哪些改進？

　c.最後結論是否妥當？為什麼？

二、擬題原則

㈠申論題應與問答題有明顯的區分，不應該預設參考答案

　　申論題與問答題的外型看來相似，但申論題是評量最高層次的綜合與評鑑的能力，它應該允許學生自由地選擇、組織、統整、評鑑各種概念；所以應該以內容正確性、組織嚴謹性、提議可行性、觀點獨特性等作為給分的規準，而不要像問答題那樣以要求學生列出誰、什麼、何時、事件、要點等作為計分重點。

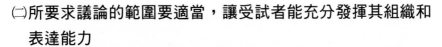

㈡所要求議論的範圍要適當，讓受試者能充分發揮其組織和表達能力

議論範圍的大小要視學生能力及可用的作答時間而定，範圍太大則作答時間長、可測的題數少，內容效度降低；範圍太小則容易變成問答題、簡答題，無法測出學生組織與表達的能力。

㈢要注意受試者的經驗背景，不要有意或無意地造成試題偏袒

因為考申論題時，題數少，每題占分比例高，所以若有部分學生已經練習過，或事先知道題目的內容，就會造成很大的不公平。

㈣問題敘述要清楚、明確，以免各人對題意的解釋差異太大

當各人對於題意解釋不同，但又都合理的時候，事實上等於以不同的題目來測驗不同的受試者。這時若計分者堅持只有一種解釋，而把其他解釋者的答案歸為文不對題，將會引起很大的爭議。但若依照不同的解釋分別給分，將等於讓不同的受測者考不同的題目，無法在同一基礎上做比較。

㈤不要採用可以自由選題作答的方式

有些教師提供五或六題申論題，但只要求學生任選四題作答，這種作答方式有幾個缺點：(1)選擇不同題目作答的人其計分基礎不一，分數無法互相比較；(2)大部份的學生只挑會的作答，所以分數都會比不能選題作答時來得偏高；(3)試題取樣的代表性會更糟。

有些學者認為選題作答的方式只有在評量寫作技巧、藝術創作、或獨立研究能力時才適於使用，例如，在作文課中要求學生寫一篇抒情文，但不指定要有相同的主題。

㈥試題要新穎，避免使用教科書曾出現過或曾經考過的題目

　　申論題因為作答時間長，所以題數通常不多，若試題內容提前洩漏或容易被猜中，將會嚴重影響測驗的公平性及測驗的效度。新穎的試題通常比較有趣、也較有挑戰性，能夠幫助學生真正去思考問題。

㈦給與學生充分的作答時間

　　當作答時間太短時，學生的書寫速度會成為影響分數的主要因素，那些得高分的通常是字寫得快又好的學生。解決之道是延長作答時間，或讓學生可以拿回家去寫，或者是乾脆把試題拆開來分成幾次考試。

㈧必要時，建議每一申論題的作答時間和頁數

　　命題時若在試題說明中或題號附近加上這些提醒，可以幫助每個學生控制時間及掌握答案應有的詳細程度，避免學生在某一題目上浪費太多時間，而影響分數的正確性。

三、優缺點

㈠優點

1. 能夠測量比較複雜的學習成果

　　由於申論題可以讓學生自由發揮，比較能看出學生在應用、分析、綜合、評鑑等高層次認知上的能力；除此之外，它還能看出學生透過文字來溝通觀念的能力。

2. 比較節省編擬試題的時間

　　編擬申論題不需要像選擇題那樣編擬多個誘答，而且整份試卷所

需要的題數也比較少，所以似乎比較容易編擬。但也正是因為這樣，教師常把命題工作拖到最後才匆匆忙忙完成，因而忽略了課程目標；結果除了評量的效度低之外，因為題意含糊導致學生答題方向分歧，徒增計分上的困擾和時間。

3. 能明顯影響學生的學習方法

準備考申論題時，學生比較少去背誦那些事實資料，而比較常去分析、比較各種觀念，嘗試整理各觀念之間的關係，或是統整應用各種思考技巧以解決問題。

(二)缺點

1. 試題抽樣較少，測驗的內容效度偏低

回答申論題時，學生先要回憶、選擇資料，組織並統整概念，最後才書寫出來，因此作答所需時間較長，致使考申論題時通常題數不多。試題太少會使試題抽樣缺乏代表性，而降低內容效度，同時也養成學生猜題的學習習慣。

申論題雖然可以測量較高層次的認知活動，但並不適用於年齡低、表達能力弱的國中、國小學生，也不適於強調記憶大量事實或術語的基礎課程。

2. 計分費時、主觀且信度低

申論題的評分對於有良心的閱卷者而言是非常耗時的，如果再要求分項計分，或由兩人以上評分時，時間更是需要加倍。除此之外，不同教師之間的評分標準很難取得一致，而且容易受評分者身心狀況及情緒的影響，而造成評分結果的不穩定。本書第六章對於如何提高評分的客觀性有較深入的介紹。

3. 計分時很難排除語文能力的影響

申論題不是作文，不需要評量寫作能力，但實際上，學生的分數常常因為文字工整、文筆流暢或答案長度（虛張聲勢）而提高；或因

為錯別字、文法錯誤或書法拙劣而降低，所以除非評分者的專業素養與警覺性都很高，否則很難將它與作文做一明顯的區分。

第七節　寫　作

　　寫作能力包含三個成分：「計畫」、「轉譯」和「回顧」，其中「計畫」包括文章組織的發展，和內容訊息的產出。「轉譯」是將意念轉換成文字，它需要依賴諸如書法、拼字、標點、文法等一些機械式技能來建構出完整的句子。「回顧」則包括寫作過程及事後的偵查錯誤及修正錯誤。

　　寫作能力的評量因為對於評分的可靠性及結果的可推論性的爭議，而產生了三派，一派強調評分的信度，主張使用**客觀式測驗**，也就是將上述三個成分拆開來測量，例如，拼字、挑錯字、刪贅字、重組、替換同義字、造句等題型。一派則強調寫作過程的完整及結果的效度，主張使用**傳統的作文方式**，而作文是寫作能力測驗中難度較高的一種，它把三種成分合而為一，是屬於認知領域的綜合層次中「製作獨特的溝通訊息」的能力。至於**折衷派**則是試圖調和兩者，設計出兩種方式都使用，相互補充的題型。

一、題目形式及範例

　　由於國內各種招生考試的作文命題的方式千篇一律，使人忽略了其實作文還是有許多種的命題方式，以下就依據該命題方式讓學生自由發揮的程度逐一介紹。

㈠單句寫作

　　單句寫作是很基礎的寫作技能，它主要是在評量學生對於詞彙、句型、和語法的掌握。它具有幾個優點：(1)作答時間短、試題多，取樣比較具有代表性；(2)評分容易，比較接近客觀測驗；(3)能測出作文所不能測出的問題（學生無法迴避不熟悉的文法結構或詞彙），具有診斷價值。

1. 擴展句子

例題 4−109（擴展句子）

請把下面的句子寫完，但你寫的後半句必須要能和前半句有關聯，且不能互相矛盾。

The driver and the passengers were lucky to be alive, the car＿＿＿＿＿

＿＿＿＿＿＿＿＿＿＿＿＿＿＿＿＿＿＿＿＿＿＿＿＿＿＿＿＿＿＿＿＿.

---

2. 單句改寫

例題 4−110（單句改寫）

請依照所給的字寫出一個完整的句子，但它的意思要和它上面的句子完全一樣。

1. He doesn't like dogs as much as his wife does.

　　His wife likes＿＿＿＿＿＿.

㈡文句重組

　　文句重組是一種客觀計分式的寫作測驗，它是把一個句子或一段文章拆成幾個片段，弄亂次序，再要求學生重新排列。學生作答時要利用文法知識，利用連接詞，並會安排訊息的邏輯順序，使之行文自然流暢。

1. 單句重組

例題 4-111（單句重組）
請將下列被拆開的句子重新組合成一有意義的句子，並將第三個詞找出來，將其代號寫在括弧中。
（　）養了　妹妹　黑色的　小兔子　一隻
　　　A.小兔子　B.養了　C.黑色的　D.一隻

2. 組句成章

例題 4-112（組句成章）
（　）請將下面四個句子重新排列，使排列後句子既通順又合乎邏輯順序。並將正確順序的代號填入括弧中。
　　1. At the sound of the bell we rushed to our places on the court.
　　2. During the game, Maria scored the most points.
　　3. What fun we had playing basketball.
　　4. We decided to basketball after school.
　　A. 3-4-1-2　B. 4-1-2-3　C. 3-1-2-4　D. 1-3-2-4

㈢有指導的寫作

　　有指導的寫作（guided writing）又稱為有控制的寫作（controlled writing），其主要方法包括限制內容、段落、體裁和長度等。

1. 助寫綱要式

　　這種命題方式是將教學與評量合而為一了，比較適用於寫作經驗較少的人，在試題中教師先以一系列的問題引導學生寫出作文的大綱，再進一步要求學生將它們串聯成一篇文章。

例題 4-113（助寫綱要）

作文題目：一個奇怪的人

1. 寫下幾個你見過的比較奇怪的人。

2. 想想看以上的哪一個人是你印象最深刻的，用一個句子把你的感覺寫出來。

3. 描述你遇到他的時間、地點、經過及相關人物等。

4. 你為什麼會覺得他很奇怪？

5. 你現在對他的感覺如何？

最後，把你所寫句子、段落串聯起來，使它們成為一完整的文章。

2. 濃縮摘要式

　　這種題目是由命題者提供較冗長的參考材料，要求學生在閱讀之後，將之精華摘要，重寫一篇符合字數規定的文章。這種題目比較強調學生對於閱讀材料的理解與分析能力，以及在表達上的剪裁與組織的能力。參考材料可以是報刊文章、演說稿、會議錄音、書信、對話等。一般而言，報刊文章和演說稿比較容易做摘要，而會議記錄和對話會比較困難。

例題 4-114（濃縮摘要）

1. 在指定學生閱讀文天祥傳記之後，要求每人在八百至一千字之內描述文天祥的生平事蹟。

2. 教師在播放一場辯論比賽的錄音帶之後，要學生摘述雙方的主要論點。

3. 請在讀完下列的報刊文章之後，寫兩段文字，合計要在二百五十字到三百字之間，第一段寫外國人為什麼會對中國菜感到困惑，第二段寫中國菜的特殊作法。

3.原文仿做式

　　教師利用現有文章或學生熟悉的故事，要求學生將它調整改造，使人物或情節與原文有所不同，但仍合乎情理。此方法因為有原作可供參考，可以借用原文部分詞彙及表達方式，所以比自由創造來得容易，比較適合低年級或初學者。

例題 4－115（原文仿做）

1.讓學生讀完「愚公移山」的故事之後，要他們以現代環境保護的觀念改寫成一篇結局不同的故事。

2.讓學生讀完余光中的「鄉愁四韻」之後，要學生替換掉該詩部分的文字，另作成一篇「夏夜四韻」。

4.單項習作式

　　在寫作的教學上應該循著由淺入深，由簡至繁的原則進行練習。教師可將記敘文分為記人、敘事、狀物、寫景等單元，每一單元再細分成幾個項目，例如：在記人方面還可分為外表描述、行動、對話、心理描寫等。在評量上把寫作內容加以細分，可以使學生作品更具有可比較性，評分信度較高。

例題 4－116（單項習作）

1.請描寫在傍晚時，你站在本校升旗台上可以看到的景色。

2.請描寫一位足球隊球員在球場上的一段精采動作。

3.以一連串的對白，描寫一對夫妻因為孩子管教問題而發生爭論的情形。

5.設定情境式

　　此種情境式作文（situational composition）在命題時會有較長的情境敘述或提供視聽媒體、漫畫、圖表等刺激學生思考，它一方面提供刺激幫助缺乏寫作靈感的學生，一方面也限制了文章的體裁或表達方式，使評分時能有共同的基礎。

　　這種命題方式比較難，因為它一方面要提供足夠的訊息，以作為寫作的脈絡或架構，另一方面它又不能夠太長或太複雜，以免變成了閱讀理解測驗。

例題 4-117（設定情境）

1. 假想你是在夏日的清晨悠閒地獨自在樹林間散步，請用六百到一千字描寫你當時所看到的、聽到的、及聞到的一切，要讓讀者宛如身歷其境。

2. 請利用下列備忘錄上的記載，寫一篇約三百字的車禍新聞報導。

　　　　中午在中港路靠近五權路

　　　　騎腳踏車的正要右轉

　　　　後面的卡車緊急煞車

　　　　卡車後面的小轎車撞了上去

　　　　沒有人傷亡

3. 請你讀完下列的來信之後，代替收信者寫一封回信，拒絕對方之要求，但語氣要婉轉而有禮貌。（來信省略）

---

6. 寓言故事式

　　此種題目是教師以學生所熟悉且具有明顯特徵的事物來命題。題目中要求學生利用象徵、借喻及比擬等手法，寓意於事物之中。或者是要求學生編一則虛構的故事，來比喻某種常見的行為。這種方式可讓學生創造、想像力充分發揮，比較接近自由寫作。

例題 4-118（寓言故事）

1. 「蝴蝶」——請寫一篇約五百字文章，以蝴蝶的生命演化歷程來比喻學習的過程。

2. 「蕃薯」——請寫一篇約五百字文章，以蕃薯來比擬某些人的生活方式。

3. 請以動物為主角，編擬一則虛構的故事。此故事是用來比喻教師如何濫用競爭的心理來促使學生守秩序，但是最後教師反而自食惡果。

4. 請你編寫一則故事來諷刺一個人為了愛面子而睜眼說瞎話。

7.語詞強迫結合式

此種題目是要求學生在其所寫文章中穿插數個指定的語詞。這種題型除了評量語文表達能力之外，還能評量其創造聯想力。命題時所用的幾個語詞要屬性不一且毫無關聯，如此才能看出學生的聯想力。自訂題目是絕對必要，若不要求學生自訂題目，並使文章與之呼應，則會形成學生硬湊數個短句，不但文意天馬行空，邏輯不通，整個題目也淪為幾個造句罷了。

例題 4-119（語詞強迫結合）

請將下列五個不相關的語詞，合理地穿插到你的文章中，文章長度限四百字以內，並且要自訂題目。

　　　台灣　長頸鹿　空氣污染　國文　端午節

注意：

1. 上列語詞可以不按照上列次序出現。

2. 每個語詞只能出現一次，並以括弧標示出來。

3. 整篇文意需具有連貫性，並與自訂的題目相呼應。

㈣自由寫作

自由寫作（free writing）不必多加介紹，幾乎國內大大小小考試的作文題目都是採用這種形式。它最明顯的優點就是：(1)命題方式簡單，命題者幾乎可以不必思考；(2)沿用多年，比較不會招致外界批評與抗議。缺點是：(1)題目敘述簡短（平均不到十個字），對於體裁、表達方式沒有限制，有如人格投射測驗，相同題目可寫出各式各樣的文章，增加計分上的主觀性；(2)命題方式太簡單，導致教師輕忽命題工作，而出現各種類型的劣質題目，例如，題意不清、試題偏袒、考古文常識、作政治宣導等。

例題 4-120（自由寫作）
這類作文題目常見形式如下：
1. 讀書的苦與樂　　2. 憂患與安樂
3. 一件難忘的事　　4. 歲暮雜感

二、擬題原則

㈠應配合學生的舊經驗

舊經驗包括「日常生活經驗」及「學校學習經驗」，有了舊經驗為基礎，學生才有話可說，作文才不至於變成考想像力。

國文科的作文評量若能與現用的教材相配合，則更能加深教學效果，例如，在教完朱自清的《荷塘月色》之後，教師可以出「遊湖記」或「碧潭月色」等題目，讓學生模仿課文中的寫作技巧和文詞的應用。

在大型的考試中，作文題目與部分考生的生活經驗相違，常是造成試題偏袒（item bias）的主要來源，例如，要求從外縣市到台北市參加高中聯招的學生寫「台北街頭」，或要求山區、離島學生寫「搭電梯的聯想」等，都是不公平的。

㈡應該配合學生的需要

學生的需要指的是「現實生活上的需要」和「心理上的需要」，能夠配合學生需要，學生才會覺得對他有意義，才能言之有物。

㈢試題的要求應該強調互動性的行為

在現實生活中，人們使用口語交談進行人際溝通，它是一個交互

的、動態的過程。同樣的，寫作也是要給讀者看的，因此設計寫作試題時，也應該考慮其互動性，例如：要學生回覆一封來信，寫一篇文章反駁對方的看法，寫一份申請書說服行政主管同意你的要求等，都是很符合真實情境的試題。

㈣要考慮評分上的方便性和可靠性

寫作的評分要客觀是很不容易的，除了在評分程序上的改進之外（請參見第六章），若在設計試題時採取下列措施，也有助於提高評分的信度：(1)把一個大題目分解成多個小題目，以便分別計分；(2)對於內容和格式的要求應盡量明確；(3)對於字數多寡要訂有上下限。

㈤要具有創意

寫作的試題要避免陳腔濫調，那些老套的題目不但難以引起學生的興趣，也容易引導學生去抄襲作文大全之類的參考書。陳腔濫調的題目不只是顯示出命題教師缺乏創意，也同時透露出他對於評量的輕率態度。

三、優缺點

㈠優點

1.命題省時、簡單

作文的題數少（通常只有一題），在命題上確實比其他測驗題型來得輕鬆，尤其採自由寫作形式時更是如此。但是命題上的輕鬆通常會以計分上的辛苦作為代價的。

2.能評量語文科的整體學習成果

在各種語文能力中，除了發音與口頭表達能力外，其他的能力如

字彙、文法、修辭技巧、創造力等，在作文時幾乎都用上了。

3. 能評量高層次的認知能力

作文本身就屬於「綜合」層次中的「製作獨特的溝通訊息」，但是若在命題上加以引導和限制，也能夠同時測出學生在「分析」和「評鑑」上的能力。

㈡缺點

1. 評分主觀，用在篩選性測驗上容易違背公平性

作文評分的信度偏低早已為人所詬病，所以有些專家反對把作文列入篩選性測驗中，而希望以其他較客觀的方式評量一個人的寫作能力，例如，改錯字、文法等。有些則是把作文另外以信度較高的方式處理，例如，TOEFL 考試就是把英文作文另外以六個等級來評分，而不是把它併入總分中。

2. 評分耗時、耗力

曾聽說過某些教師在批閱聯考的作文分數時，在論件計酬的誘因下速度奇快無比，但願這只是少數的特例。一般而言，作文若要認真批閱是非常耗時、耗力的；尤其是在教學評量上特別強調給與學生適當的回饋時，教師在批改與評語上更需要特別用心。

3. 好題目不能重複使用

一般選擇與填充等題目，只要題目好就會被保留下來，納入題庫中供下次使用，但作文題目通常只有一題，容易被記住，不適合重複使用。

第八節　作業或作品

前面幾節所介紹的評量方法都是在學校，而且是有人監督的情況

下實施的。但是有些評量方式它所需要的時間較長，或無法供應充分的參考資料和材料，因此需要讓學生自行利用課餘時間完成，這些評量方式包括：帶回家作答（take home）的試卷、專題作業（project）、家庭作業（home work）等。

　　有些家庭作業可能包含機械式的反覆練習（如背誦課文、抄寫生字等），但本節中所謂的作業是專指需要主動尋找、運用參考資料，並自己組織、整理才能完成的工作，它最適於測量綜合層次的認知目標。

　　有些學校要求學生將個人整學期的作品或作業以大型檔案夾收集起來，作為評量的依據，此法又稱之為「學習歷程檔案法」，本書在第九章將會深入介紹。

一、題目形式及範例

㈠編擬計畫

例題 4−121
1. 以FORTRAN語言設計一個會讀入數字，並依其大小排序的電腦程式。
2. 擬出本系今年教育參觀旅行行程表。
3. 擬出碩士論文研究計畫。
4. 擬出國小五年級上學期國語科第一課的教學計畫。

㈡蒐集、整理資料，並以獨特方式呈現

例題 4-122

1. 編輯自己在校活動的照片並加上說明，製作成一本紀念冊。
2. 自己找一個主題，並從報章、雜誌中影印並剪貼相關文章，製作成一本剪貼簿。
3. 調查本班同學的零用錢使用情形，並以統計圖表加以說明。

㈢製作傳達思考情感的作品

例題 4-123

1. 以高中學生為對象，製作一張反煙毒的海報。
2. 以「做功課」為主題，自己作詞、作曲，寫成一首兒歌。

二、擬題原則

㈠所提出的情境、問題應該盡量新穎，使學生無從抄襲或模仿

　　教師指派的作業應該年年推陳出新，若與前幾年的雷同則等於是鼓勵學生抄襲或模仿學長或兄姊的作業。

㈡允許並指導學生使用各種適當的參考資料

　　在現實生活中遇到問題時，是可以有充裕時間尋找資料解決問題的，更何況利用各種資源搜索資料，是二十一世紀的終身學習者所必備的學習技能。

㈢格式要統一，而內容應允許自由發揮

　　作業與作品雖然是屬於綜合層次，在內容表達上應該給與學生自由發揮的空間，但教師也應該在格式上給與明確的引導與規定，以減低學生因無所適從而產生的焦慮，並降低作品格式上的分歧性。因此教師最好事先統一要求應有的格式或應具備的內容項目，或提供類似的範例。

㈣若可能應事先說明計分的標準，或各部分所占的比例

　　若教師不事先說明計分標準及比例，學生作品的分歧性會更大，而對於教師評量結果也會更有爭議。

㈤嚴格規定完成時間，及所要求的最低標準

　　事先規定繳交期限及最低的可接受標準，是督促學生學習的一種手段，同時也可以保持評量的公平性。

三、優缺點

㈠優點

1.評量的內容比較統整、比較接近現實生活

　　以作業來評量學生時，可以把作業設計成就像現實生活中所需要解決的問題。它不需要像選擇題那樣把知識弄得支離破碎，也不需要把學生困在教室中，不許他參考其他資料來解決問題。它可以同時具備統整性、真實性與挑戰性。

2.比較不受時間限制，不影響正常教學

作業不像一般考試需要集體在教室內實施，它可以讓學生帶回家利用課外時間作，不會占用正常教學時間。

3.可以培養學生搜尋、參考相關資料的能力

二十一世紀的公民所要面對的問題是我們很難預想到的，所以培養學生自己找尋相關資料，分析、評鑑適用資料，並用來解決實際問題，是很值得追求的教育目標。

4.對於反應慢及易於焦慮的學生比較公平

課堂上的考試總是有嚴格監考和時間限制，而以作業方式評量沒有監考與時間的壓力，對於高焦慮的或深思熟慮型的學生比較公平。

㈡缺點

1.個人家庭環境不同，可用資源不一，評量條件很難一致

作業品質很受家庭學習環境的影響，學生家長的教育程度、對子女關心程度、家中圖書數量及能否以電腦上網路等，都使得學生的受測條件不一。

2.評閱建構式的作業通常很耗費時間

建構式作業沒有標準答案，內容、形式也可以很分歧，而教師評閱時，一方面要堅持評分規準，努力維持客觀，一方面要提供豐富的回饋訊息，因此若要認真批閱，將非常耗時、耗力。

3.很難防止學生請他人代勞，得完全信任學生

學生拿作業回家作，教師很難了解家長會怎樣配合，是完全不干涉？給與少量指導？抑或是完全替孩子寫作業？教師需要與家長多加溝通，才能確保評量的公平性，並發揮促進學習的功效。

參考書目

李坤崇（民88）多元化教學評量。台北：心理。見第一章第五節「各類試題類型的編製原則」。

林清山譯（民79）教育心理學——認知取向。台北：遠流。見第十二章「寫作」。

郭有遹（民81）發明心理學。台北：遠流。見第三章「發明的智能基礎」。

陳龍安（民79）創造思考教學的理論與實際。台北：心理。見第八章「創造思考作業的設計與實施」。

曾忠華（民81）作文命題與批改。台北：師大中等教育輔導委員會。見第一章「命題」。

Gronlund, N.E. (1993). How to make achievement test and assessments (5th ed). Needham Heights, MA: Allyn and Bacon. See chapter 5, "Writing supply items: Short answer and essay".

Heaton, J.B. (1975). Writing English language tests. London, Longman group. See chapter 8, "Testing the writing skills".

Oosterhof, A (1994). Classroom applications of educational measurement (2nd ed). New York: MacMillan College. See chapter 8, "Essay items".

第五章　紙筆測驗編製程序

　　編製測驗和準備教案都是很費時、費力的工作，本章將介紹測驗編製的程序及原則，希望有助於增進教師編製測驗的效率，並提高測驗的品質。本章所討論的編製程序雖然是以標準化測驗爲主，但因爲教師自編測驗部分在技術上較爲單純，自然也都涵蓋在裡面。

第一節　擬定編製計畫及遴選命題者

一、測驗編製計畫應包含的要素

　　一個完善的測驗編製計畫不但要考慮外在的環境條件，以及測驗本身的屬性，還要顧慮計畫本身的周延性與可行性。

㈠外在的環境因素

1.測驗目的

　　測驗是要用來評鑑成就？篩選？安置？或診斷？
　　對一位有經驗的教育人員來說，測驗目的的描述就已經指出測驗的對象、用途及施測方式。對測驗編製者來說，測驗目的會影響他對試題取材範圍、試題難易度、鑑別力、題數等方面的考量。

2.測驗對象

　　受測者是幾年級學生？是正常或特殊學生？
　　測驗編製者在考慮測驗目的與內容之外，還要考慮可能影響受測

者表現的認知與非認知因素，例如，認知發展階段、注意力廣度、專注力、因為殘障而無法順利書寫、母語與文化背景、閱讀能力等。當語文能力並不是所要測量的標的，而卻必須透過閱讀及書寫方式來測驗時，後兩個因素更形重要，例如：國小低年級的社會科若採用紙筆測驗時，就會變成在測量語文閱讀能力，而非社會科的學習成就。

3.測驗時間

是十分鐘的隨堂考試？是一門課的期中考、期末考？或是九十分鐘一節的考試？

測驗的時間限制來自於受測者的身心特質及行政上的安排。如果速度不是所要測的特質，那麼時間限制會限制試題數的增加，而和測驗的信度或效度等內在要求相衝突。測驗編製者常陷於一方面要把測驗編得夠精簡，讓使用者能夠接受，考生也不至於抗拒；另一方面又要讓測驗題數多到能夠提供準確訊息，以便做成有效決定的兩難中。

4.施測方式

施測時是個別實施？班級實施？或全校同年級同時間實施？或是大規模的入學考試？

基於實際與效率的考慮，大部分測驗都採用團體施測，不採用個別施測。團體施測不容許主試者與受測者之間有交互作用，也不可能採用較複雜的操作設備或多樣化的刺激；團體施測的指導語要清晰易懂，也因此限制了題數與題型，因為使用太多種題型或新穎的題型時，會使得指導語變得長而且複雜，而引起額外的誤差。

個別測驗允許主試者與受測者之間有互動，主試者可以操作呈現的刺激、在施測過程中評分、並決定該使用哪一題目等，因此主試者要有較嚴格的專業訓練和資格。在編製個別測驗時，編製機構還要負責發展出訓練主試人員的教材和程序。但如果把它設計成可以用電腦來施測，則可以省下訓練主試者的昂貴經費。

　　測驗如果是採多個班級同時實施，或是大規模的考試時，則各場
地施測條件的一致性將變得很重要。這時可以考慮把有關的考場規則
及作答說明等事先公告或印成宣導小冊，並爲主試人員舉辦施測講習，
以加強測驗情境的一致性。

㈡內在的測驗屬性

1.測驗內容

試題取材是來自國文、自然、社會或音樂？範圍又如何？

　　試題取材範圍要有明確的界定才能正確解釋測驗結果。命題前是
否已經分析教材，建立一詳細的雙向細目表？要如何才能避免測量到
其他無關的知識和能力？

2.題型及其數量分配

是非、選擇、填充、重組、配合、簡答？各占多少題？

　　題型不只是影響作答的難易和需要的時間，也會限制所測量的認
知層次；所以命題者不只是要考慮考生的年齡、考試時間限制，還要
依據測驗目的來選擇題型。

　　決定試題數量時，要考慮可用作答時間的長短、試卷版面大小、
期望信度能有多高以及試題取樣的代表性。

3.試題的心理計量特質

概念上的重要性爲主？試題鑑別度爲主？

　　標準參照測驗在選題時，比較重視學科專家的審查，強調試題內
容應該是學科上的重要概念。常模參照測驗在選題時，比較重視試題
分析結果，強調試題的鑑別度。

4.審查及篩選試題的方法

審查標準？審查人員？預試與試題分析？篩選標準？

　　編擬好的試題應該交給測驗專家、學科專家及相關人員用不同的

標準來審查。較嚴謹的測驗，還應該抽取部分學生進行預試，拿實際作答資料進行試題分析，篩選出比較合適的題目。

5.版面設計及印製

紙張大小？兩欄或一欄？單面或雙面？需要的清晰度？字體大小與字型變化？

版面設計的好壞不只是影響作答與計分的方便，還會影響該測驗的表面效度。

6.試題／測驗的計分方法

人工／機械？主觀／客觀？猜測矯正／不矯正？

計分方法是受題型及考試的規模所限制。有些題型（如申論題、作文）到目前為止仍然只能用人工閱卷，而且很難擺脫主觀因素的影響，所以只能用於小規模的測驗中；至於人數龐大的大型考試（如聯合招生考試）就得採用客觀計分且是機械計分才能有效率。

7.整個測驗的理想計量特質

高信度？高預測效度？對哪種程度的人有高鑑別力？

理想的計量特質是依據測驗目的來決定的，例如，作為重大決策的工具就需要有較高的信度；競爭激烈的篩選性測驗，就需要對高能力者有高鑑別力；而診斷測驗則相反，需要對低能力者有高鑑別度。

二、命題者應具備之特質

教師自編測驗時，任課教師是當然且唯一的命題者；但在編製標準化成就測驗，或實施大型測驗計畫（例如，入學考試、全國抽測等）時，就應該考慮依據下列特質來聘請學科專家及資深教師來充任命題者。

⑴充分了解教學目標及教材。

(2)充分了解學生能力及經驗。

(3)精確流暢的文字表達能力。

(4)充分了解題型及命題原則。

(5)研究的精神及堅忍性格。

(6)開放的心胸及創造能力。

第二節　決定取材範圍及命題架構

編製測驗就像是在蓋房子，也需要設計藍圖。本節所介紹的幾種命題架構也就是測驗的藍圖，命題者要依據它來命題，而不是命題之後才畫一個命題架構做交代。

一、試題取材範圍的決定

決定取材範圍的因素很多，如：測驗目的、教學進度、作答時間、受測者年齡等等，在此僅就測驗目的和作答時間加以說明。

㈠測驗的目的

測驗目的若是篩選合適人員，則選取的材料應該是與未來的工作或學習有密切關係的。若是用來診斷學習困難，則應該是選用含有最基本、最重要概念的材料。若只是用來確定學生是否已經精熟某單元教材，則應該依據該單元教學上的行為目標來選擇材料。

㈡作答時間

可用的作答時間會影響到試題數的多寡，而試題數又會影響到試題取樣的代表性，所以作答時間短時，取材範圍就不應該太大；反過

來說，若不能縮小取材範圍，又要使試題取樣具有充分代表性，就應該增加試題題數和作答時間。

二、列舉行為目標

　　比較不正式的命題架構是逐一列舉所要測量的行為目標。這些行為目標可以是藉著分析教學目標而得來的，也可以是針對某一職業進行工作分析而得來的。

　　在技能的評量上，經由工作分析所得的行為目標可以直接轉化成觀察評分的項目，如表 5-1。但認知方面的行為目標若轉寫成紙筆測驗的試題時，變化就很大了，通常一個行為目標可以寫成好幾個不同題型、不同難度的試題。

表 5-1　汽車修護職類技能競賽（剎車系統檢修）評分表

配分	得分	評分項目	備註
2		1. 頂車位置是否正確	
5		2. 頂車方法是否安全	
5		3. 有無使用車輪擋塊	
5		4. 有無使用頂車馬架	
5		5. 工具使用是否正確	
5		6. 工作方法是否正確	
2		7. 是否使用剎車油清洗機件	
2		8. 零件是否排放整齊	
5		9. 剎車蹄片是否沾上油污	

以下省略

三、內容領域——認知歷程矩陣（雙向細目表）

另一種形式的命題架構是強調測驗內容綱要。它把內容以材料內容和認知歷程兩個向度來表示，所以又稱爲雙向細目表（table of specifications）。製作此表時，先要分析教材內容，劃分成幾個領域，再依據內容的重要性及分量決定各內容領域應占的百分比；接著依據學生的年齡決定各個認知層次應占的百分比，最後再計算各細格應占的百分比。依據雙向細目表來命題可以維持試題取樣的代表性，而不會因命題者個人專長或偏好而使取樣有所偏差。

表 5-2　數學科命題雙向細目表

		認　知　歷　程			
		概念理解	程序知識	問題解決	
學科內容領域	數字與運算	18%	18%	9%	45%
	幾　　何	6%	6%	3%	15%
	測　　量	8%	8%	4%	20%
	統計與機率	4%	4%	2%	10%
	代數與函數	4%	4%	2%	10%
	合　　計	40%	40%	20%	100%

四、試題形式——認知歷程矩陣

命題時若材料範圍很小或同質性很高，不適宜再劃分內容領域時，可以將「內容」那一向度改成「試題形式」，試題形式包括試題以何種材料形式呈現、學生作答方式、試題對學生的新奇性等等。這種矩陣可以提醒命題者在命題時勿流於呆板、僵化。

表 5-3　數學科命題試題形式——認知歷程矩陣

	概念理解	程序知識	問題解決	合　計
語文敘述	20%	20%	10%	50%
數字符號	12%	12%	6%	30%
圖表數據	8%	8%	4%	20%
合　　計	40%	40%	20%	100%

第三節　決定題型及編擬試題

一、題型的種類及特徵

　　紙筆測驗的題型可以是無窮盡的，其唯一的限制是命題者的創造力，在此節只介紹較常用的幾種，並以列表方式（表 5-4）比較它們的特色。

表 5-4　各種題型的優缺點比較一覽表

考慮因素＼題型	是非題	選擇題	配合重組	填充簡答	問題解決	問答題	申論題
編擬試題上的考慮							
1.擬題所需時間	O	XX	X	O	O	O	OO
2.所需的編寫技巧	O	X	X	OO	O	O	O
評分上的考慮							
1.評分所需時間	OO	OO	OO	O	X	X	XX
2.評分者所需的素養	OO	OO	OO	O	X	X	XX
3.評分結果的信度	O	OO	O	O	O	X	XX
適合測量的認知層次							
1.知識／理解	OO	OO	OO	OO	X	OO	XX
2.應用	X	OO	X	O	OO	O	O
3.綜合／自我表達	XX	XX	XX	X		O	O
4.析／評鑑	X	O	X	O	O	O	OO
影響信、效度的因素							
1.猜測造成的誤差	XX	X	X	O	OO	OO	OO
2.流暢性／虛張聲勢	OO	OO	OO	X	O	X	XX
3.試題抽樣的廣度	OO	O	O	OO	O	X	XX
4.藉試題分析改進品質	O	OO	O	O	X	X	XX

符號說明：OO——若考慮該因素時極為有利

O——若考慮該因素時有利

X——若考慮該因素時不利

XX——若考慮該因素時極為不利

二、一般性的命題原則

本書在第四章中介紹過「選擇反應式」的各種題型的命題要領，在第五章中介紹「建構反應式」的各種題型命題要領，在此所介紹的是各種題型皆通用的命題原則。

⑴除了語文測驗外，要盡可能降低字彙的難度及句子的複雜度。

⑵文字要精簡，以便減少試卷篇幅及閱讀所需時間。

⑶所提的問題要清楚明確，沒有第二種解釋。

⑷要確定每一試題所考的是內容領域裡的重要概念，而非旁枝細節。

⑸同類型的試題中，各題的格式、語法要前後一致。

⑹取材時要避免偏袒某類受試者，以確保測驗的公平性。

⑺撰寫題目時要隨時參考各種題型的命題原則。

⑻要比實際需要量多擬百分之五十的題目，以備檢查、比較後淘汰。

⑼客觀計分的試題，一定要備有各專家都能同意的正確答案或最佳答案。

⑽寫好後過幾天，再自己檢查一次，或請同事檢查，以避免個人的盲點。

第四節　選擇及排列試題

　　試題擬好或從題庫中抽取出來之後，要經過篩選、整理與排列，才能進行排版、印刷。篩選試題是為了提高試題品質，增進測驗鑑別力，整理與排列試題是為了便於排版及使學生容易作答，並提高測驗的表面效度。

一、評鑑試題

　　評鑑試題的方法有兩種，**一種是根據專家的專業知識與經驗來對試題內容做判斷**，較常用於標準參照測驗或成就測驗，又稱為「專家

判斷法」或「試題內容法」。另一種是**依據學生在試題上的反應來做
統計分析，再比較各題的統計量來判斷**，較常用於常模參照測驗或標
準化能力測驗，又稱為「試題分析」或「試題反應法」。其實不管你
要編的是哪一種測驗，這兩種方法都很有幫助，可以同時並用。

㈠專家判斷法

專家判斷法又稱「試題內容法」，它是找一些相關的人來，並依
據一些評鑑標準對編擬好的試題內容做評鑑。有關的評鑑標準、評鑑
人員資格及人數、對評鑑結果一致性的要求等，都經過整理列在表5-5
中。

至於使用哪些評鑑標準則是由測驗目的來決定，並不是所有標準
都得同時使用，但通常不論哪種測驗都有好幾個標準可以適用。

表 5-5 以「試題內容法」評鑑試題時的評鑑標準及相關考慮

評鑑標準	主 要 問 題	評 鑑 者	評鑑者人數	結果是否應該一致
答案正確性	標準答案是否正確？	學科及測驗專家	少許	是
題意明晰性	是否符合題目編寫標準？ 表達是否清楚？	學科及測驗專家 學生	少許 很多	也許
答題難易度	試題難易程度是否恰當？	老師、學生	多	不
內容重要性	此一知識技巧是否重要？	學科專家、教師	多	也許
試題偏差	是否會讓特定團體成員覺得不公？	各種團體成員	多	可能不
與測驗計量符合性	試題是否符合教學目標或命題計畫的界定？	學科及測驗專家	少許	也許
與課程關聯性	試題所要測的知能是否出現在課程教材中？	學科專家、教師	很多	不必，但愈高愈好
與教學關聯性	學生是否有充分機會學到試題所要測量的知能？	教師、學生	很多	不必，但愈高愈好

1. 答案的正確性

答案的正確性是指該題目的**標準答案是否取得各專家的一致同意**。判斷程序是在該題已經完成所有編改程序後，請多位對該題目所評量的內容深具學養的專家來獨立作答，若答案有不一致，則應該透過相互討論來取得一致；若意見仍不能一致，則該題應該廢棄，絕對不可以採用表決來決定標準答案。

2.題意的明晰性

題意的明晰性通常是指題目的**用字淺顯、精確，句子結構簡短，且格式前後一致**，學生不會因爲命題者的表達方式而產生困惑。明晰性高的題目可以降低語文理解能力與一般智力對測驗分數的影響，提高學科成就測驗的效度。

例題 5－124

（　　）1. 辨別太白粉的方法是什麼？（題意不清）
　　　　A.加水　B.加食用醋　C.用聞的　D.加碘液
（　　）2. 哪一種是辨別太白粉的方法？（較佳）
　　　　A.加水後會溶解　B.加食用醋會起泡
　　　　C.聞起來香香的　D.加碘液會成蘭紫色

3.試題的難易度

難易度是指全部受測學生**答對該題的人數比率**。只根據試題內容來判斷試題的難易度確實不容易，尤其是面對新的題型或新的教學單元時，因爲缺乏類似題目的經驗，即使是資深教師也難以掌握它的難易度。此一評鑑標準若可以的話應該改用學生實際答對比例來推估。

教師對試題難易度的初步估計可作爲預試時排列試題之用，然後再以試題分析求得的通過率取代之。但若無法進行預試及試題分析，那教師的難易度估計將是編排試題的唯一依據，這時可以根據多位教師對該題難易度估計的平均值來排列試題。

4.內容的重要性

所謂內容的重要性是指該題目所測量的知識技能是課程的**最核心部分、或是勝任某一工作所必備的、或是進入下一單元學習所必需的**。當我們對題目做重要性的判斷時，最好指出其參照點（如，對……而言是重要的），同時應該容許它有程度上的區分（如，非常重要、有些重要、有關係、無關的）。

5.試題偏差

所謂試題偏差（bias）是指該試題的內容或敘述方式可能讓某些群體引起不必要的情緒反應或覺得不公平；或是回答該試題時需要用到與測驗目的無關的能力，而使得某些群體處於不利的地位。判斷是否有試題偏差最好找不同性別、不同種族、不同社經地位或不同性質學校來源的成員來逐題評鑑。評鑑時任何有偏差嫌疑的試題都應該拿出來公開討論，只要懷疑者能夠說服其他人，該題就應該刪除或更改，不可以未經過討論就以表決方式決定去留。

以下是供評鑑人員使用的試題偏差檢核表：

表 5-6　評鑑試題偏差的檢核表

1.題目中沒有對於次級團體有攻擊性的內容。
2.題目中沒有對於次級團體有攻擊性的用詞用字
3.題目中沒有次級團體可能不熟悉的活動或情境。
4.題目中沒有對於次級團體的刻板印象。
5.題目中沒有會助長對次級團體刻板印象的內容。
6.題目中沒有不必要的艱澀字詞或複雜的句型結構。
7.題目的格式應該是任何次級團體所熟悉的。
8.題目的內容應該是任何次級團體所熟悉的。
9.解答題目所需的技巧應該是任何次級團體所熟悉的。
10.提供題目訊息的方式不會使次級團體成員覺得難堪或困惑

6.與測驗計畫的符合性

一般而言，測驗命題計畫會對教學目標、試題格式、刺激屬性、認知層次、誘答產生原則等都有詳細的敘述，以作為對試題的「界定」（或稱試題規格）。而符合性是指請學科及測驗專家來判斷該試題是否符合命題計畫上的界定。

判斷試題與其界定的符合程度是一件技術性很高的工作，評鑑者

常需要親自作答，以推論回答該題所真正需要的認知或其他能力。由於題目所測量的內涵有部分取決於學生的學習或其他經驗，而評鑑者常因為對學生經驗了解不夠，而憑添判斷上的困難，例如：專家認為可以測量學生應用能力的試題，很可能教師已經當作例題講解過了，因此實際只能測到學生的記憶能力。

另外，評定整份測驗的所有題目是否能夠充分代表所欲測量的內容領域，也是很重要，這種把所有題目與命題雙向細目表做比對的過程稱之為「內容效度的驗證」。

7.與課程的關聯性

當專家們認為**試題內容與學校課程內容或職業訓練課程內容相符合**時，它即具備了「課程效度」。若該測驗是用來為某一職位篩選合格人員時，它的試題就必須與該職位的工作分析結果或職業角色描述有密切關聯。

8.與教學的關聯性

「與教學的關聯性」又稱為「教學效度」，是指**教學評量或畢業資格考試等的試題是否與學生的實際學習內容有密切關聯**。藉著調查教師所用的教材及教學進度可以評估部分的教學效度；但最直接的方式還是直接詢問教師（和學生），看測驗所考的知識和技能他們是否教（或學）過。此時應注意的是，問題重點不在於題目內容是否在課堂上討論過，而是學生是否都有公平機會學習解答該題目所需要的知識和技巧。

㈡實證研究法

實證研究法或試題反應法是蒐集學生實際的作答反應進行統計分析，然後比較在各個試題上的統計量，以決定試題的好壞。此種評鑑試題方法通常是測驗專家在建立題庫或編製標準化能力測驗時才採用，

一般學校的考試最多只採用試題內容法。

1. 預試

預試（try out）的目的在於蒐集學生對於各個試題的可能反應，並進行統計分析處理，以深入理解各試題的特徵，作爲選擇試題的參考。

只要可能的話，命題者應該先做「初步預試」，即以草擬的試題對一小群人施測，並把它當作試題編擬與修訂的一部分。這種施測是非正式的，沒有時間的控制，試題也不需要打字排版，考生可以隨時和命題者交換意見。初步預試不僅讓命題者可以聽取考生對於試題的寶貴意見，還同時提醒測驗編製者有關作答說明、試題遣詞用字、答題所需時間及試題難易度等可能問題。初步預試的受測人數很少，且不具代表性，所以通常不做統計分析。

除了初步預試外，測驗編製者還要舉行類似正式測驗的預試，這時試題要打字排版，受測人數也比較多，且應具有代表性，並以接近正式測驗的程序進行。預試的實施方式主要可以分成下列三種：

(1)以試用題目進行正式測驗

這種方式實際上是只舉行一次正式測驗，但是它先將考生的作答反應拿來做試題分析，經過統計分析及篩選試題後，只就可以保留的試題來計算個人測驗分數；而那些被保留的試題也將納入題庫中供下次測驗時取用。

這種蒐集考生反應的方式有幾個優點：A.大量減少發展測驗所需的時間和經費；B.最適用於很難找到預試樣本的測驗（如專業執照考試）；C.考生作答動機很高，如同正式測驗。

但是也有其缺點，例如：A.因爲正式測驗的時間有限制，使得總題數受到限制，試題經淘汰後可能無法確保該次測驗的效度；B.如該試題已經納入計分，則無法對該試題做任何輕微修改；C.除非該次測驗中夾有部分已知試題特質的題目（已經經過試題分析的）作爲定錨

試題，否則測驗編製者無法將該次測驗分數與另一次同類測驗分數做比較。

(2)將預試題目夾藏在正式測驗中

第二種方式是將預試題目夾藏在已被認可的正式測驗題目中，考生雖然被告知有某些題目不計分數，但卻不知道是哪些題目才是預試題目。測驗時使用許多不同的版本，每一版本都有夾藏著不同的試用題目，以確保日後有足夠的題目可供使用。美國測驗服務社（ETS）所舉辦的ＧＲＥ測驗即是採用夾藏預試題目的方式進行預試。

這種方法有幾個優點：A.只要一次測驗即可收集到母群體在正式測驗情境和動機下的試題反應；B.預試題目不需要列入計分，沒有第一個方式那麼冒險；C.雖然每一題的考生較少，但有許多其他經過認可的正式題目可供預試題目做比較參考。

然而這個夾藏的方式也有些限制：A.必須至少有一套現成可用的測驗作為基礎；B.每次的測驗題本都必須保密；C.因為要編製和評分多套測驗，人力和經費會隨著增加。

(3)事先單獨舉行的預試

第三種方法是在正式測驗之前單獨舉行預試。這時可以將大量的預試題目分成幾個版本，如果是強調作答速度的測驗，相同題目要輪流出現在不同版本測驗中的不同位置，以抵銷試題出現位置對於答對率的影響。經試題分析後，如果題數夠多，在正式測驗之前就可以編成兩個或兩個以上的平行測驗。

這種方式的優點是：A.一次即可評鑑大量的題目，使獲得良好試題的可能性大為提高；B.不必顧慮它會干擾到正式測驗。但其缺點則是：A.很難確保預試和正式測驗的考生群是同質性的，即使具有同質性，其作答動機也不一樣；B.比較耗費時間和經費；C.預試題本需要保密。

2.預試考生樣本

　　如果預試是單獨舉行的，那預試的考生樣本就得仔細挑選了，因為試題分析的結果會受到考生的受教經驗、作答態度及其他特質的影響。取樣時，為了使樣本具有充分的代表性，又同時顧到施測的成本與方便，通常會以年級、性別、學校性質或居住地區等變項進行分層取樣（stratified sampling），然後在每一層中以現成班級為單位進行叢集取樣（cluster sampling）。

　　決定考生樣本人數時至少要考慮三個因素：

(1)取樣的方法

　　當無法事先了解母群體的特徵時，或取樣方法有瑕疵時，增加樣本數多少可以提高樣本的代表性，使分析結果較可靠。

(2)選用的試題分析方法

　　試題分析時若要進行因素分析或採用三參數的試題反應理論（Item Response Theory, IRT），其所需要的樣本人數就遠高於只計算通過率或鑑別度所需的人數。

(3)希望從分析中獲得的訊息量及精確度

　　一般而言，樣本愈大，訊息量就愈多且愈精確。但是如果要判斷試題有沒有種族、性別或母語上的偏差，或是該測驗將要使用於好幾個年級上，則需要有更多的樣本，以確保每一類組都有足夠的人數。

3.預試試題題數

　　因為要透過試題分析淘汰部分不良試題，所以預試時要使用比正式測驗還多的試題，至於要準備多少百分比的試題並沒有一個普遍的規定，最常用的比例是增加50%，但是下列狀況可能需要更多的題數：

　　(1)該題型很難編擬，而且依據過去的經驗顯示，有很多題目會被淘汰。

　　(2)當採用多個題目構成一試題組合（如閱讀測驗中依據同一篇文

章作答的一組題目）時，為了使該組合能被採用，必須使每一組合裡都有足夠的良好題目。

(3)測驗必須配合詳細的雙向細目表，所以細目表上每一細格都需要有足夠的代表性題目。

(4)若測驗編製者希望日後編測驗時，能夠更精確掌握測驗的難易度，他就需要有更多的題數來分別代表不同的難易度。

4.試題分析方法

在預試之後，心理計量學家會將考生在題目上的反應逐題做分析，由於這部分涉及較深的心理計量學理論及統計軟體的應用，一般教師很少機會用到它，本節只做概念之介紹，若想更深入研究計算方法，請看測驗編製的專書。

(1)難易度指數

試題難易度指數（index of difficulty）是指學生答對該題的機率如何？在二元（對錯）計分法中，例如，是非題、選擇題，是以該題答對人數和預試總人數的比值（答對率）來表示；而在多元計分法中，例如，問答題、申論題，則是以該題平均分數和可能最高分的比值來表示。

若資料來自沒有時間限制的預試，則應該用公式 5−1，公式中 P 代表答對率，R 代表答對人數，N 代表受測總人數。

$$P = \frac{R}{N} \qquad\qquad （公式 5-1）$$

若資料來自有時間限制的預試，則應該用公式 5−2，此公式中Nu 代表沒有機會做答的人數（Unreach），因此分母實際上包括答對、答錯及已經讀過試題而放棄作答的人數（No Answer）。

$$P = \frac{R}{N - N_U}$$
（公式5-2）

難易度指數除了試題內容外，很容易受到兩個因素的影響，一個是「受測樣本的能力」，一個是試題題型所產生的「盲目猜對率」。前者是因為參加預試的考生只是從母群體抽出的部分樣本，有時抽到能力較高的群體，算出來的答對率就偏高，反之則偏低。這種抽樣誤差使得答對率經常隨著樣本而變動。至於試題的盲目猜對率則是指在選擇反應的題型中，考生盲目猜答時的答對率，例如，在是非題是50%，四選一的選擇題是25%，因此難易度指數的比較只適用於相同的題型之間，若要比較不同題型的難易度是不合理的。

難易度指數可以用來檢驗試題偏差（item bias）。研究者可以就不同種族、性別、母語的考生群分別計算各題的難易度指數，若有哪一考生群的答對機率特別高，該題目即有可能是偏袒該群體。

難易度指數也可以用來找出鑑別力較高的試題。一般而言，難易適中的題目其對整體考生的鑑別力較高；所以常模參照測驗在選題時，應該多取難易適中題目才對。但若是編製錄取率很低的篩選性測驗，則應該多選較難的題目才能發揮鑑別作用。當在編製多水準（multiple level）的測驗時，應該就每一年級（或年齡）求算難易度指數，研究該指數隨著年齡變動的情形，進而找出最適合各年級的試題。

(2)鑑別度指數

試題鑑別度指數（index of discrimination）是指該試題是否有助於區辨不同考生在所測能力上的差異。為了證明該試題有拉開分數差距的功能，心理計量學家常以全體樣本在該題得分上的變異量，或是高、低分組學生在該題答對率上的差距（$D = PH - PL$）來表示。

為了進一步顯示該試題的分數確實是隨著實際所要測的能力而變動的，計量學家就以該題答對與否（或得分）與效標的相關係數來表

示。

　　所謂效標是指能夠代表所要測量能力的一個完美指標，但實際上幾乎不存在。而所以試題分析時常以預試測驗的總分當作內在效標，而以教師評定、學期成績、其他同類知名測驗分數當作外在效標，進而求各題與效標的相關係數。

(3)試題特徵曲線

　　試題特徵曲線（item characteristic curves）圖是在縱軸（Y軸）上以 0.00 到 1.00 代表答對人數百分比，在橫軸（X軸）以標準分數-4.0 到+4.0 代表學生能力的高低。為了便於比較，我們將試題 A 到 B 三個試題都畫在圖 5－1 上。

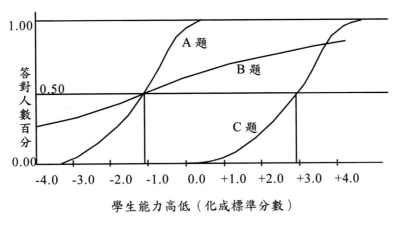

圖 5－1　三題試題的試題特徵曲線

　　A 題與 B 題是難度參數相同，而鑑別參數不同的例子。雖然 A 題與 B 題在答對機率為 50%時所對應的學生能力量尺是一樣的，但是 B 題曲線並不像 A 題那麼陡，即斜率沒有那麼大，換句話說，B 題在拉開學生分數差距的功能上是不如 A 題。

　　B 題顯然是個選擇題，因為該曲線顯示即使能力最低者都有.25 的答對機率。一般而言，選擇反應題型（是非、選擇、配合）都需要有

猜測參數來說明盲目猜對的機率。

　　A 題與 C 題是鑑別參數相同，而難度參數不同的例子。雖然 A 題與 C 題的曲線幾乎平行，但 A 題比較簡單，適於鑑別低能力學生（-3.0 到 0.0）而不適於鑑別中等以上的學生，因為中等以上學生的答對機率幾乎已達到 1.00；至於 C 題則較困難，適合用來鑑別中上能力學生（+1.0 到 +4.0），而無法鑑別中等以下學生，因為中等以下者的答對機率幾乎等於 0.00。

⑷誘答分析

　　誘答分析是依據預試資料對每一選擇題的每一個選項的被選頻率做比較。編製者對誘答做深入分析是基於下列三個理由：

A.誘答是試題的一部分，若誘答不能夠引誘一知半解的受測者去選它，則對於提高試題鑑別力沒有幫助，應該替換掉。

B.當每一誘答都代表著一種迷思概念（misconceptions）的時候，計算每一誘答的選答比例可以讓教師了解班上學生迷思概念的分布情形，進而發揮診斷與補救教學的效用。

C.選擇題傳統上都採用二元計分（dichotomous scoring）法，這使得正答與誘答之間有區分功能，但不同誘答彼此之間並無區分功能（都得零分）。但我們若把每一誘答視同正確答案，也求其與總分的二列相關，則由每一誘答和測驗總分的二系列相關中，可以比較每個誘答與學生能力的關聯性，進而看出不同誘答所代表的不同理解程度，這些資料有助於決定各個選項應有的加權量，進而對選擇題採用多元計分（polychotomous scoring）法，亦即選了不同的誘答則給與不同的部分分數。

二、決定試題數目

　　在決定教師自編測驗的題數時，最先考慮到的因素通常是學校規

定的可用考試時間以及試卷版面的大小；除此之外，下列因素也是決定試題題數多寡時應該考慮的，不過在此僅能提供一般性原則，實際題數還是要靠教師對學生能力的了解及實際施測經驗來決定。

㈠測驗目的

測驗題數常需配合測驗的目的來決定，例如，總結性評量是為了評估整學期的學習成就，它的內容取材範圍較廣，因此題數應該比小單元的形成性評量來得多。而診斷測驗為了要詳細找出學習困難所在，所以它的題數自然比只用來區辨學習成就高低的一般成就測驗多。而適用年齡範圍廣的測驗其題數也應該比適用年齡範圍較窄的測驗多。另外速度測驗的試題較簡單，每題所需作答時間短，其題數應該比難度測驗多。

㈡題型與所測量認知層次的比重

不同的題型需要有不同的作答時間，因此調整題型及題數，使大部分學生有充分時間作答是很重要的。一般而言，是非題所需時間少於選擇題，選擇題少於填充題，而填充題又少於申論題。簡單的是非題一分鐘可做三至四題，較難的可做兩題。若題幹和選項都很簡短，且只測簡單回憶時，選擇題每分鐘可做兩題；若測高層認知能力時每分鐘可做一題；若需要計算或閱讀附加材料才能作答時，則應該加上額外時間。填充題或簡答題若只是需要寫一個詞時，每分鐘可以做兩題，若是要寫一句話，則每題需要一分鐘以上。以上只是概略估計，實際所需的時間仍須視試題難度及學生能力而定。

通常題型與測量的認知層次是密切相關的，作答方式愈簡單的題型大多是屬於認知層次較低的，但在相同題型之下也有可能包含不同認知層次的題目，若認知層次愈高，則試題就愈難，作答所需的時間就愈長，此時題數應該減少。

㈢期望的信度及內容效度

在其它條件都相同之下，若試題題數愈多，則測驗分數的散布就愈大，隨機誤差的影響就會相對變小，測驗的信度也隨之提高。另方面，試題題數愈多則愈能夠配合雙向細目表的要求，而當試題取樣愈具有代表性時，測驗的內容效度就愈高。然而題數的增加也要考慮到作答時間及學生體力的限制，不能過多，否則會產生反效果。

㈣測驗時間與學生年齡

測驗時間的限制使得測驗編製者無法隨心所欲地增加題數。而時間限制主要是受制於學校的行政規定以及受測者的身心極限。

當學生正值青壯年期時，且是接受重要測驗，這時測驗時間可以加長，最長約可達九十分鐘，但若要再加長應該允許中間休息。但當學生的年齡愈小或能力愈低時，則其體力與專注力就愈差，而閱讀及書寫的速度也較慢，這時測驗時間和題數都應該相對減少，例如，幼稚園到小學三年級應以三十分鐘，而四到六年級以六十分鐘較為適當。

㈤閱讀材料或試題的長度和複雜程度

有些試題需要閱讀試卷上所附的文章或圖表才能作答，這時若閱讀材料愈長、愈複雜，則其後所跟隨的試題就應愈多才符合成本與效益的原則，否則學生會放棄該部分題目，先做其他更具經濟效益的題目。

三、選擇適當題目

這一階段也是在篩選試題，但不同的是，這一階段已經**不再去判斷個別試題的好壞，而是要對一份試卷作整體性考量**，使得該份試卷能夠配合受測對象、測驗目的、測量內容，進而充分發揮其功能。以

下即為試卷選題的原則：

㈠要依據雙向細目表選題，均勻分配，使之具有代表性

選題時能遵照事先設計的雙向細目表，才能保證該測驗具有適當的「內容效度」。若未使用雙向細目表，則教師常會因個人專長或偏好而在選題上有所偏頗，而學生則會揣測教師的命題方向，並養成依所猜的題目來準備考試的讀書習慣。

㈡在題數許可範圍內則應該兼顧試題的深度與廣度

在教學上，如果需要重複同一單元的教學，常要在教材上加深、加廣，以免因重複而流於枯燥。同理，在試題的選擇上也要顧及試題的深度及廣度。例如，在數學加法中，深度是指認知層次或難度不同，如：不進位、進位一次、進位兩次、連加法等，而廣度是指材料形式不同，如：直式、橫式，應用題等。

㈢試題之間不應該相互提供作答線索

當同一個概念以不同的題型命題時，常會互相提供解答的線索，例如，答填充題時可以在選擇題的選項中找到答案。這種情形最常出現在教材內容有限，而卻又必須編擬出許多的題目時，例如，國小低年級的國語科，這時命題者很難避免試題內容的重疊。

㈣應依照測驗目的來選擇不同試題特徵的題目

若是編製標準化成就測驗，就應該實施預試並進行試題分析，然後選出難易適中且鑑別度較高的試題。若是用來篩選較優秀學生的測驗，則應該多選一些較難的，且需要高層次思考的題目；相反的，若是要用來鑑別低成就學生，則應該選擇較簡單的，且是測量基本知識的題目。如果是編製標準參照測驗，則應該選擇多位專家認為重要的，

且在教學之後其答對率會有明顯增加的題目。

四、試題歸類與排序

　　挑選好試題之後，並不是把試題隨機排列即可，編輯者應該事先考慮在撰寫作答說明、學生實際作答、教師閱卷計分、考試後師生共同檢討試題內容，及抽出部分試題重新施測時的方便性，因此最好依據下列原則將選出的試題作歸類及排序。

㈠依題型歸類

　　編輯者應該先把題型相同的試題排在一起，這樣他才方便撰寫作答說明；而學生作答時有一貫的反應心向，才能節省作答時間；施測後的計分和統計分析上也比較方便。在各種題型中，其先後排列順序也應該注意，認知層次較簡單，且作答所需時間較少者應該排在較前面，這樣學生作答時才容易有成就感，而樂意繼續作答。一般而言，可以依照下列順序排列：

　　⑴是非題，⑵選擇題，⑶配合題，⑷填充題或簡答題，⑸資料解釋式試題組合，⑹問答題或申論題。

㈡依內容歸類

　　若要達到診斷與補救教學的目的，同一題型內的試題應該進一步依據取材內容加以歸類，例如，國文科可分為注音、字義、文法、國學常識等。將相同內容試題放在一起，不但可以避免學生思考上的混淆並節省作答時間，閱卷後教師也比較容易從試卷中看出整班以及個別學生在各個內容領域上的學習成就，且若測驗後師生要共同檢討試題內容時，也比較容易進行。

㈢依難易度排順序

　　試題排列時若能夠由易而難，學生就容易有成就感，而保持高昂的作答動機。且也不至於讓能力較差的學生因爲前面的題目不會答而困在那兒，造成沒時間答後面較簡單的題目。

　　回顧以往的研究，發現在作答時間充裕的難度測驗中，試題是否依照難易順序排列並不影響學生的表現；但在時間短、題數多的速度測驗上，由易而難的排列順序卻能提高學生的測驗表現。

　　由於大部分的測驗並非完全沒有時間限制，所以在編製任何測驗時，相同內容且相同題型的試題之間，最好仍然依照試題的難易程度來排列。雖然試題難易程度應以施測後試題分析（item analysis）所求得的各題答對比率來估計才算精確，但在實際上只有標準化測驗才作預試及試題分析；在一般的教學評量時，教師只能依據他對於教材的了解以及教學過程中學生的反應，來粗略估計試題的難易度。

第五節　填答與計分方式的設計

　　填答與計分方式的設計對於測驗的實用性影響很大，填答方法設計得好，不但可以節省作答時間，還能減少誤差並增加計分上的效率。而計分方式設計得好，則可以用最經濟的方式增加測驗的客觀性及區辨力。

一、填答方式

　　測驗的填答方法與計分方法有密切關係，爲了要機械計分，就得改變傳統的填答法，而以黑點的位置表示學生的答案。常見的填答方

式有：

㈠直接寫出式

　　教師自編測驗通常要學生直接在試卷上作答，且常只能用手工計分，所以它要在試題題號旁邊留下空格，以供學生自己寫出正確答案的代號。例題5-125是一般教師自編試卷的常見作答方式。至於填充題、問答題、申論題等更是需要以直接寫出方式來作答。

例題 5-125

1. 請在括弧內以○表示對，以╳表示錯。

　　（╳）太陽從東邊升起，從西邊落下；月亮則相反。

2. 請將正確答案的代號填在題號左邊的括弧內。

　　（C）想要得到 $24 \div 6 = ($　$)$ 的答案時，你還可以怎麼算？

　　　　　A. $24 - ($　$) = 6$　　　B. $6 + ($　$) = 24$

　　　　　C. $6 \times ($　$) = 24$　　　D. $6 \div ($　$) = 24$

3. 請就下列敘述，以「1, 2, 3, 4」標示地層形成的順序。

　　（2）砂石在水底下沈澱

　　（4）被擠壓隆起上升

　　（1）因為流水的作用，砂石被搬運

　　（3）砂石一層又一層地堆積起來

4. 請將答案直接寫在括弧內。

　　⑴鍋子裡的水加熱後，熱水會往上流動，冷水會往下流動，這種傳熱方式稱之為（　）。

5. 請解釋下列名詞：

　　⑴光合作用：

　　⑵新陳代謝：

6. 請在題號左邊將正確答案圈起來。

　　Ａ Ｂ Ｃ Ｄ 1.若 X 的 50% 為 66，那 X 應為多少？

　　　　　　　　A. 33　B. 99　C. 122　D.以上皆非

7. 請畫線將上一列和下一列中答案相同的計算式連起來。

　　　　$45-13 =$　　$9 + 48 =$　　$92-28 =$　　$198 + 108 =$　　$202-198 =$

　　　　$90-26 =$　　$46-14 =$　　$38 + 49 =$　　$108 + 198 =$　　$102-98 =$

㈡標示位置式

標準化測驗為了方便機械計分，大都採用單獨的答案紙，並以標示出正確答案位置的方式作答；但教師自編測驗也可能以此方式作答。例5-126是要求學生把正確答案所在的方格或圓圈塗滿，它是可以用機械計分的填答方式。

使用標示位置式作答應該事先讓學生熟悉答案紙格式，及作答方法，若能讓學生事先看過或練習過，將可減少測驗時的焦慮與迷惑。

例題 5-126

　A.請將正確答案下的圓圈塗滿。

　　A B C D E

　1.○○○○○

　B.請將正確答案下的方格塗黑。

　　A B C D E

　1.□□□□□

二、計分方法

計分方法也同樣會受到題型的限制，但是相同題型之下仍然可以採取不同的計分方法。測驗學者研究各種不同的計分方式，其目的不外是想要在同樣的答案卷上以更經濟、有效的方法得到更豐富的訊息。判斷計分方法的優劣時應該以它是否比較客觀？是否有較高的區辨力？是否比較省時、省力等因素做為判斷的規準。

㈠客觀計分法

所謂客觀計分法是指同一份答案紙在不同的人計分之下，所得的結果會完全相同。是非、選擇、配合等題型都備有標準答案，都屬於

客觀計分法。這種計分法簡單、迅速、正確率高，在大規模的測驗中常被採用，而且它也很容易改成電腦計分。

1. 二元計分法

二元計分法是客觀計分法中使用最廣泛的。它只就學生的反應做全對或全錯的判斷，而不需要根據反應的完整程度或正確程度給與部分的分數。傳統的是非題、選擇題、配合題、填充題都是採用這種計分法，它因為具有方法簡易、時間節省及結果一致的特性，而廣被採用。

傳統的二元計分法雖然方便，但有時候為了讓測驗結果在有限的題目中產生更多的序階以提高區辨力，不得不採取以下幾種較複雜的計分方式：

2. 計時加分法

多位學生都同樣答對一個題目，可是作答所需時間並不相同，此計分法即是把作答時間的長短納入對能力的估計。例如，在個別智力測驗的某些分測驗中，計分者需要檢查答對者所用的作答時間，並就時間愈短者給與愈多的加分。

3. 信心加權計分法

所謂信心加權計分（weighting by degree of confidence）是指學生除了寫出答案外，還要指出對自己的答案的信心有多高，計分時就按照其信心程度給與不同的加權，此種計分法可以降低猜答的影響，並擴大分數分配的全距，提高評量的信度。例如，是非題可採用表 5-7 做加權計分。

表 5-7　是非題的信心加權計分方法

學生認為 該題敘述是	標準答案為「是」 應給分數	標準答案為「非」 應給分數
絕對正確	+2	-2
可能正確	+1	0
不確定	+0.5	+0.5
可能錯誤	0	+1
絕對錯誤	-2	+2

　　選擇題及填空題也可以採類似方法進行加權計分，但有些學者指出當題數超過二十題以上時，學生分數的全距自然拉大；且題數愈多，以信心加權方法產生的分數差距愈顯得微不足道，反而增加計分上的工作量，所以實際上大多採用增加題數，而很少採用信心加權法。

4.選項加權計分法

　　當選擇題的每一個選項都經過統計上的試題選項分析，以及認知結構上的分析，那麼不同的誘答就可以代表不同程度的部分知識。因此學生雖然沒有答對題目，我們仍然可以依據他選的是哪一個誘答而給與不同的部分分數。這種計分法通常比二元計分法更能夠精細區分學生的能力。唯各個選項要事先做過深入的解題思考過程分析，才能決定各選項的加權量，除此之外，因為計分方法複雜，還要有電腦計分的配合才行。

5.挑錯答案計分法

　　此法是選擇題的變形，它的題目仍然是選擇題，但是作答方式則是要求學生寫出錯誤的選項，若能夠寫出全部的錯誤選項，則給與全部分數；若只寫出部分的錯誤選項，則給與部分分數；若是把正確答案當作錯誤選項則完全不給分數。這種計分法通常比二元計分法更能夠精細區分學生的能力。唯它需要有電腦計分的配合，否則用人工計

分不但複雜且容易算錯。

6. 直到答對法

當試題是選擇題,而且是以電腦來進行施測時,學生若在第一次就答對則給與全額的分數(依各題的配分而定),若是未答對則給與機會再答;但是在第二次才答對時則分數減半,第三次才答對則分數再減半,直到只剩下一個答案為止。這種計分法通常比二元計分法更能夠精細區分學生的能力。唯學生需要在電腦上受測,成本較高,且不利於有電腦焦慮症的學生。

7. 重組題的計分

重組題的答案因為有許多種組合方式,而不同的組合也代表著不同的正確程度,所以用全對或全錯的二分法來計分,對於那些非常接近正確答案的人是很不公平的。但是依照選項數目把它拆成幾題來分別計分也會產生問題,例如,表 5-8 的學生甲在六題中沒有一題答案是完全吻合,所以應得零分,而學生乙恰好有兩題答案完全吻合,卻可得二分,但實際上學生乙的整個答案的排列比甲更離譜。

較理想的計分方法是採用「差異絕對值法」,此法是計算學生答案與標準答案之間差異的絕對值,並累加起來;絕對值愈小表示愈接近正確答案,應給較高的分數。此法的缺點是需要有電腦的配合,否則以人工計算實在太費時、費力。

表 5-8　重組題上兩位學生答案與標準答案之差異

（試題：請依據下列各縣的地理位置由北向南排列）

	標準答案	學生甲答案	差異絕對值	學生乙答案	差異絕對值
雲林	4	3	1	2	2
彰化	3	4	1	3	0
苗栗	2	1	1	4	2
屏東	6	5	1	6	0
嘉義	5	6	1	1	4
桃園	1	2	1	5	4
			合計＝6		合計＝12

8.比例計分法

　　比例計分法是依據「要求完成的數量」與「實際完成的數量」之間的比例來計分。它特別適合用在語文科目的默寫、背誦等評量方式。例如，要求默寫一篇三百字的文章，在扣除錯別字及漏寫的部分後，實際只有二百四十字，佔 80%，若再乘以該題配分十五分，則實得分數應為十二分。

　　比例計分法只適用於有絕對對錯標準，並且只重視完成數量的評量方法上，而不適用於強調品質高低的評量方法。

9.猜答現象與矯正方法

　　當測驗所用的題型為「是非題」或「選擇題」時，盲目猜答也有很高的猜對機率（但依選項數增加而降低），所以難以防止學生猜答；尤其當題數很多而作答時間不夠用時，猜答情形會更嚴重。猜答現象對高能力的學生影響不大，但會使低能力學生的分數更不穩定。

　　當猜答的題數愈多，測驗分數中由隨機誤差所形成的部分就愈大，評量結果就愈不可靠，所以應該設法將猜答造成的誤差加以減少或均等化。減少猜答造成的誤差的方法是採用猜答矯正（correct for guessing）公式計分。至於要把猜答造成的誤差均等化的方法是在作答說明中「鼓勵所有的學生猜答」。

　　猜測矯正公式是假定學生答錯的題目都是因為不懂而盲目猜答所造成的。因此，在四個選項的選擇題中，若學生答錯了三題，即可推論他同時也盲目猜對了一題。所以真正答對題數應以下列公式估計：

$$真正答對題數估計值 ＝ 答對題數 - \frac{答錯題數}{N-1}$$

　　公式中 N 是選項的數目，在是非題中，N ＝ 2，在選擇題中，N 通常是 4 或 5。

　　使用猜測矯正公式有下列缺點，致使實際使用者並不多：

(1)即使已經在作答說明中提出警告，仍然有大膽的學生盲目猜答，而謹慎小心的學生即使有部分知識也不敢猜答，這將使得人格因素影響測驗分數。

(2)增加計分上的困難，除非採用機械計分加上電腦程式的配合，否則人力和時間都會大量增加。

(3)低能力者可能因為倒扣而得到負的分數，這將難以向家長或行政人員解釋。

(4)學生猜答時並不完全是盲目猜答，學生常以部分的知識進行推理，猜測最可能的答案，這是一種解決問題能力的表現，是教師所應該鼓勵的，而不是要禁止的。

　　由於猜測矯正公式有上述缺點，再加上測驗專家已經由實證研究中發現，當鼓勵學生每一題都作答，且給與充裕的作答時間時，無論是否採用矯正公式，兩者的分數排列順序幾乎完全一樣，所以現在大部分的標準化測驗都已經不再使用矯正公式了。

　　不過在下列狀況，還是可以考慮使用矯正公式：

(1)若試題選項數少，題數很多且都偏難時，使用矯正公式可以使

低分組學生的分數較可靠。

⑵在選項數少而題數多的速度測驗上（如校對測驗），使用矯正
公式可以產生阻嚇猜答的效果。

另一種防止盲目猜答的方式是，當作答時間短而試題題數過多，
且試題已經經過試題分析並依難易度排列，則計分時可以檢查試卷，
若在答案紙後半部發現有連續錯數題之後，偶然出現一題對的，即可
推斷那是在盲目猜答下猜對的，可以不予計分。

㈡主觀計分法

有些試題，如：申論題、作文、美術作品、實作測驗的表現過程
或其成品，它們的反應通常是複雜而具有多層面的，且包含著多個彼
此相關的部分。它們的計分是要靠評分者使用其分析、評鑑的能力下
判斷，但因為個人的價值觀、理想的標準不一樣，致使各人評分結果
常不一致，所以才被稱為主觀計分法。此法在人力上、時間上都很不
經濟，而且結果也常不一致，但是因為這類題型或評量方式能夠測量
學生較高層次的認知能力，所以仍然常被採用。

1.分項計分法

當評量的標的具有多個向度，而每一個向度都有明確的定義和可
測量性時，評分者可以就各個向度分別給分。此法的優點是評量結果
訊息較豐富，具有診斷價值；缺點就是給分時比較花時間，而且評量
表的設計較難。

2.整體計分法

當評量的標的只有單一向度，評分者只能採取整體計分法，依據
一組計分標準來給與分數。此法的優點是比上述分項計分法更簡便、
迅速；缺點是個人主觀影響更大，信度更低，而且缺乏診斷價值。

三、加權與配分

　　教師在命題時並不會認為教材中每一單元都同樣重要或具有同樣多的材料；所以他對每一單元的題數會做調整，以使試題取樣更具代表性。同樣的，他也不認為每一道題目都同樣重要或有相同的難度，所以他會在計分時就不同的題目給與不同的分數（配分）。此外，在結算學期總成績時，他會就每一次測驗的重要性或取材範圍的大小，而給與不同的加權比例；以使測驗分數更能代表真實的學習成就。

㈠雙向細目表上對試題數的加權

　　當教師分析教材內容，做成命題的雙向細目表之後，他可以依據每一細格的重要性或材料的多寡，而決定每一細格給與不同的題數，這時他即採用了試題數的加權法。這種加權法能使試題取樣更具有代表性，其結果當然更具內容效度。

㈡各試題在計分上的加權（配分）

　　標準化測驗中通常只用一種題型（通常是選擇題），而且常以答對給一分，答錯或未答給零分的方式計分，所以沒有加權計分（scoring weights）問題。

　　但是在教師自編測驗中，師生之間已經約定俗成地以一百分為滿分，因此需要將不同的試題給與不同的加權（即俗稱的試題配分），以便合計後使最高總分恰好是一百分。試題配分的方式有數種，有的依據題型，有的依據試題難度，有的依據試題重要性，但平常所見大部分仍是依據題型的不同來配分。當學生答對較難的試題或較重要的試題時給與較高的分數，這固然很有道理，但在實施上並不容易；其原因是要估計出精確的試題難易度，先需要經過預試及試題分析，此

外，哪些題目應給與多大的加權值，及加權辦法是否應該事先告知學生，也常會造成爭論。

根據題型的不同來配分最為簡便，而且加計總分時，工作負擔也不太大，所以被廣為採用。配分時通常是依據各種題型的作答所需時間、測量的認知層次等來衡量，把時間短、認知層次低的（如，知識）給與較小的加權；而時間長、認知層次高的（如，綜合、評鑑）給與較大的加權。但在相同的題型之中，教師仍然可以依據試題的難易程度，或要求答案的複雜程度，給與不同的配分，例如，在多題的問答題中，每一題的配分可以不同。但是若採人工計分且加權方法太複雜，例如，在同樣都是選擇題中，配分有的是一題一分，有的是一題二分，其結果通常是計分的錯誤增加，而非測驗的信度提高。

配分時要隨時參考雙向細目表，若只依據題型配分，常會扭曲原始的命題設計。例如，十題一組的配合題和十題獨立的選擇題若都配給十分，而實際上該配合題只測量單一的教學目標，如此配分比重太高了。

㈢合併各測驗分數時的再加權

教師在合計學期成績時，會先把平時考、作業、期中考、期末考乘以不同的百分比之後，再加在一起，這就是各次分數的再加權。在標準化測驗中，同一測驗中有時會有幾個分測驗，因此，除了報導分測驗分數外，還會報導總測驗分數，而這總測驗分數通常不是原始分數的總和，而是各分測驗分數再加權後的總和，至於其加權量則是利用統計學上的因素分析所求得。

第六節　撰寫作答說明

作答說明（test instructions）（或稱指導語）的功能有如在比賽之前向選手說明比賽規則。許多大型的測驗計畫及標準化測驗，都有詳細的作答說明，它們不只是印在試題本上，施測時主試者還要加以朗讀，有時還在施測之前用另外的說明手冊介紹題目形式及作答方法，其目的不外乎減少因為學生不熟悉題目形式及作答方法而造成的測量誤差，並確保測驗的公平性。

一、作答說明的內容

測驗卷上印出作答說明的主要目的是在確保能讓學生真正發揮其能力，並測得該試卷所要測的能力。學生不實的低落表現，有時是來自於(1)不了解作答方法；(2)缺乏充分練習；(3)採用了不適當的應試技巧。而清晰適當的作答說明有助於減少這些干擾因素。

㈠教師自編測驗的作答說明

教師自編測驗時所用的題型較少變化，學生大都已很熟悉作答方法，所以其作答說明通常是非常簡短，有時候甚至只有一個標題而已，如「是非題」、「填充題」等。但在較正式的測驗中或使用較新穎的題型時，還是應該有指導語。

而各種題型的配分比例則是教師自編測驗所獨有的，因為師生之間已經習慣每一次測驗都以一百分為滿分，所以在作答說明中要註明每種題型在總分中所占的比例，或者是每一題所占的分數，以便學生安排他作答的優先順序。

㈡標準化測驗的指導語

標準化測驗的指導語內容較多，通常單獨占了一頁，它至少要包括：

1.測驗目的

這段要告知學生測驗的名稱及它所測的能力。

2.作答方法

這部分要告知學生作答時應有的思考程序或操作程序，以及標示答案的方法及位置。

3.試題範例

常見的題型只用一題，罕見的則用兩三題當作練習題，用以幫助學生了解並熟悉作答方法。

4.有關於猜答的建議及提前做完時應如何的規定

5.特殊規定

例如，是否可以使用草稿紙、計算器、換算表等。

6.作答時間限制

通常是以分鐘為單位，並在最後一行用較大的阿拉伯數字標示出來。

7.有助於提升測驗表現的應試技巧

這部分不一定需要，但若知道某些應試技巧會很明顯地影響到測驗分數，就應該提醒受測者，免得讓它變成一個干擾分數的因素。

二、作答說明的編寫原則

⑴所用的字彙要淺顯，句子要短，使文字可讀性提高。

(2)愈是新穎的題型就愈需要藉著範例來詳細說明其作答方法。

(3)若試卷版面不夠,則常用題型的作答說明可以加以精簡。

(4)在標準化測驗中各個分測驗的作答說明,其格式要前後一致。

(5)國小低年級學生最好不用書面的作答說明,應該由主試者做口頭說明。

第七節　版面設計及印製

試卷的版面設計(physical layout)及印製與一般的書報雜誌不完全相同,測驗編製者需要積極地與專業的編輯及印刷人員溝通,讓他們知道你的特殊需要。良好的版面設計不但可以表現出編製者的專業水準,也可以免掉許多施測及閱卷上的困擾。

一、試卷版面設計應注意事項

完整的試卷應該包含三大部分:封面或卷頭、題型與作答說明和試題內容。進行版面設計的目的在於使試卷更美觀、更容易閱讀和作答,及更方便計分。

㈠封面或卷頭部分

標準化測驗題本的封面上通常包含有測驗名稱、編製者、出版單位及出版日期等內容,左上角常留有編號的位置,以便於題本編號後好清點保管;右上角常印有「限閱」兩字,以提醒相關人員測驗的內容需要保密。

至於學校考試卷的卷頭,要包含有學校全銜、學年度、年級、學期、學科名稱、評量性質、以及學生填寫班級、座號、姓名的位置。

試卷橫寫時，卷頭放在最上面；直寫時放在最右邊。

　　卷頭的字型最好與試題有所不同，且其字體大小要明顯大於試題內容。卷頭部分若有足夠空間，應該在學生姓名附近留出空位供教師填寫總分之用，如此登記分數時較爲方便。

㈡題型與作答說明部分

　　標準化測驗通常只用一種題型——「選擇題」，即使有不同題型也都以分測驗的形式加以區隔開來，因此其作答說明就是各分測驗的「指導語」，它通常單獨佔一頁，而且是印在單數頁（右頁）上，正式題目則印在指導語的背面，如此可防止學生趁著主試者在唸指導語時看到正式題目。

　　編寫學校試卷時，各種題型的作答說明要放在該題型的前面，並且採用不同字型以示區別。若是學生已經很熟悉的題型可以只寫出題型名稱，省略掉作答說明部分。作答說明之後通常會註明該題型的配分比例。

㈢試題內容部分

　　至於試題內容部分的版面設計則應該注意下面幾點：

1. 字型、字體大小的選擇

　　字型、字體的大小和字距、行距都要配合學生年齡以便於閱讀。字型（typeface）的選擇應配合學生現在用的教科書，以比較常見的明體、宋體、仿宋體爲主，隨意使用較少見的字型（如，隸書、行書），可能降低學生的閱讀速度，甚至使國小學生無法辨認。英文字字型則最好選用 Helvetica、 Palatino 或 Times New Roman 中的一種。

　　大部分文書處理程式還可以進一步把原來的正體（normal）字型變化出不同風格（style），例如：*斜體（Italics）*、**粗體（bold）**、及<u>加底線（underline）</u>。「正體」適用於一般文字敘述上，使用機會

最多；「*斜體字*」常用於特殊名詞，如：書籍、期刊、樂曲、影劇、詩詞等的名稱上；「**粗體字**」可以用來區別作答說明和試題；至於「<u>加底線</u>」可以用來強調題幹中所要強調的字眼，例如：<u>不是</u>、<u>不應該</u>、<u>最沒有效</u>等等否定性的字眼。若有必要還可以把後三種加以組合，例如：***斜粗體***、*斜體加底線*、**粗體加底線**、***斜粗體加底線***。

當文書處理程式是以點數（points）表示字體大小時，一英吋有七十二點，且允許你一點一點地調整字體大小。一般常用的是十二點，但若是大學生或成人，十點也可以，至於國小低年級則最好用十四點。

2.字距、行距與段距的選擇

字距（兩個字之間的距離）縮小時，每一行就可以排入更多的字，但字距太小時，版面會較「暗」，且不容易閱讀。

行距（行與行之間的距離）的調整應該是使行距大於字距，這樣才能引導眼睛的移動方向，閱讀才能順暢，文書系統預設的行距大多是依據字體大小再加上字體大小的 20%左右。

段距（各個段落之間的距離）要比行距還大才可以使試題與試題之間有適當的間隔，使每一題自成一個單位，讓讀者一目了然。

3.試卷上下左右邊緣應保留二至四公分的空白

試卷版面上下應該留有空白，俗稱「天地」，習慣上留邊時是天多地少，這樣可以讓教師在上方登記分數或書寫評語。上下左右留邊除了可以增加美觀外，並可以避免在印刷時把文字內容印到紙張之外，此外，也比較便於裝訂和保存。

4.有時候版面可以分成兩欄以節省空間並便於閱讀

試卷若像報紙、雜誌一樣採取多欄式的版面設計，可以減少眼睛移動距離，加快閱讀速度。當選擇題的選項都很短時，排成兩欄可以節省空間，容納較多的題目。多欄式的排版需要用到具有排版功能的電腦文書處理軟體，若用一般的打字機處理常事倍功半；至於分成幾

欄，則因紙張大小的限制，以兩欄較爲恰當，兩欄以上並不實際。

5.選擇題的各個選項要有適當間隔並做規則性排列

選擇題的選項排列原則包括：不把單一選項拆成兩行、選項的標號要上下對齊、不同試題之間選項排列的格式要力求一致（請比較例題5-127的各種排列方式）。選項若是數字，應該把個位數及小數點上下對齊（例題5-128）

例題5-127

（　）1. Mind you own business.這句話的最佳翻譯是：（不規則排列）

　　　　A.要多照顧自己　　　B.少管閒事　　　C.小心照顧你的事業

　　　　D.要記住你自己的事業

（　）2. Mind you own business.這句話的最佳翻譯是：（缺少間隔）

　　　　A.要多照顧自己B.少管閒事C.小心照顧你的事業D.要記住你

　　　　自己的事業

（　）3. Mind you own business.這句話的最佳翻譯是：（佳）

　　　　A.要多照顧自己　　　　B.小心照顧你的事業

　　　　C.少管閒事　　　　　　D.要記住自己的事業

例題5-128（小數點應上下對齊）

（　）1. $6.081 \times 10 = ?$

　　　　A.　　　.006081

　　　　B.　　　.06081

　　　　C.　　60.81

　　　　D. 6081

6.題號要採用凸排，並和試題內容相隔開

在段落格式上要使每一試題的第一行凸排，讓作答位置與題號都突出於題幹與選項之外（如例題5-127），如此可以方便學生迅速找到所要的題目。題號與題幹之間要以句點或空格隔開，尤其在數學科中，題幹一開頭就是數字時（如例題5-128）更需如此，必要時還可

以變換題號的字型以示區別。

7. 作答位置應有固定大小並作規則排列，以便於閱卷和計分

直接在試卷上作答時，應該把是非題、選擇題和配合題的作答位置放在試題編號的左邊（橫排時）或上面（直排時）；而填充題也應該採用固定大小的作答位置並把它移到題號前面。作答位置集中在一邊，且緊接著題號，不但便於計分，也方便考試後的檢討。國小學生手眼協調能力有限，應給與較大的書寫空間，以免增加作答及計分時的困難。

8. 若採分開使用的答案紙應該每隔數題就留有適當的間隔

標準化測驗常使用分開的答案紙以節省紙張成本，這時答案紙的設計最好依照題本上每一欄的題數，每隔數題即空出一題的大小，如此可以方便學生找到正確作答位置。

9. 整份測驗應該把所有試題不分題型連續編號

雖然有許多人已經習慣於把每一種題型都重新編號，但是連續編號不但讓教師和學生便於共同檢討試題內容，當要將原始答案輸入電腦進行資料分析時，也比較容易鍵入和校對資料。此外，若是採用分開的答案紙作答，連續編號更是不可少。

10. 試題要保持其形式上的完整，不可以拆成兩半，而降低其可讀性

排版上有所謂的「孤兒」和「寡婦」。「孤兒」是指文章需要分欄或分頁時，被單獨遺留在文字欄頂端的一行不成句子的字；「寡婦」則是指被單獨遺留在段落或文字欄底端的一個字或音節。遇有孤兒和寡婦時，應把文字稍加增減，以消除這種現象。

有些文書處理系統上有所謂的「避頭尾字元」的功能，它可以避免你把前置的標點符號，如：「、『、（、《等放到一行的最底端；也避免把尾隨的標點符號，如：。、！、？、》、）、』、」等放到

另一行的最上端,使用這種功能也能增加試題或文章的可讀性。

當試題的一部分跑到另一欄或另一頁時,常會造成學生的困惑,閱讀上也很不方便;就整個版面來看會顯得雜亂,而讓閱讀者心煩氣躁,要避免此種現象,應在段落樣式中設定為「段落中不分頁」。

當學生需要閱讀某些資料才能作答時(如閱讀理解測驗),應該把這些資料和試題放在同一頁上或同一面的相鄰兩頁(閱讀資料放在左頁或偶數頁,試題放在右頁或奇數頁),千萬不要把試題放到閱讀資料的背面去,讓學生答題時還得不斷地翻頁。

11.標準化測驗的指導語和試題不可以放在同一面或同一頁上

有時間限制的測驗應該把試題放在指導語那頁的背面,或是以空白頁將指導語和試題隔開,這樣才可以避免學生在主試者宣讀指導語時就順便偷看試題。

二、檢查及印製

雖然測驗的檢查與印製過程與測驗編製的專業知能無關,但一份錯字連篇、印刷不清的測驗,顯然不會有內容效度,當然也不可能得到使用者的信任。

㈠付印之前應該經過校對程序

每個人在以目視的方式校對自己的文章時,常會不自覺地在心裡補回漏字或忽略錯字,所以才需要大聲唸出來或是請別人校對。另外,最好找幾位不同的人來逐題作答,這樣做不只是比較容易找出贅字、漏字及錯別字,也比較容易發現在題意或標準答案上有疑義的題目。

㈡應該依保存年限、作答方式及數量來選擇紙張及印刷方式

紙張的厚薄及品質對於印刷效果和書寫方便性影響很大,在選用

前應該事先試用和比較，學校一般多採用印書紙或模造紙。印刷試卷時，若數量少則以影印較為快速，數量多時以製版印刷較為經濟。

㈢試題所附的圖表在印刷前和印刷後要檢查是否正確和清晰

試卷上的圖表通常是剪貼上去的，所以要特別注意它是否放錯位置、貼顛倒、有折痕或甚至脫落了。此外，應先試印幾張，確定圖表的細節都足夠清晰後才可以繼續印下去。

㈣單張雙面印的自編試卷應該逐張檢查是否有漏印或相互污染情形

在進行印刷時，常因紙張之間的靜電反應而使紙張相互吸附在一起，造成漏印的情形。而室內溫度、濕度、油墨濃淡都會影響油墨乾燥的快慢，所以印刷時要隨時檢查，以免試卷相互污染。

㈤若要裝訂成冊，最好在排版時就使頁數（含封面和封底）成為四的倍數後，採騎馬釘方式裝訂

由於標準化測驗題本的頁數不會很多，裝訂時可以採用騎馬釘，亦即由封面和封底的齊縫處打釘，貫穿到最中間的齊縫處訂合，然後對摺起來。採騎馬釘裝訂時，不但紙張成本低、印刷速度快，閱讀時還可以使題本完全攤開平放，不會中央翹起來，而且使用後也不會留有折痕。

㈥若採分開使用的答案紙，其大小最好與題本一致，以便於疊在一起收存

標準化測驗大都以題本與答案紙分開的形式來使用，以節省印製經費，設計時若能使兩者的大小或顏色一致將有利於辨認和保管。

三、測驗的安全管制

當測驗是用來作有關考生的重大決定時，測驗的安全性就得非常注意。主持者需要在測驗的編製、印製、傳送、收回、保管和廢棄處理上防止弊端。一般較大型的考試都會採取下列措施，以免試卷遺失或試題內容外洩。

(1)採命題者入闈，或多人獨立秘密命題，單人選題。

(2)嚴格限制進入測驗儲存室及電腦題庫的權利。

(3)嚴格監督及檢查試卷印製過程。

(4)傳送過程中應該注意密封與清點。

(5)重大考試（如入學考試）應依照法令規定年限保存試卷，直到過期後，在監督下絞碎銷毀。

至於標準化測驗方面，一般是採用下列措施來管制測驗的使用：

㈠限制購買者資格

測驗出版商為了保持自己測驗的聲譽，通常會對購買者進行篩選，購買者若提不出適當的資格證明及購買的理由，有錢也不一定買得到。一般而言，在機構中服務者，除了要說明主要使用者的學經歷外，還要有該機關的正式公文；而研究生要買測驗當作研究工具時，則要有研究計畫及指導教授具名的說明函。

㈡限制使用者資格

由於標準化測驗在施測程序、計分、解釋上的複雜程度差異很大，所以依照測驗性質來限制測驗使用者的資格可以確保測驗不被濫用、誤用。一般而言，比較接近學校一般考試的測驗，如團體的、紙筆式

的、且是單一能力的測驗，其限制較寬，只要是學校教師接受短期的講習即可使用。至於程序較複雜的、有多個分測驗的、需要用剖面圖解釋的，通常需要教育、心理相關科系畢業或先修過心理測驗學分的教師才可使用。而個別測驗、人格投射測驗等則需要修過針對該測驗的課程或是參加過研習會，並有施測實習經驗者才可使用。

㈢題本與答案紙的保管與控制

題本在購入後應立即檢查並加以編號，然後放入專用的儲存室或儲存櫃中，要嚴格管制測驗的進出，每次取出或送回都要檢查和清點。

㈣定期檢查與銷毀

已經被塗寫或污損的題本，或是超過保管期限的答案紙，都應當在監督下加以絞碎銷毀。

第八節　教師自編測驗的改進

偉大的文學作品不是一次就完成的，而是經過不斷地修改與重寫逐漸錘煉而成的。教師自編測驗當然也需要不斷地改進，才能充分發揮它的功能。

教師自編測驗時，當然請不起學科專家與測驗專家來做內容與形式上的審查，也沒有時間和人力來進行預試和試題分析；但這並不表示教師自編測驗就不需要改進，其實教師還是可以透過自我檢查、同事的檢查、學生的意見，及簡化的試題分析等方法來改進自己的試題。

一、自我檢查

即使你在編擬時覺得很滿意，也應該在隔一段時間之後，重新檢視，這時會看到一些你當時看不到的缺點。

除了隔段時間再檢查之外，也可以依循下列的檢查重點，使你的檢查更系統化：(1)一般性命題原則及特定題型的命題原則；(2)試題與測驗目的的關聯性；(3)試題內容與答案的正確性；(4)試題取樣的代表性；(5)試題的公平性。

二、請同事協助檢查

自己檢查常常會有盲點，找一位比較有經驗的同事來幫忙檢查，常可以得到很好的意見，為了讓同事的檢查產生更積極的效果，可以向他說明你在自我檢查時所用的檢查重點。

請別人花時間幫忙檢查是要欠人人情的，所以若不是平日就交情夠的或是有機會回報，否則不要輕易這樣做。當然若學校的輔導教師中有人具有測驗專長，而找不到機會表現時，可逕向他請教。同事的意見不必全然接受，因為他並不負責教學，也不一定了解你的學生，所以最後下判斷的應該是你。

三、徵詢學生意見

教師在謀求改進評量方法時，常會忘記學生的意見才是最直接且是最豐富的資料來源。事實上，學生才是實際接受測驗的人，他們在實際受測時的經驗及感受才是最有參考價值的。教師雖然可以從同事那邊得到改進試題的意見，但是在題意是否清晰，時間限制是否恰當

等方面，還是應該以學生的意見爲主。

　　要徵詢學生意見時，應該先讓學生做完該份試卷並收回答案紙之後才實施，學生不可能一面作答，一面要評論試題的好壞，同時扮演受試者和試題評閱者兩種角色。爲了提高效率，教師可以設計如下列的簡單問卷，在考試完後連同空白試卷發給學生作答。

　　⑴是否有些題目具有一個以上的正確答案？若有，是哪幾題？

　　⑵是否有些題目沒有正確答案？若有，是哪幾題？

　　⑶是否有些題目讓你覺得很困惑？若有，是哪幾題？

　　⑷作答說明是否有讓你覺得不清楚的地方，若有，是哪一部分？

四、簡化的試題分析

　　一般教師不會（也不需要）把學生的測驗結果輸入電腦進行試題分析，但他仍然可以採用變通的方式來了解學生在每一題目上的作答反應。例如，他可以先在黑板上畫出如下的記錄表：

表 5-9　學生答題反應記錄表

答案＼題號	1	2	3	4	5	6	7	8
A								
B								
C								
D								
未答								

　　接著教師發下已經評閱過的試卷，並逐題詢問學生的答題狀況，教師可以問「第一題答 A 的，請舉手，（點數後登記在黑板上）。答 B 的，請舉手，……」每一題登記完後教師可以說明哪一個選項才是

正確答案，因此若計分上有錯誤，學生可以立刻要求更正；若全班答對率太低，教師可以加以解說，進行補救教學。此外，教師也應該讓學生針對該題目自由發言，這樣做通常可以讓教師發現答對率偏低的原因，它或許是教師在教學上的疏忽，或許是學生的迷思概念太頑強，或許只是試題的題意不清楚。

這種簡化的試題分析法雖然只能算出試題的難易度（答對率），但它能夠與作答者雙向溝通，深入理解學生作答時的想法，這對於教師的教學及改進命題技術自有其特別的價值。

參考資料

王存耕譯（民79）桌上出版設計指南：如何編輯設計刊物。台北：授學。【Parker Roger C. 原著】

國立台南師範學院測驗發展中心譯（民81）成就和能力測驗之界定與發展。載於八十一年度教學評量研習會參考資料，301−367。台南：譯者。【譯自 Millman, J. & Greene, J.(1990)】

郭生玉（民74）心理與教育測驗。台北：精華。見第七章「命題的方法」。

陳英豪、吳裕益（民79）測驗與評量。高雄：復文。見第二章「成就測驗的編製計畫」。

Ailken, L. R. (1985). Psychological testing and assessment (5th ed.). Allyn and Bacon. See chapter 2, "Test construction, Administration, and Scoring".

Cangelosi, J. S. (1990). Designing tests for evaluating student achievement. White Plains, NY: Longman. See chapter 3, "Creating cost-effective achievement tests".

Linn, R. L., & Gronlund, N. E. (1995). Measurement and Assessment in Teaching (7th ed.). Englewood Cliffs, NJ: Prentice-Hall. See chapter 5, "Planning Classroom Tests and Assessments" and chapter 12, "Assembling, Administering, and Appraising tests and Assessments".

Oosterhof, A. (1994). Classroom applications of educational measurement (2nd ed.). New York: Macmillan College. See chapter 11, "Producing and Administering Written Tests".

Osterlind, S. J. (1989). Constructing test items. Norwell MA: Kluwer Academic Publishers.

Worthen, B. R., Borg, W. R. & White, K. R. (1993). Measurement and evaluation in the school. New York: Logman. See chapter 9, "Constructing Your Own Achievement Tests-Deciding When and How to do so" and chapter 11, "The Process of Becoming an Expert Tester: Assembly, Administration, and Analysis".

第六章　紙筆測驗的實施與計分

　　身為教師經常會對學生實施紙筆測驗，然而一般的課堂考試與標
準化測驗究竟有何不同？教師該如何選擇、實施標準化測驗？在各種
測驗中有哪些因素會影響到測驗表現，我們該如何加以控制？測驗之
後，該如何計分，有哪些計分方式？以及如何提高主觀計分的客觀
性？最後施測之後是否應該與學生討論測驗內容，並查證分數的正確
性？雖然這些都是以標準化能力測驗為基礎來討論的，但一般教學評
量上也應該盡量採用其原則。

第一節　評量工具的選擇

　　教學評量的方式種類繁多，教師在選擇適用的評量工具時，應該
有適當的規準才能做明智的選擇。以下介紹的五個規準不只可以用來
評鑑紙筆測驗，也同樣可以用來判斷其他評量工具的優劣：

一、信度

　　信度（reliability）是指評量結果的穩定性或一致性。當評量的結
果愈不會受到學生能力以外的無關因素（如，猜答、作弊、筆誤、意
外干擾、主觀計分時標準不一等）的影響，則其信度就愈高。

　　估計信度係數高低的方法有重測法、複本法、內部一致法及評分
者信度等。所謂「重測法」是指同一套測驗在間隔一段時間後再對同
一群體施測，其前後測驗結果的一致性。而「複本法」是指根據相同

的命題計畫書所編製出來的兩套同性質的測驗,對同一群體施測後,兩組分數之間的一致性。「內部一致法」則是運用統計方法估計各試題之間同質性的程度。至於「評分者信度」則是指多位評分者對於同一群體分別獨立作評定之後,不同評分者之間所評結果的一致性。

至於估計信度的計算過程,因為它是屬於標準化測驗編製技術的一部分,與一般教師較無關係,所以本書不做深入討論,有興趣者可以自行參考坊間「教育與心理測驗」或「測驗編製」的專書。

提高測驗信度的方法在於:(1)試題要題意清楚,沒有第二種解釋;(2)標準的施測程序和對學生的明確指導說明;(3)增加評分客觀性或是評分者人數;(4)增加試題題數或評量的次數。前三項是要減少能影響分數的無關因素,最後一項是依據統計學上樣本愈多,估計值愈精確的原則來做的。讀者若欲更進一步了解如何控制無關因素以提高信度,可以參閱本章第三節「影響測驗分數的因素」。

測驗信度愈低,表示其測量的誤差愈大,測得的分數愈不可信賴,用這分數來做決定時也就更應該謹慎、保守。若該測驗是用來幫助個人做決定或是做最後行政決定的,對信度的要求就應該高一些;反之,若是用於幫團體作決定或是用於初步篩檢,信度的要求就不需要那麼嚴格。

二、效度

效度(validity)是指將測驗結果作為某一種用途時的合理性和效率性。舉例來說,若將數學應用題以文言文來命題,那它所測到的不只是數學推理應用能力,也同時測到學生的閱讀理解能力,所以用此分數來推論學生的數學能力,其效度不高;但若用它來預測學期末的學業總成績,則因為它同時測量兩種能力,其預測效度當然比只測量一種能力的測驗高多了。

　　測驗的效度就像藥物的效用一樣，同一藥物對於甲病症有效，對於乙病症就不一定有效；同樣地，一個測驗分數用於某一目的時非常合理、有效，但換到另一用途時就變成沒有多大效用。在驗證藥物的效用時，不能光靠臨床使用報告，還得要事先建立病理機轉的理論，分析藥物化學成分等；同樣地，驗證測驗效度時，除了類似臨床使用報告的「效標關聯效度」外，還要有分析其試題內容成分的「內容效度」，以及檢驗試題內容是否符合心理特質理論架構的「構念效度」。

　　測驗分數在運用或推論上的效度是需要透過實證的、統計的、理論的和概念的證據累積而獲得證明。一個測驗工具所報導的效度係數通常只是其中部分實證性證據的數字指標而已。讀者若是對於驗證測驗效度的方法有興趣，可以參考坊間「教育與心理測驗」或「測驗編製」專書。而在教學評量上最重視的是「內容效度」，亦即試卷內容的取材是否能充分代表教學內容？是否涵蓋了教材中的重要概念？因此在第五章「紙筆測驗編製程序」中曾簡單加以介紹。

三、區辨力

　　區辨力（discriminatory power）是指該評量技術能否將分數的散布範圍盡量擴大，並且將能力相近的學生也精細地區分出高低來。若以統計術語來說，當評量工具有高區辨力時，其分數全距較大，分數均勻散佈，其次數分配形成低闊峰，而變異數也較常態分配時為大，因此，區辨力愈高，測驗信度愈高。而所謂的完美的區辨力是指該團體的分數分配能夠平均地分配在每一個可能的分數點上，而形成一長方形分配。

　　「整個測驗的區辨力」和試題分析所求算的「單一試題鑑別度」（item discriminability）並不相同。鑑別度是指單一試題的答對率是否隨著學生能力的升高而升高，它通常用該試題與測驗總分的點二系

列相關來表示，或是以高分組與低分組學生在該題上的答對率的差距來表示。至於區辨力是指整個測驗能否精細區分學生能力高低，使分數分配盡量散開來。當試題的題數太少、試題的平均答對率太高或太低、試題取材重疊程度太高、主觀計分時評分者的鄉愿作風等因素都會使得到同分數的人數增多，使評量工具的區辨力降低，並進而影響到其信度與效度。

　　在選擇難易適當的試題以提高區辨力時，應該考慮不同的題型有不同的盲目猜對機率。表6-1顯示當試題是以對錯計分，而且鼓勵學生猜答時，不同題型的試題其答對率應該要接近多少，才算是難易適中的題目，而使用較多這類題目才能使整個測驗的區辨力迅速提高。

表6-1　為提高區辨力時不同題型應取的答對率

題　　型	理論上最佳答對率	實務上最佳答對率
是非題或兩個選項的選擇題	75%	85%
三個選項的選擇題	66.6%	77%
四個選項的選擇題	62.5%	74%
五個選項的選擇題	60%	69%
填充題或簡答題	50%	50%

*理論上最佳答對率＝（100%－盲目答對率）/2+盲目答對率

四、公平性

　　公平性（fairness）是指測驗內容、施測程序，甚至計分過程對於每一受評量者得分的影響應該是相同的。例如，若閱讀理解測驗的取材全是取自婦女雜誌上的文章，那對男學生而言是不公平的；要求患

有弱視或腦傷的學生在狹小的電腦卡上作答也是不公平的；在評閱申論題時，不把書法因素排除，那對於字體樸拙的學生也是不公平的；在研究所的入學考試中，若命題教師向本校畢業生暗示命題方向，那對來自外校的考生也是不公平的；在台北市的高中聯招中，以「台北街頭」為作文題目，那對於來自外縣市的考生而言，也是不公平的。

當一個試題會因為性別、種族、居住地區等無關因素的不同而有明顯不同的答對率時，我們稱之為試題偏差（bias）。這種題目不只是讓吃虧者覺得不公平，同時也降低了測驗的效度。

公平性和信度的差別在於，信度中所談的誤差是屬於隨機誤差，對誰有利，對誰不利實在難以預測；而公平性中所談的誤差是屬於系統誤差，是測驗編製者或是施測者在有意或無意間所造成的對某一類人特別有利或不利的現象。

試題偏差是可以在事先經由多人逐題審閱的方式檢查出來，或是在事後利用統計方法比較不同性質群體在各個題目上的作答反應之後篩選出來。缺乏公平性的評量很容易被學生察覺出來，而引起學生的不滿，若未能妥善處理則會降低其學習動機。且缺乏公平性的評量不能夠反映出學生真正的學習成果，且效度偏低，參考價值很有限。

五、實用性

判斷一個評量技術是否具有實用性（usefulness），可以從四方面來看：(1)施測上是否方便；(2)計分上是否客觀、有效率；(3)測驗結果是否易於解釋和使用；(4)價格是否便宜。

在施測的方便性上要考慮的是：是否需要準備許多材料？施測情境是否容易控制？學生需要用多久的時間做反應？施測者需要投入多少人力作準備及施測？施測者是否需要特殊的訓練？

在計分上要考慮的是：需要多少人力和時間？計分的客觀性和正

確性如何？

在分數的解釋與使用上要考慮的是：分數轉換是否容易處理和容易了解？是否具有多種合用的常模？分數能否做多種解釋或應用？

在價格上要考慮的是：材料及答案紙的成本為多少？哪些可以重複使用？

實用性是針對施測所需的人力、時間、材料來做考慮，許多理論上可行的，但實際上卻無人採用的評量技術，都是實用性不足的緣故。不過，近年來由於電腦科技的進步使得在命題時有電腦題庫可用，排版印刷時有文書處理軟體可用，施測時也可用電腦呈現試題和接受答案，計分及統計分析也可由電腦代勞，因此，使得原先缺乏實用性的評量技術現在也能以另一種形式出現，而使得評量技術更加豐富。

第二節　測驗的實施步驟

本節所述的測驗實施步驟是以標準化能力測驗為主，但亦兼顧大型的甄選考試，至於教師自編測驗的實施程序雖沒有前兩者那麼嚴謹，但亦可參考這些步驟。

一、實施測驗之前

㈠排定測驗時間和地點

測驗日期最好避免排在連續假日或學校大型活動的前後，因為假日或活動不只會影響學生的出席率，也影響其專心程度。此外，施測時間要避開午餐及放學時間，或是體育課之後，因為在那些時段學生

很難不受干擾。

測驗場所最好利用原來的班級教室，但若物理條件太差（太吵、太窄、易受干擾等），則應另行安排較妥當的地點。在大規模的考試中，各試場的環境條件更要力求一致，以免學生抗議。

㈡向學生宣布測驗消息

向學生宣布測驗消息是要讓學生在生理上、心理上及學習上有所準備，以便在測驗時充分發揮潛力。宣布的內容不只是測驗的時間、地點，還包括測驗目的、性質、題目形式、作答方法、應攜帶作答工具等。一般大規模測驗（如：SAT、 GRE、 TOEFL）的實施，都設計有包含上述訊息的說明手冊，並且有模擬試題供學生事先練習。

學生的受測經驗和學得的應付考試技巧都會影響到測驗分數，因此讓每個學生都有機會事先準備並熟悉測驗形式，將有助於平衡這些因素的差異。就這個觀點來看，任何臨時的、未事先宣告的測驗都是不恰當的，而且意外與未知這兩個因素常常引發學生的高度焦慮，影響其正常表現。

㈢教導學生一般應付考試的技巧

在測驗時，縱然學生願意全力以赴，但若缺乏應付考試的技巧，他們仍然無法充分發揮實力。應試技巧並不是很特別，也不是很難，大部分學生在多做過幾次測驗之後就可以領會了，但若事先有系統地教導和提醒，將可減少學生在這方面的差異，確保每個人的分數都能充分反映他的實力。以下介紹的是比較常用的應試技巧：

(1)要仔細地讀或聽作答說明，並完全依照指示去做。

(2)要弄清楚不同試題的配分比重及計分的標準。

(3)無論是人工或機械計分，答案紙都要保持工整及乾淨。

(4)要保持最佳的身心狀態，不要臨時抱佛腳或挑燈夜戰。

(5)要自己分配及控制作答時間，不要在某一試題上耽誤太久。

(6)除非特別註明，否則猜答通常不倒扣，應盡可能地去猜。

(7)答申論題時要事先在心裡面組織答案的要點，以免答題不著邊際或答非所問。

(8)使用分開的答案紙時，不要跳著作答，且要經常注意作答位置是否正確。

(9)如果有多餘時間，一定要檢查答案，或更正筆誤。

㈣熟習測驗材料及施測程序

標準化測驗的主試者要事先熟讀指導手冊，他不只要弄清楚所需的材料和實施程序，還要事先朗讀每個分測驗的指導語，以便熟悉它們的用詞用字。

若是聘請一般教師擔任標準化測驗的主試者，應該找專業人員來辦理講習，經由示範與演練來統一各主試者的施測程序。

主試者若有不合標準化程序的行為將會嚴重影響測驗結果，例如：材料發收錯誤、計時錯誤、回答錯誤等，都會造成無法挽救的結果，使測驗結果無從解釋。

㈤布置及檢查測驗場地

一個良好的測驗場地應該具備下列五個條件：

⑴能讓學生在生理上舒適，心理上放鬆。

⑵能避免外來干擾與誘惑。

⑶便於操作測驗材料。

⑷有適當間隔，能防止抄襲與作弊。

⑸對於特殊學生有適當的座位及設備上的安排。

㈥預防作弊及意外干擾

事先預防學生作弊及避免意外事件的干擾，可以確保測驗條件的一致性及結果的公平性。控制測驗情境的方法在第三節中將有更詳細的說明。

㈦事先規定對違規及意外事件的處理方法

在大規模的測驗中，對於學生的缺席、違規或意外事件的處理應該有統一的規定，讓各個監考者能有所遵循；雖然意外事件不可能一一列舉，但也應該說明處理的原則，以減少它的負面影響。

二、測驗進行時

㈠建立投契關係

投契關係（rapport）是指雙方有一種和諧、互信的關係。主試者在進入試場後對於學生的和藹的態度、親切的招呼，及關心的提醒都有助於建立投契關係。

有了投契關係之後，學生的心理放鬆、測驗焦慮降低、遵循指示的意願升高，施測程序的進行將更加順利。

㈡發收測驗材料

標準化測驗應該先發答案紙，待全部學生依指示填完姓名、年級等基本資料後，再發下題本，如此可避免學生不聽指令偷翻閱試題。測驗完後，應先收回答案紙，再收題本，如此可避免學生利用先收題本時亂填未答完的部分。

實施標準化能力測驗時，不可能也不允許有提前交卷的情形，但

在一般教師自編測驗的考試中，卻可能因為試題太簡單或學生放棄作答，而要求提前交卷，這時候主試者應該注意秩序的控制，提防在學生紛紛交卷之時，發生作弊或試卷遺失的情形。

㈢遵循標準化施測程序

測驗指導手冊上都記載有施測順序、各分測驗作答時間限制、指導語、作答器材規定等等，主試者一定要嚴格遵守，否則測得分數無法對照常模，和他人做比較。

所謂標準化就是任何人的施測條件都與當初建立常模時的施測條件一模一樣，這樣這個人的分數才可以對照常模做解釋。而研究結果也發現，主試者在逐字唸測驗指導語（verbatim directions）時，擅自增減內容會影響學生的表現。

㈣計時

在標準化的能力測驗中，絕大多數有作答時間限制，若未依照時間限制實施，測驗結果不是高估就是低估學生能力。當測驗性質愈傾向於速度測驗，如性向測驗中的校對、圖形知覺、計算等，則作答時間的長短影響愈大。

當實施時間限制很短的標準化測驗時，最好使用賽跑計時用的馬錶，或以數字顯示的電子錶。若使用一般手錶時，一定要有秒針，並隨手在黑板上寫下開始時刻及應終止時刻，只依靠個人記憶力及心算常會出差錯。

當主試者唸完指導語後，應詢問學生有無問題，若無問題或回答完問題後，即可說：「時間限制Ｘ分鐘，翻頁！開始作答！」，並同時按下馬錶，主試者開始進行巡視，當時間限制到達時，應大聲喊：「停！把筆放下！」。在學生作答過程中，絕對不可以自作聰明宣布說：「還剩下Ｘ分鐘」，因為那不只是干擾作答，而且引發不必要的

焦慮。

若是實施以長時間（五十分鐘以上）作答的篩選性測驗，因為是屬於難度測驗，所以應該在時間快到時提醒學生說：「還有X分鐘」，以提醒學生有效地利用剩餘時間，但次數不要太多以免造成干擾。

㈤監考

監考（proctoring）的目的不只是要消極地防止作弊，更要積極地排除各種干擾，以協助每個學生都充分發揮其能力，除此之外，還要記錄試場特殊狀況，以便事後能夠更正確地解釋測驗結果。

在開始作答後，主試者應該在試場內巡迴觀察，一方面要注意每個學生是否依照指示作答，例如，題本是否都翻到指定的分測驗上，是否都在指定的位置上作答；另一方面則要防止學生抄襲他人答案或互通訊息。監考者若看見學生作答動機薄弱，應加以鼓勵；看見學生受到干擾，應協助排除。

㈥記錄特殊事件

答案紙的封袋上通常會有記錄欄，它不只是用以記錄缺席或遲到的學生，也應該記錄有哪些學生因為生理殘障因素（弱視、腦傷、斷臂等）而無法順利作答；或者有哪些學生在作答過程中受到嚴重干擾，分數可能無法代表他真正的能力。

特殊事件的記錄在解釋測驗分數時很有參考價值，它可以幫助解釋者了解哪些分數應該存疑，以及產生異常分數的原因。

三、測驗結束後

測驗結束後應該命令所有學生把筆放下，先收回答案紙，再收題本，依這順序可以避免學生乘機亂填未答完部分。當材料收完後主試

者應該進行：

㈠整理

　　整理是指把收回的題本及答案紙分開排放整齊，並依照編號排順序，其目的是要方便後續的清點及計分。

㈡清點

　　實施標準化測驗及入學考試等都非常重視清點工作，因為標準化測驗題本需要重複使用，遺失將造成試題外洩的可能。而入學考試分數則事關重大，遺失試卷將造成極大風波。

第三節　影響分數的各種因素

　　在使用測驗結果時，每一位使用者皆希望測驗分數能夠充分反映出受測者真正的能力，而不是其他的無關因素，因此在實施測驗之前，施測者應該要充分了解影響測驗分數的各種因素，這樣才能夠適當地控制施測情境，使情境變化所造成的測量誤差減到最少。而使用測驗分數者也應該對影響測驗分數的因素有所了解，這樣才能夠正確評估測驗結果的可信賴程度，而不至於誤用了測驗結果。

　　構成施測情境的除了人（主試者、受測者）之外，還有周遭的物理環境和測驗材料，而在施測後變成分數之前還得經過人工或機械的計分程序，因此，本節將分項加以探討：

一、主試者對分數的影響

　　雖然有些學者曾經研究過主試者的性別、種族、人格特質是否會

對受試者的分數產生影響，但都發現那些都不是重要因素，真正重要的是主試者的測驗專業知能、表達能力及臨場經驗。

(一)專業知能

「測驗專業知能」包括對使用標準化施測程序的重要性的了解，對該測驗特有施測程序的熟悉，及對於因施測情境變化可能產生的影響的了解。缺乏測驗專業知能的主試者常會把標準化測驗當作教學上隨堂小考，因此在測驗時會給與學生額外的協助、指出學生錯誤答案、給與額外的作答時間等，而使得測驗失效。

測驗界也依據測驗實施的複雜程度對主試者的資格作了如表 6-2 的限制。

表 6-2　各種測驗類型及其施測者必備資格

測　驗　類　型	必　備　資　格
投射測驗 個別智力測驗 神經心理測驗	在了解其所依據的心理計量學理論之下，修過針對該測驗的訓練課程並具備實習經驗
性向測驗 診斷測驗 人格測驗	修過教育與心理測驗課程，並熟悉標準化施測程序
標準化成就測驗 大規模甄選測驗	參加施測程序講習並熟悉測驗指導手冊內容

(二)表達能力

「表達能力」包括聲音是否清晰、洪亮，遣詞用字是否能配合受試者能力水準，這一點對於年幼或無法閱讀作答說明的受試者特別重要。

㈢施測態度

「施測態度」指主試者是以嚴格、憤怒或溫和、指導的語氣對待受試者，一般而言，年紀小的、沒有同類測驗經驗的人比較容易受主試者態度的影響，而造成分數的差異。

㈣臨場經驗

「臨場經驗」是指在執行測驗程序的效率或處理意外事件的方式是否恰當。臨場經驗豐富的主試者知道在施測之前要熟讀指導手冊，先熟悉施測程序及指導語，並檢查材料和儀器是否有缺失。臨場經驗不足的主試者在發收測驗材料時常手忙腳亂，處理突發事故時常會愈處理愈糟。

許多研究指出個別實施的測驗（如，魏氏智力測驗），主試者的臨場經驗對測驗分數的影響很大，換句話說是造成誤差的主要來源。

二、受試者對分數的影響

㈠身心條件方面

1. 遺傳的特質

遺傳的特質包括認知上的一般能力（智力）及特殊能力（性向）還有人格方面的專注力、情緒穩定性、忍耐力等，這部分通常是個別差異的主要來源，也是我們所要測量的。

2. 一般健康狀況及特殊殘障

它是指個人的體力或生理健康程度，以及他是否有視聽覺殘障、腦傷等，若學生有此情形應該在考試方式或設備上加以調整，以符合公平原則。

3.受測當時的身心狀態

身心條件暫時性的波動，也會影響測驗分數，這部分包括：受測時學生是否過於疲倦，無法集中注意力；是否發生事故影響其情緒的穩定性；女生是否恰好遇到生理期等。

㈡經驗背景方面

1.文化背景與非正式學習

這部分包括：個人生活環境中文化刺激的多寡、試題內容取樣與文化背景經驗配合度造成的測驗偏差等。

2.正式學習與訓練

這部分包括：教師的教學效能、學生課外練習機會的多寡、學生遵循指示的習慣與能力、平時有效的工作習慣等等，這部分對成就測驗分數的影響相當大。

3.對類似測驗的經驗

它包括學生是否已掌握「應試技巧」，如時間控制、猜答技巧、答題順序的安排等，應試技巧高超的學生能夠有效率地利用時間和注意力，取得較高的分數。學生對於類似的「考試經驗」經驗愈多，就愈有機會熟練應試技巧，而其測驗焦慮也會降低，進而提高測驗表現。

至於「補習與模擬測驗」是否比一般正常教學更能夠提高測驗分數，端看補習與模擬測驗的內容和正式測驗內容類似的程度，愈是類似，則試題所測的認知層次會降為記憶的層次，題目會變得比較容易，且作答時間也縮短了。

㈢人格因素方面

1.個人成就動機或抱負水準

「成就動機」（或好勝心）是一種個人想積極表現自己能力的欲望，而「抱負水準」則是自己對自己的未來成就所設定的標準。個人

的抱負水準常常受成就動機、重要他人的期望及自我的成敗經驗所影響。

成就動機高能促使學生積極準備測驗，並積極作答；但當個人的抱負水準高而實際能力低時，他就會產生高度的考試焦慮。

2. 自我涉入程度與測驗焦慮

「自我涉入程度」指受試者主觀地認定該測驗對於他的前途、利益或自尊心的影響程度。個人的抱負水準及其對測驗重要性的知覺會影響其自我涉入程度。而自我涉入程度又與測驗焦慮息息相關，自我涉入愈高的測驗（如大學聯考），其測驗焦慮愈高。

測驗焦慮的外顯生理反應是緊張、肌肉僵硬、心跳加快，內在的認知反應則是過度擔心自己會失常，或很在意失敗的後果。以往的研究顯示適度的焦慮能提高測驗分數，但過度焦慮則明顯降低了分數。另外的研究顯示，焦慮有助於加快簡單、重複的反應（如賽跑、跳高等），但卻妨礙了需要不斷做選擇、判斷的反應（如下棋、數學等）。

其他的研究則顯示了受試者的能力愈高，對自己愈有信心時，則測驗焦慮愈低。或者是受試者愈常接受測驗，愈熟悉測驗格式和內容時，測驗焦慮就愈低。

自我涉入程度高，而個人榮譽感低，若加上主試者監考經驗不足，試場情境有利於作弊（cheating），受試者就容易鋌而走險，以作弊來贏取分數。

3. 個人對測驗內容及題型的興趣

個人對於不同學科常因為先天的性向及後天的學習經驗而有不同程度的興趣，進而影響其作答意願。而語言表達能力也會影響學生對於題型的偏好，一般而言，語文表達能力高且字體工整者較樂於答申論題或問答題，且常能從中得到高分。

4. 作答反應心向

作答時的反應心向（sets），是指作答時的習慣性反應，它與所

要評量的能力或心理特質無關，但卻會影響分數。

(1)投機

「投機」心向與學者所鼓勵的「猜答」不同，猜答是作答者具有部分知識，知道有些選項是錯的，而在少數幾個仍不太確定的選項間做猜測；而投機心向則是在完全無知的狀況下盲目猜測。這種盲目猜測心向與試題題型的盲目猜中機率、受試者人格特質及其過去猜答經驗有關。即使告知答錯要倒扣分數，有投機心向的人還是照猜不誤，而使其分數的隨機誤差加大。

(2)虛張聲勢

在建構反應式的題型中，作答者即使不會答也會盡量扯一些能沾到邊的文字來矇騙過去。這種以多為佳的作答傾向，若遇上評分不認真看的評分者，即使文不對題也多少能騙到一些分數。

(3)中立

在有三個層次或五個層次的態度量表上，作答者容易傾向選擇中間的答案。這種現象在作答者不太了解題意，或不願意介入爭論時出現頻率更高。

(4)作假

在能力測驗以外的測驗中，若作答者能想像測驗結果的用途，他會依據其推測來選擇對自己最有利的反應，而隱藏了真實的自己。例如：應徵百貨公司售貨員的應徵者認為公司會錄取在人格特質上耐心、親和性較高的人，所以她就在人格測驗上有關耐心、親和性的題目上作不實的反應。

三、施測環境對分數的影響

一個良好的施測環境應該是安靜、光線好、空氣足、不容易受到干擾的場所。一般而言，幼童、情緒困擾者、有嚴重不安全感者，專

注力不夠者等，比較容易受到施測環境的影響。

　　若是大規模的測驗，有多個試場同時進行同一種測驗，更應該使各個試場的物理環境條件保持一致。若是在不同時間、不同地點實施的標準化測驗，也應該使每次的施測條件調整到符合標準施測程序的要求。以下是應該考慮的條件：

㈠光線

　　光線太強或太弱都會影響作答速度。而靠窗的座位，常因陽光照在部分試卷上造成亮度反差大，而影響作答。

㈡溫度

　　以攝氏二十六至二十一度最為適宜。過高則受試者容易流汗及煩躁，過低則消耗身體熱量且手指不靈活。

㈢通風

　　以空氣流通、氧氣充足為宜。試場若設在高樓上要提防突然颳大風把試卷吹落。若設在廚房或廁所旁邊，則要預防傳來的味道干擾到受試者。

㈣噪音

　　出乎意料的聲音常會吸引學生的注意力，而不悅耳的持續聲音（馬達聲、汽車聲等）會使人煩躁，無法集中注意力；實證研究發現受試者年齡愈小就愈容易因噪音而分心。

㈤桌面

　　桌面要平穩而且面積要大。靠臂式桌椅的桌面太小，不適於實施題本與答案紙分開的測驗；而凹凸不平或不穩固的桌面對於速度測驗

的影響很大。

㈥意外干擾

意外干擾可分成兩類，一類是包括對全體學生都有影響的，如地震、突來的噪音、外人闖入等，另一類是只對某個人有影響的，如腹瀉、鉛筆斷掉、桌椅故障等。這些干擾要盡量事先預防，但若發生了就要盡快妥善處理，使其影響變小。

四、測驗材料對分數的影響

㈠試題難易度

試題的平均難易度最容易影響測驗分數；試題偏難，平均分數自然下降，反之，則自然上升。試題太簡單，對高能力學生會形成天花板效應，無法區辨他們的能力；試題太難，則能力低者會盲目猜答，其分數誤差會變大。

㈡題數與時間限制

當測驗的題數多且作答時間長時，雖然測驗信度會提高，但專注力、耐力高的學生顯然會較占優勢。若題數多而作答時間短，則學生盲目猜答的情形會增加，隨機誤差會變大。如何依據學生能力把題數及作答時間限制調得很適當，對測驗編製者是很大的挑戰。

㈢表面效度

表面效度（face validity）是指受測者、測驗使用者及一般大眾對於一個測驗的整體印象。它是依據試題內容、排版印刷品質、編製者及出版機構的聲譽等所做的主觀判斷，判斷此一測驗是否能夠達成

它所宣稱的目的。表面效度相當於一個產品的包裝,它雖然不是真正的效度,但卻會影響受試者的合作及作答意願的高低。

㈣試題取樣的公平性

編製成就測驗要考慮試題內容取樣的代表性,以提高其內容效度,然而代表性並不等於公平性。試題取樣的公平性是指一個試題並不會因為受試者的性別、種族、社經背景等不同而有不同的答對率。造成試題取樣不公平通常是因為解答該試題需要一些與所測能力無關的特殊知識或能力,例如,以棒球比賽情境來測量數學計算能力,而某些學生因為不知棒球比賽的規則與術語,而無法作答。

㈤文字可讀性

文字的可讀性包括「字彙的熟悉度」和「句子的複雜程度」。當文章中使用的是愈熟悉的字彙及結構愈簡單的句子時,文字可讀性就愈高。擬題時除了語文科目外,應該盡量提高文字的可讀性,以免學生在作答之前還得猜測命題者的意思。文字可讀性不高的試題通常也把學生的閱讀理解能力也一起測進去了,所以效度不會很高。

㈥試題造成的誤導

試題本身語意含糊,可做不同的解釋;或有排版印刷上的瑕疵,造成學生困惑;像這類並非因為學生能力不夠而造成的錯誤,都會降低測驗的信度和效度。

五、計分程序對分數的影響

計分程序分成客觀計分及主觀計分,一般而言,主觀計分程序對分數的影響較大,常造成較大的誤差。以下列舉的四個因素中,除了

機械性能外，全是屬於主觀計分時的因素。

㈠機械性能的限制

機械計分通常是非常客觀的，但有時候會因為過於相信機械，反而忽略了測試機械的性能及其穩定性。例如，忘了檢驗光學掃描器的敏感度，將會使塗得較淡的作答記號被解釋為未做答，但在人工複查時又被認定為有答案。

㈡評分者的身心狀況

當以人工計分時，即使是是非、選擇等客觀計分的題型，也會因為評分者的身心狀況而有不同的錯誤率，這些錯誤會出現在核對答案、加總分及抄錄分數的過程中。通常疲倦、厭煩時計分的錯誤率都會提高。

當試題是採主觀計分的題型時，評分者的身心狀況對分數的影響更大。愈是疲倦、厭煩、無法專心的評分者，實際花在每份試卷上的時間愈短，所評分數的差異也就愈小。研究者常以數份試卷在不同時間給同一位評分者來評，由兩次分數的差距可以看出該評分者在評分上的先後一致性。

㈢月暈效應

月暈效應是心理學名詞，它指當評分者在判斷學生的某種特質時，會受到該學生的其他較突出的特質的影響，例如，一個學生的學業成績很高，在評操行成績時也會受影響而偏高。在閱卷時，若前面題目答得很完美，後面題目的分數也會跟著水漲船高。

㈣字體美觀與價值觀

在申論題的評分上，若回答的內容相同，但字體工整程度不同，

是否會影響到得分？在這方面的研究指出，評分者對字體美觀的價值
觀才是關鍵所在。若評分者重視字體的美觀，則他自己不但有一手好
字體，而且在評分時對於字體美觀的試卷會給與較高的分數；至於那
些本身字體都很潦草的評分者，試卷上的字體美觀與否並不影響他的
給分。

第四節　施測情境的控制

施測情境的控制，目的不只是爲了要防止學生作弊，還要防止一
切無關因素對測驗分數的干擾；除此之外，更應該積極地提供舒適、
安靜的環境，讓受測者充分發揮其實力。

一、預防與處理意外干擾

施測情境中的意外干擾是指任何可能轉移學生注意力，而影響其
成就表現的事件，例如，發現試題有錯誤、需要更正，學生發問、有
訪客進入試場、廣播系統突然宣布事情、突然停電、發生地震等。這
些干擾中有些是可以事先預防的，有些只能臨機應變把影響減到最小。

要預防測驗受干擾，需要有行政單位的配合，例如：關閉學校的
廣播和上下課訊號系統，禁止其他學生在試場附近做活動，在試場附
近及入口懸掛「測驗中，請勿干擾」的標示牌。此外，如讓學生在考
試前有充分時間上廁所，提醒學生攜帶充分的且合乎規定的作答工具
等，也是必要的預防措施。

當意外干擾發生時，主試者的處理原則是要冷靜且迅速地處理，
避免干擾的擴大，對於已經受到干擾的學生要設法把他們的注意力迅
速拉回到測驗上。主試者不應該因爲有干擾而抱怨或教訓學生，使學

生的作答情緒受影響。

二、回答學生的發問

　　最常發生且難以事先控制的是學生的發問。如果學生問的是有關作答說明不清楚的部分，主試者要仔細回答；如果受試者是低年級或閱讀能力有困難的學生，或者試題對學生而言是較新穎的題型，則更應該有耐心地解答問題。若非上述情形，而書面作答說明也清楚，則可要求受試者自己仔細再讀一次，以免耽誤時間。

　　有時學生會針對某一試題發問，這時主試者要做明智的判斷，如果問題來自印刷不清，主試者應該給與協助。若問題是來自於學生不懂試題內容，則給與協助將會降低測驗的效度，此時只能鼓勵學生盡量嘗試去做，若不會則跳過去做下一題。若問題是出自於學生對試題作了出人意外但仍屬合理的解釋，這時主試者應該在不提供作答線索的情況下澄清題意，而且要盡量不影響其他學生。

三、更正試題上的錯誤

　　若施測時才發現試題上有錯誤，常會造成干擾，但若在印刷之前做多次校讀通常可以減少這些錯誤。當主試者需要向學生宣告應該更正的部分時，應該先把錯誤的及更正後的內容都寫在黑板上，然後再向學生宣布。如果錯誤的部分並不影響學生的作答，就不要宣布它。

四、防止學生作弊

　　有考試就有作弊，這好像天經地義的事，事實上只要測驗結果和個人的前途或利益有密切的關聯，作弊就難以根除；利益愈大，敢鋌

而走險的人就愈多。在此將先介紹幾種常見的作弊方式，再看我們老祖宗在科舉考試的防弊措施，以及它如何一脈相承，出現在現代的大型考試及一般學校考試上。一般常見的作弊方式有：

(1)偷看前座或鄰座的答案。

(2)挾帶小抄。

(3)請人冒名代考。

(4)測驗之前偷竊或賄購試題。

(5)測驗時彼此互通訊息，交換答案。

(6)交卷時偷藏題本或試卷，以便日後使用或供他人使用。

(7)測驗後賄賂閱卷者塗改答案或分數。

五、大型測驗的防弊措施

在實施以篩選為目的的測驗中，因為人數眾多且涉及重大利益，所以公平性非常重要，施測人員除了要確保施測條件的一致化之外，還要遏止學生作弊的企圖。

㈠中國古代科舉考試的防弊措施

我國科舉考試比其他國家發源得早，因此在防止作弊上也更有心得，有些防弊措施仍然沿用至今，以下描述皆來自史書上的記載。

1. 事前防弊措施

(1)報名時

考生報名時要有同鄉做保證人，並書寫個人祖宗三代年籍資料。受理報名者會依照考生的長相書寫面貌冊，記錄考生的長相特徵（相當於照片）。

(2)入場時

唱名入場時要核對面貌冊，並經三道大門，由兵丁搜檢考生有無

挾藏。

(3)入場後

試士之所叫做「貢院」，試官入院，即封鎖內外門戶叫做「鎖院」。諸生房舍叫做「號房」（三面牆的小隔間）。在試務人員方面，看守應試人的士兵叫做「號軍」，在場外有提調、監視叫做「外簾官」，在場內的主考官、同考官叫做「內簾官」。

(4)交卷後

將試卷彌封以遮去考生之姓名；派人用硃筆謄錄以去除考生之筆跡（原卷稱墨卷、謄錄後稱硃卷）。

(5)放榜後

對錄取的考生進行「磨勘」（口試）。

2.事後懲罰

若是被發現故意洩題時，洩題者處斬，考生則枷刑遊街示眾並終身取消應試資格。

㈡現代大型考試防弊措施

在大規模的升學考試或就業考試中，因為涉及重大利益所以作弊的動機特別強，施測者也更需要防止作弊。現在大規模測驗採用的防弊方法有下列數種：

1.防止考前洩題

常採用的方法有：(1)由多人同時獨立命題後由一人選題；(2)將命題及製卷工作人員關在闈場內製作試卷。

2.防止冒名代考

常採用的方法有：(1)報名時在現場照相，或由照相館蓋章保證相片未被偽造；(2)在報名、考試和入學註冊時核對照片和筆跡。

3.防止考場舞弊

大規模考試中為了防止舞弊，而常採用的方法有：(1)派二人監

考；(2)檢查考生攜入的用品；(3)報名時把座位排成梅花座，使鄰座者相互不認識；(4)同一試場中採不同版本的試卷（試題內容相同但排列順序不同）；或(5)鄰座間採用不同形式的答案紙（橫式或直式）等。

　　國內在這方面作法是比較偏向對考生違規行為的處分，例如：九十學年度大學聯招會修訂「大學聯合招生試場規則及違規處理辦法」，將違規處理方式分為以下四類：

(1)取消考生考試資格

　　違規項目若屬頂替代考、脅迫舞弊、集體作弊、通訊作弊、嚴重擾亂試場秩序及影響他人作答、強行出入試場等，因屬嚴重作弊行為，會嚴重影響整體試務公平性，將取消考試資格。

(2)不予計分

　　違規行為若屬窺視、抄襲、帶小抄、唸答案、無故嚴重污損答案卡，導致無法辨認考生身分、經監試人員主動發現坐錯位置或錯用答案卡、將答案卡攜出場外等，則該科不予計分。

(3)扣減成績

　　未帶准考證應試、違規繼續作答、未在規定範圍內作答、沒有以規定的筆作答、以修正液塗卡、攜帶違禁品入場（但未有作弊行為）、無故污損卷卡、考生主動發現坐錯位置或錯用卷卡、將答案書寫在答案卷或試題紙以外的物品上，但沒有在考試結束前攜出場外或發現舞弊行為，則各依規定扣減不同分數。

(4)提報議處

　　若是考試結束後，辱罵或擾亂監試人員、因臨時重大交通事故或天然災害以致有集體考生無法及時應試，則提報聯招會開會決議處理方式。

4.防止閱卷上的舞弊或錯誤

　　常採用的方法有：(1)在閱卷場所對進出人員和攜入文具加以管制；(2)將答案卷上可辨識身分部分加以彌封；(3)各試場的試卷在裝訂

後重新加以編號；(4)以隨機方式分發試卷給閱卷者評閱；(5)採取閱完後再由另一人複閱的制度。

5.防止計分、登分上的舞弊或錯誤

常採用的方法有：(1)依據密碼登錄分數後，由他人複核後才回復成准考證號碼；(2)公布成績後允許學生申請複查成績。

(三)一般學校考試的防弊措施

現在國內中、小學為了公平與方便，大多採用同校同年級統一命題、統一時間考試，而且普遍採用下列措施來防止考試舞弊。

1.防止挾藏資料

常採用的方法有：(1)臨時分派座位，以拆開事先相互勾結準備作弊的學生，並避免學生事先在座位上暗藏資料；(2)檢查座位的抽屜、桌面、及夾縫，防止暗藏小抄；(3)嚴格監考，不讓學生有取閱小抄的機會等。

2.防止偷看、打暗號

常採用的方法有：(1)採用不同版本試卷（內容相同但排列順序不同）；(2)加大學生座位的間隔距離；(3)在兩座位間加裝阻隔物等。

3.防止閱卷上的舞弊或錯誤

常採用的方法有：(1)各教師之間交換班級監考；(2)同一科任課教師之間交換班級閱卷；(3)計分完後允許學生查閱自己的試卷等。

第五節　測驗的計分

測驗結束完後就是計分工作的開始，計分通常是枯燥、機械化的文書工作，它是不斷地核對答案或標準，並賦與各題分數，最後還要累加個人總分。計分的方式可依據處理者的不同分成手工計分和機械

計分，或依據結果的一致性分爲客觀計分和主觀計分；其中客觀計分時可用手工或機械來計分，但主觀計分時只能用手工，並無機械進行的主觀計分。

一、客觀計分

所謂「客觀計分」即是試題都有標準答案，不論由任何人評分其結果都是一樣。在各類的題型中，是非題、選擇題、配合題、填充題和簡答題等都是有標準答案的。

客觀計分又可分成手工計分和機械計分兩種，手工計分常用在班級教學評量或受試者人數不多的情況，而機械計分則常用在團體施測的標準化測驗或大型測驗計畫中。

㈠手工計分

所謂手工計分（hand scoring）即是以閱卷者的肉眼來核對試卷上的答案是否與標準答案一致，並以手做記號來算分數。計分者可以採用下列方式提高計分效率並減少錯誤。

1. 紙條對照式

計分者把正確答案寫在紙條上，然後放在學生作答位置旁邊，使正確答案能夠對應並緊靠著學生的答案，接著逐題核對以「∨」表示答對，以「×」表示答錯，再計算答對題數；若只以「／」標示答錯題目，錯誤率較高。這種方式比較適用於直接在試卷上作答的測驗。

2. 厚紙打洞式

以厚紙印製答案卡，然後在正確答案處打洞，稱之爲「計分卡」計分時將它疊在學生的答案紙上，數數看這些洞中出現幾個作答記號即是其原始分數。以這種方式計分時，計分者先要逐題檢查是否有一題選兩個答案的情形，如果有應該用紅筆把該題劃掉後再計分。

3.透明膠片式

以透明膠片放在標有正確答案的答案紙上，並在正確答案處以色筆畫圈，作成計分膠片，然後將它疊放在學生答案紙上，數數看有多少個圈內有作答記號，即其原始分數。

4.複寫紙式

有些標準化測驗的答案紙具有複寫紙的功能，上面一張和平常的答案紙一樣，下面一張則是標有正確答案位置的計分紙，由於兩張重疊且周沿密封，所以學生並不能看到下一張的答案。計分時才把兩張紙撕開，數算計分紙上正確答案位置內的符號即可算出其原始分數。

使用手工計分時應該注意下列事項：

(1)由他人計分時，應抽取 10% 做複查，若錯誤率偏高時，應該全部重閱。若事先要求計分者署名負責，通常可以減少錯誤比率。

(2)評閱填充題、簡答題、應用題時，若把錯別字、文法、書法、或計算過程完整性等變項也都納入計分，並無不對，但應該事先告知學生才公平。

(3)相同題型內的各個試題不要因為重要性或難度不同而給與不同的加權。研究證明，試題間的加權計分只會提高計分工作的複雜性及錯誤的可能性，並不能提高分數的信度。

(4)選擇題若採用「部分知識計分」（即以挑錯方式作答），或「信心加權計分」（即依據各題信心指數及答案對錯來加減分數），只會增加計分複雜性，是弊多於利。

㈡機械計分

進行大型的測驗計畫或是常用的團體能力測驗時，因為受測人數龐大，需要有更有效率的計分方法。資訊科技的發展，使得測驗學能夠利用光學掃描儀器加上電腦，進行正確又快速的機器計分（machine scoring），唯其共同的缺點是作答記號未塗滿或稍有偏斜或顏色太

淡，光學掃描器就不起反應。

機械計分依據答案紙大小可分成下列兩種：

1.單面讀卡式

此法的優點是機器處理速度快、卡片印刷成本低；缺點在於因為卡片的面積小，所能夠容納的題數較少；作答位置太小且太密，不適於國小兒童或手眼協調不佳者使用。答案卡格式通常如圖6-1。

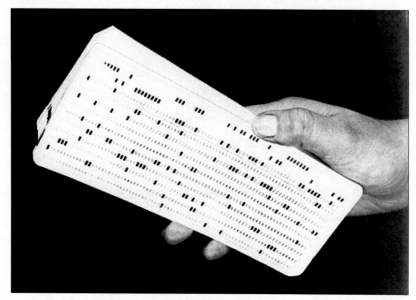

圖6-1　答案卡

2.光學掃描式

使用此計分方式時，要考慮紙張的透光率及正反兩面作答位置是否重疊等技術問題，因此其缺點是製作技術較難、印刷成本較高；但其優點是採用 A4 規格紙張，且正反兩面都可作答，所以可容納題數很多。試題很多的考試（如GRE，SAT，TOEFL）或分測驗很多的綜合性向測驗、成就測驗（如GATB, DAT）中常採用光學掃描式計分。答案紙格式通常如圖6-2。

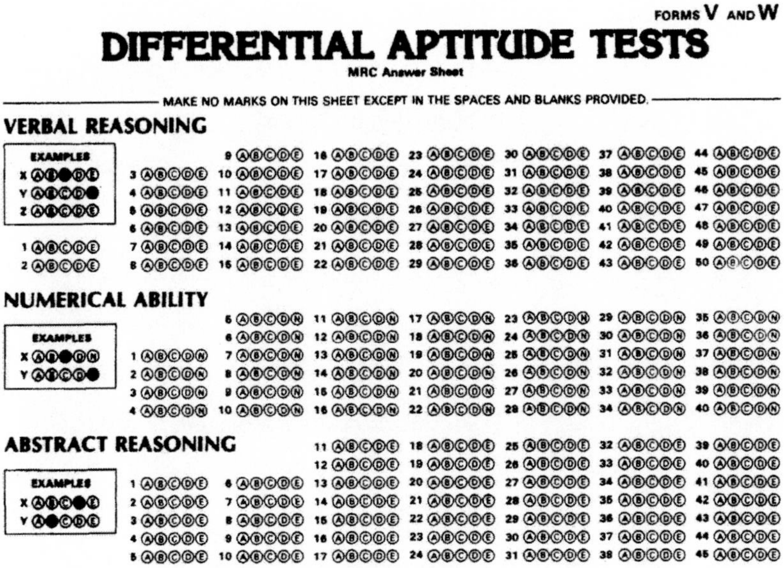

圖 6-2　機械光學掃描式答案紙

　　使用機械計分雖然有迅速、正確的優點，但也應該注意下列事項，以避免錯誤的發生：

　(1)事先確定學生都已經熟悉答案紙格式及作答方法。若可能應該做模擬練習，以減少學生的焦慮與困惑；大部分的學者都主張小學二年級以下不應該使用機械計分的答案紙。

　(2)要求學生作答時要塗滿並塗黑。否則機械可能不起反應，而當成空白處理。

　(3)要求學生更改答案時一定要擦拭乾淨。即使不小心造成的污點也要擦拭，以免機械誤讀。

　(4)事先測試機械性能，以免產生錯誤分數。例如：光學閱讀機的敏感度如何？電腦程式對於單選題中讀到兩個答案時會如何處理？答案紙起皺紋到什麼程度就不能處理等等。

二、主觀評分

　　所謂「主觀評分」是指試題沒有標準答案，因此若由不同的人來評分，常因評分者個人價值觀或參考標準的不同而有不同的結果。主觀評分實際上是一種批判思考或作評鑑的認知歷程。

　　主觀評分常用在多種不同的場合，例如：紙筆測驗中的作文、申論題的計分；口試的計分；作曲、繪畫、雕塑、劇本等藝術作品的評分；聲樂、樂器演奏、舞蹈、體操等表演的評分（請參閱第七章第三節實作評量的計分），以及使用評定量表對學生做情意方面的評分。

㈠分析式評分

　　分析式評分（analytical scoring）是將評審的標準分析成幾個代表不同特質的項目，並就各項目賦與不同的比重（占分比例），計分時則先就每一個項目給分，再合計總分。此法雖然可以提高不同評分者之間的一致性，又能提供診斷性訊息；但是若項目分得太細則會增加評分者的負擔，反而使分項計分流於形式。除此之外，愈是強調獨創性、整體性的作品，愈不容易採用分項計分，所以無法普遍使用。

㈡整體式評分

　　整體式評分（global or holistic scoring）是只就每一被評審對象給分或排列其等級，而不另外分項給分。此法的優點是：(1)簡便易行，計分速度快；(2)可用於難以分析成不同特質的評分對象上。缺點是：(1)個人的主觀因素的影響變大，分數的信度較低；(2)無法提供充分的回饋，讓學生有所改進。

三、提高評分客觀性的方法

　　主觀計分法因為有以偏概全、給分標準寬嚴不一、主試者個人偏好等缺點，因此常需要採取下列各種努力以降低這些影響。

㈠加強評分人員的訓練

1.聘請專家製作一份共用的給分量表

　　應該先聘請該領域的專家或資深從業人員做為評分人員，然後抽取代表不同能力的試卷來評分，並製作出一給分量表，此量表可以顯示不同層次的答案及該答案應得分數。如此有統一的參照標準，可以減少其他評分者標準過嚴或過寬的影響。

2.訓練一般評分人員

　　若無法聘請到足夠的該領域專家，則應該辦理一般評分人員的講習，透過講解、示範、練習評分、檢討與更正等過程來幫助評分者熟悉評量工具，提升其評分的正確性。

　　當有數位評分者同時進行評分時，應該提供學科專家製作的多種參考答案及該答案應得分數（給分量表）以供評分者參考，若無法製作給分量表，也應該由評分人員事先協議評分重點或標準，以取得評分上的一致性。

㈡改進評分程序的設計與管制

1.多人獨立評分後加以平均

　　同一份作品由多人獨立評分後，再將分數加以平均，如此可以降低評分者個人主觀的影響，提高評分的信度。但是評分者人數增加則評分的成本也會增加，所以通常只有在採用費時較短、信度較低的整體式評分法時，或是非常重要的測驗上，才會採用多人獨立評分方式。

使用此法時，最重要的是「獨立」評分，如果經過共同討論再評分，雖然有可能會使個人觀察的偏差減少，但也可能使個人的偏見傳開來。

若因時間、經費或評分者專長上的限制，無法使每一評分者都評閱全部試卷的所有題目時，可以讓各個評分者分別評閱全部試卷的某一題目，如此可以使每一份試卷都在相同的人和相同的標準下做比較。國內的公務人員高等考試或研究所入學考試，就常採用多人命題、多人閱卷的方式，命題者即是評分者，且通常只評閱自己命題的那些試題。

2.增加個人作品數（被觀察次數）

增加同一學生作品數相當於提高試題取樣的代表性。以同一人的不同類的作品（如作文上的抒情文、論說文、記敘文、應用文等）的平均分數來代表個人的能力，可以提高評分結果的效度，但應用此法亦會增加評分的人力和時間。

3.將多人評分結果剔除兩極端分數後，再求平均值

如果是重要的競賽，而且評分時評分者可以辨識被評者身分時，如奧運會的體操、跳水、花式溜冰，或全國性個人舞蹈、演講、鋼琴演奏比賽等，常採用多位評審同時評分，然後去掉被評者所得的最高分與最低分，再加以平均。這種平均數叫做「去端平均數」，這樣做可以減少評分者故意的偏袒，並提高評分的信度。

4.隱藏受試者的身分

當評分者不知道被評的對象是誰時，就可以排除評分者先前印象的影響，並防止評分者故意偏袒的可能。隱藏受試者身分的方法包括：將試卷姓名或號碼加以彌封、重新編造密碼、弄亂原試卷排列次序、重新謄錄。但是若閱卷者是原來任課教師時，教師仍可由寫作風格及筆跡辨認出學生身分，完全不被認出是不可能的。

5. 先評閱全部試卷的某一題，待該題全部評閱完後，再評閱下一題

這種閱卷順序，不但使閱卷者能夠集中注意力於同一題目，加速閱卷過程；也使得評分者能夠對同一題目維持相同的標準，增加評分的正確性。相反地，若閱卷順序是每一張試卷的題目全部評完後才評閱下一張，則很容易因為對先前題目的印象而影響到下一題的評分，而造成心理學上所謂的「月暈效應」。

㈢淘汰不適當的評分人員

在評分完後，主持人可以分析比較各評分人員的評分結果，做為下次是否繼續聘請的依據。舉例來說，若有數個評分者同時評量一組學生作品，則各評分者所評的分數可以列出來，如表 6-3。

經分析比較之後，下列人員不應該續聘：

1. 該員所評的各分數的全距明顯地比別人的小（鄉愿型），如評分者 C。

評分的目的就是要將學生的能力分出高下，但若評分者能力不足或不認真，就會把每個作品的分數打得很接近，而失去區辨學生能力的功用。

2. 該員所評的各分數與其他評分者所評的有明顯的差距（標準怪異型），如評分者 E。

主觀計分時，就同一作品每個評分者所給的分數常會不一致，但是若其他評分者之間彼此分數差距很小，唯獨此員的分數與別人的差距特別大，則表示此員評分時所持的標準與其他評分者明顯地不同，應該加以剔除，以維持標準的一致性，減少爭論。

表 6-3　五位評分者評分結果分析表

		評	分	者		
		A	B	C	D	E
受	01	2	1	5	3	9*
	02	8	7	5	7	2
	03	6	7	6	9	1*
	04	5	4	5	4	7
評	05	8	6	6	6	8
	06	7	6	7	7	2
	07	5	5	5	4	2
者	08	5	7	6	6	1*
	09	5	3	5	6	9*
	10	8	6	6	8	2
最高分數		8	7	7	9	9
最低分數		2	1	5	3	1
全　距		6	6	2	6	8
平均數		5.9	5.2	5.5	6.0	5.3

3. 該員全部所評分數的平均數比其他評分者的平均數明顯偏高（寬鬆型），或明顯偏低（嚴苛型）

　　評分者給分寬鬆或嚴苛，在所有的評分者都評閱相同作品時，並不會影響評分的公平性；但是在不同評分者評閱不同作品時（例如，大專聯考的作文評分），這種給分標準的分歧會造成評分上的不公平。

第六節　測驗後的討論

　　學生做完測驗後，若覺得自己答得不錯，則會覺得測驗是公平的，且對自己及教師都很滿意。但若答得很糟，則會感到挫折，並懷疑測驗的公平性，這些情感反應使得測驗後的討論變成一種普遍的需要。這種討論不只能夠幫助學生抒發測驗後的情緒反應，也是一種很有價值的學習經驗，此外，它也有助於教師改進試題及教學方法。

一、標準化測驗的討論

　　由於標準化測驗的材料需要保密，所以絕對不可以討論題目內容及答案。但教師應該讓學生抒發他們做這測驗的感受，並回答他們對於測驗目的、性質、用途等方面的疑慮。當學生因為未能答完所有題目而耿耿於懷時，應向他們說明這是測驗設計使然，極少人能夠答完所有的題目，而且未能答完全部的題目並不代表能力較低。

　　教師也應該告知學生大概何時可以得知測驗的結果，以及若欲知道進一步的解釋應該與誰接洽等等。

二、教師自編測驗的討論

　　教師自編測驗因為未曾經過預試及試題分析，所以試題有瑕疵在所難免，考試後的討論常可以找出答案有爭議的試題，以確保測驗的公平性。此外因為測驗內容與教學息息相關，師生相互討論試題內容可以加深學習效果。

㈠考試結束之後

實施完測驗之後，師生通常都覺得需要休息了，但若有空餘時間，而且學生也想要跟你談談他們對於這次測驗的觀感，教師就應該撥些時間安撫學生的情緒或澄清他們的疑慮。

1. 讓學生自由表達對該測驗的感受

只要是考試一定會造成焦慮，能夠讓學生說出自己的感受通常會有抒發情緒的效果，這樣做不但能降低學生對考試的負向態度，也能讓學生心情能夠盡快恢復平靜，接受下一節課的教學。

2. 讓學生自由提出對試題的疑問

趁學生記憶猶新時，讓學生自由發問，如此很容易發現題意含糊的題目。考試後學生能夠記住的題目通常就是最令他困惑的問題。

3. 根據學生的疑問檢討原有標準答案

若發現試題有疑問，應根據教科書或與同事討論來檢討標準答案，如此可以避免在計分之後，又要費時、費力去更改。

㈡發回試卷之後

在實施標準化測驗後，絕對不可以發還答案紙和題本來進行討論，因為這已經違反了試題內容應該保密的專業倫理。但是在實施教師自編測驗時，尤其是形成性評量時，為了讓學生獲得充分的回饋及進行補救教學，發回試卷並進行師生討論卻是非常必要的。

1. 要求學生自己核對是否有計分上的錯誤

通常學生都很在意自己的分數，即使教師未要求，學生自己也會檢查自己的分數，所以倒不如撥出一些時間要求每一個人都自我核對。

2. 找出答對率偏低的題目進行討論

教師可以逐題唸出正確答案，並以要求答對的人舉手來估計該題的答對率，當某一試題答對率偏低時就應該立刻進行討論，找出學生

共同的錯誤概念，進行再教學。

3.變更計分標準時要全體適用

除非能夠證明試題有重大瑕疵，否則不應該因為學生抗議而變更試題計分標準（變更正確答案、該題不計分等），但若決定要變更則應該全體適用，而非只用於那些會抗議的學生。

4.逐題記錄試題瑕疵

教師應以開放的心胸聽取學生對試題的批評，記錄各試題引起爭論的原因及改進的意見，以作為下次命題的參考。要記得學生批評的只是試題而非你個人，不要過度地自我防衛；而且學生不喜歡的題目也不一定就是不好的題目。

第七節　分數的複核

依據一個錯誤的測驗分數來做決定，其後果可能比不用測驗來得更嚴重。因此，當學生、教師、行政人員等對於分數的正確性有所懷疑時，都應該要求複核測驗分數；特別是當把分數用於重大決定時，或施測計分的程序愈複雜時，更應該提高複查的比例。

一、造成分數錯誤的原因

造成分數錯誤的原因很多，其中標準化測驗在施測或分數換算上都比教師自編測驗複雜，所以用標準化測驗在施測和計分上常見的錯誤為例：有些錯誤的影響是全面性的，如：計時錯誤、弄錯換算表等；有些只是個別性的，如：數算錯誤、誤讀數字等；有些是無法補救的；有些則是可以更正的。

㈠無法補救的施測錯誤

⑴當使用有複本的測驗時，在施測時發錯答案紙。

⑵當使用多水準（multilevel）測驗時，發錯答案紙或作答起點不對。

⑶實際作答程序與標準化程序規定不符合，或計時不準確。

㈡可以更正的計分錯誤

⑴採手工計分時，拿錯計分卡。

⑵採手工計分時，標示及數算答對題數時有失誤。

⑶採機械計分時，答案紙被污染或作答記號太淡。

⑷使用矯正公式或加權計分時，所用的公式錯誤或計算錯誤。

⑸當把原始分數轉換成衍生分數（如標準化分數、百分等級）時，弄錯換算表。

⑹依據常模換算分數時，誤讀別行的數字。

二、發現分數錯誤的方法

要發現分數是否有錯誤，除了計分者加強核對及等待學生提出質疑之外，計分者或解釋分數者還可以依據一致性和合理性的原則來加以檢查。

㈠一致性

所謂「一致性」是指個別學生在同類測驗上的表現是否相一致，它包括在同時間施測的類似測驗，或在不同時間施測的同性質測驗。例如，當一個學生智力測驗和成就測驗的百分等級分別是90和40時，千萬不要急著下結論說他是「高智商低成就」的學生，應該先去複核

他在兩項測驗上的分數；或者當一個學生在四年級數學成就測驗的百分等級是 30，到了五年級時在同一成就測驗的百分等級就跳升到 95，這時可別立刻推斷說他的數學突飛猛進，而應該檢查他的日常表現並複核測驗分數。

㈡合理性

所謂的「合理性」是指個人分數或團體分數是否呈現出不太可能的現象。例如：一個未經過篩選的班級，每一個人的語文成就測驗百分等級都超過 60；或者是一位學業成績優秀的學生其智商竟然低於 75，這都是不合理的現象，應該複核其分數。

若複核時實在找不出錯誤原因，而測驗使用者又無法從其他資料中找到合理的解釋時，則應該以複本重新施測，或者隔一段時間後再以原測驗重新施測，以便確定原來分數的正確性。

參考書目

沈兼士（民 64）中國考試制度史。台灣商務：台北。

詹偉（民 85）清代科舉中的作弊與防弊措施。東南學報，19，209－229。

Aiken, L. R. (1985). Psychological testing and assessment.(5th ed.). Newton, MA: Ally and Bacon. See chapter 2, "Test Construction, Administration, and Scoring".

Ebel, R. L. & Frisbie, D. A. (1991). Essential of educational measurement. (5th ed.). N. J., Prentice-Hall. See chapter 12, "Test Administration and Scoring".

Worthen, B. R., Borg, W. R. & White, K. R. (1993). Measurement and evaluation in the school. New York: Logman. See chapter 11, "The Process of Becoming an Expert Tester: Assembly, Administration, and Analysis" and chapter 21, "Setting Up a School Testing Program."

第七章　實作評量

　　「知」與「行」之間的差距一向是為教育工作者所關心的。充分的「知識」是表現高層次「技能」的必要條件，但是光有知識並不一定保證能夠完成指定的工作，也因此使得教育工作者體認到以紙筆測驗的間接測量絕對不能取代對技能的直接測量。

　　所謂實作評量（performance assessment）就是在自然或已建構好的情境中，要求學生執行或處理（process）一件指定的工作（task），並由教師觀察與評鑑學生的建構性反應的過程與結果，看它們是否適當、精確和完美地達成教學目標。

　　實作評量不是在測量基本的、機械的心理動作能力，例如，體育科的基本體能測驗；而是在測量結合知識與複雜動作協調的技能領域。它們可以用口語表達方式進行，例如，演講、戲劇、角色扮演等；或者是以紙筆完成的建構式作業，例如，編擬計畫、建造模型、繪製圖表等；也可以是操作工具或設備，例如，打字機、電腦、樂器等。

第一節　實作評量的目的與特徵

　　實作評量是用來測量客觀測驗所不能測量的較高層次的學習結果，它實際上連同知識、技能甚至情意領域也一起測了。

一、實作評量的目的

一般而言，實作評量是要比傳統的紙筆測驗勞民傷財，然而它會受到教育工作者的支持不是沒有理由的。下列是測驗專家認為實作評量之所以受支持的理由：

㈠彌補傳統紙筆測驗之不足

傳統紙筆測驗是以「選擇反應」題型為主，不適於測量較高層次的思考技巧，因此實作評量提供了傳統紙筆測驗之外的另一種選擇。傳統紙筆測驗的選擇反應的作答方式，使得它較適用於測量大量的內容性知識（content knowledge）；而實作評量卻強調實際技能的表現，比較適於測量程序性知識（procedural knowledge），正好可以彌補紙筆測驗的不足。

㈡對學生的學習成就做更正確的推論

實作評量提供一個更真實、更具體的情境供學生表現其所學得的知識和技能，其評量結果也更接近教學目標。由實作評量所做的推論比紙筆測驗更有效度。

㈢對教師的教學活動產生正向的引導

「考試領導教學」雖然不符合教育理想，但卻是一項不爭的事實。若行政當局只用紙筆測驗來評鑑學校辦學績效，教師當然只重視知識的背誦與記憶，不去考慮實際的操作。當學校普遍採用實作評量時，教師的教學活動自然也會注重實際的操作。

二、實作評量的特徵

實作評量的形式很多，但是大部分的實作評量具備有下列五點紙筆測驗所少有的特徵。

㈠實施困難

實作測驗通常需要布置場地、準備器具及材料、維護學生安全及管理秩序，所以耗費的人力及時間較多。此外，有些需要觀察其操作過程的實作評量，只能一次進行一個才能仔細觀察。這點更容易導致施測的人力、時間不足，而不易大量推行。

㈡評分以人為判斷為主

除非該實作評量是利用電腦進行機械的模擬操作，否則評分時絕大部分需要由專業人員來進行觀察和判斷，它比紙筆測驗主觀、辛苦且信度低，這也是造成教師抗拒使用實作測驗的原因。

㈢問題情境的含糊性與表現的彈性

實作評量不像大部分的紙筆測驗那樣，需要在固定的作答時間內完成，而是允許學生很有彈性地運用幾天或數週的時間，來進行高層次思考，並完成其工作。在表現形式上，實作評量並不要求正確答案或統一形式，反而以情境的含糊性而讓學生可以用不同形式表現個人的創造性。

㈣真實性與直接性

過去以紙筆測驗對技能進行間接測量，認為「知道該怎樣」進行一個活動，就等於「實際會」進行那個活動。雖然有些研究也顯示對

於「知識」的測量和對於「實際表現」的測量之間有高相關，但是只為了施測方便而過度強調知識的學習，造成許多能知而不能行的學生；實作測驗的實施有助於改善這些現象。

㈤多向度的評分系統

實作評量中若採用分項計分，則其所用的評定量表會列出各項評量標準，例如，家具設計工作可以從造型的美觀、成品的堅固性、材料與施工的經濟性、功能上的有效性與豐富性來評分。這種評量方式不需要與他人做比較，就能提供豐富的訊息供做教學的參考。

三、實作評量的優缺點

㈠優點

1. 能同時評量認知與技能方面的教學目標

實作評量能以最自然、直接、完整及有效的方式來評量學生表現特定知識與技能的能力（如演奏、演講、駕駛、使用電腦等），它不是紙筆測驗方式所可以取代的。

2. 能提供技能學習方面的診斷資料

實作評量通常不會只對學生的表現提供一個總分，還可以仔細分析學生在該技能各部分上表現的優劣，這點對於教師後續的教學及學生日後的練習都很有幫助。

3. 接近現實生活，增進學習遷移

實作評量不只是「評量情境」要接近實際生活，以強調知識、技能的應用與落實，其「要求標準」也以趨近現實社會要求的方式來訂定。此種評量方式最具有生態效度，評量過程容易提升學生的動機與興趣，評量結果自然容易贏得學生及其他相關人員的信服。

4. 直接測量，排除語文能力的干擾

實作評量比較不需要用到語文能力，這對於閱讀或文字表達能力較差的學生而言，是比較公平的。

(二)缺點

1. 實施上非常耗費人力、時間及金錢

實施實作評量時，通常一個教師一次只能夠督導二至六個學生進行測驗；但在有些情況下因為器材、場地的限制或是因為會相互干擾，而一次只能有一人進行受測，這點與團體實施的紙筆測驗相比，是非常耗費時間及人力的。另外實作測驗常需要有器材設備以及消耗性材料，使得它比紙筆測驗要花更多的金錢去準備。

2. 測驗情境控制困難

由於不是全體同時施測，所以先後受測的學生容易相互干擾。教師對於正在等待受測的學生及已完成測驗的學生需要另行安排其他活動。測驗進行中，應該禁止未受測的學生在旁圍觀，以免妨礙測驗的進行；除此之外，也應該禁止未受測學生和已受測學生交談或傳授經驗，以免影響測驗的公平性。

由於先後施測，使得後面接受測驗的學生很難有一致的施測條件，例如，設備儀器未恢復原狀、場地沒清理乾淨、儀器被損壞等，都使得測驗的公平性及分數的可比較性受到懷疑。

3. 計分不容易客觀

計分不容易客觀的主要原因有三：一是受測者的人格特質影響變大，因為實作評量的嚴格情境控制和長時間被近接觀察，會使得容易緊張和怯場的學生表現失常。二是有些重視過程的評量無法事後計分，在時間緊迫下常常無法做較周全的觀察。三是有些作品包含綜合層次的認知和複雜的技能，在評分時需用到人為判斷與多種規準，比起有標準答案的客觀測驗，當然在計分上不容易客觀。

4.合格的評分人員難找

　　為了要使評量結果客觀、可靠，除了測驗的設計要嚴謹之外，施測人員也要經過訓練並具備施測經驗。有些職業技能測驗不但要事前準備材料和調整設備，施測時還要注意學生的安全，有時候還得當場就實作過程加以評分，所以評分者本身還得是該職業的資深專業人員才能勝任。

5.對容易焦慮的學生不利

　　實作評量的正式性與控制性，會使得缺乏自信心或很在意他人評價的學生產生過度焦慮，而影響其表現。

第二節　實作評量的施測設計

一、指明要評量的實作表現

　　實作評量比紙筆測驗還難實施，所以應該選擇紙筆測驗所無法評量的教學目標來進行設計。表 7-1 就是自然科學實驗能力方面的教學目標及其評量方法的設計。

　　在設計評量方法時，教師應先列出教學目標，再舉出有哪些行為可以證實學生已經達到了該教學目標，然後再決定有哪些方式最適於觀察該行為，原則上，若能用紙筆測驗則盡量使用紙筆測驗；但不要因為無法以紙筆測驗施測就忽略了它的重要性。

表 7-1　自然科學實驗室實作表現與評量方法之配合

被評量的教學目標	實作表現舉例	評量方法
實驗方法與步驟的知識	描述有關的程序 辨認設備和用途 指出實驗失敗原因	紙筆式實作測驗 實物辨認測驗 口頭問答
設計實驗程序的能力	撰寫一份實驗設計	作品評量（評閱研究計畫） 《檢核表》
執行實驗的能力	選擇設備、材料 裝設器材 進行實驗	實作評量（觀察操作過程） 《評定量表》
觀察與記錄的能力	描述執行過程 精確地測量 組織與記錄實驗結果	作品評量（實驗報告中對數據的蒐集、處理、分析）
解釋結果的能力	指認變項間的關係 指出資料上的缺失 作出有效的結論	作品評量（實驗報告中結果與結論） 《評定量表與口頭問答》
工作習慣	正確有效地操作器材 按時完成實驗工作 事後清理	實作過程評量 《檢核表》

改寫自 Linn, R. L., Gronlund, N. E. (1995), p.260

　　教師當然也可以更具體地列舉出學生的行為表現，那就相當於教學過程中的行為目標或者是評分表上的評分項目了。例如，在學生口頭報告方面，教師就可以列出下列幾項分別進行教學或評量：

　　⑴以輕鬆自然的姿勢站立。

　　⑵與聽眾維持眼睛的接觸。

　　⑶能適當地運用臉部表情。

　　⑷能有效地使用身體姿勢。

(5)音量夠大且清晰。

(6)講話速度恰當。

(7)內容組織有條理。

(8)使用適當的字彙和文法。

(9)能設法維持聽眾的興趣。

二、選擇評量的焦點

實作評量可以把評量重點放在過程（process）上，也可以放在成果（product）上，有時候又兩者兼顧，至於應該強調哪一向度，則依據所評量的技能的性質而定。在很多情況下，過程與成果都可以評量，例如，烹飪食物、電器修護、美容美髮。這時應該強調哪一向度，就應該看學生的學習階段而定，通常在學習的開始階段應該強調操作過程的正確與熟練，到了學習終了階段就應該注意成果的品質。

㈠強調過程

很多技能表現，例如，朗讀、演講、演奏樂器、體操、舞蹈等都不能產生一個實體的成果，這些技能都只能就其活動過程來加以評量。

在下列情況應該把觀察重點放在過程上：

(1)沒有成果可以評分（例如，駕駛、體操），或是成果無法取得（例如，急救、消防演習）時。

(2)當操作過程可以按順序直接進行觀察時。

(3)對於操作過程作分析有助於改進成果時。

㈡強調成果

在某些實作測驗上，教師只看成果而不看過程。這可能是因為教師知道不同的過程同樣可以得到好的作品，或者是那是帶回家去做的

作業，或者是它所強調的心理運作過程（如，解決問題），教師根本不可能觀察到。

當過程與成果都可以觀察時，究竟要偏重哪一種，端看所要評量的技巧和技巧發展的階段。如果學生都已經精熟了這些技能，那應該把重點放在成果的評量上，因爲成果的評量在判斷時比較客觀，它可以在你方便的時候進行，也可以重新檢查。

在下列情況應該把觀察重點放在成果上：

(1)多種不同的操作過程都一樣可以造出好的成果時。

(2)無法觀察到學生的操作過程（例如，家庭作業）時。

(3)學生對於操作過程都已經精熟，彼此之間沒有顯著差異時。

(4)各人的成果之間有很大的差異，可以做明顯的區分時。

三、決定適當的逼真程度

實作評量可以依照情境或所用設備的逼真程度，分成六個層次，但它們彼此之間還是有重疊的。層次愈高，接近真實生活，所需要的認知判斷與技能就愈複雜。

㈠紙筆式實作測驗

紙筆式實作測驗（paper-and-pencil performance）要求學生在一模擬的情境中應用知識和技能，不同於傳統的紙筆測驗，只不過同是用紙筆寫出來。這種紙筆的應用可能是最後學習成果的展現，例如，在教學評量的課程中實際編一個雙向細目表，並據以編出一份試卷；也可以是實際動手實作前的中間步驟，例如，要求學生寫出檢查和啓動機器的安全步驟。

大部分的紙筆式實作測驗需要較長的時間，所以通常會以家庭作業的形式實施，例如，畫一幅地圖、服裝設計圖、電子線路圖，或寫

一篇新聞報導、一首曲子、一張履歷表、一篇研究計畫等。

紙筆式實作測驗的施測方式是團體的、紙上的，所以具有經濟與安全的優點。例如，要求學生寫出昂貴儀器的操作程序或檢查、排除機械故障的步驟等，都可以減少意外事故或損壞儀器。或者教師先提供一假設的病例，然後要求學生寫出應該檢驗的項目及診斷步驟，這樣可以減少以後對真實病患的傷害。這種強調要學生列出最佳處理程序的測驗又可稱爲可變系列測驗（variable sequence test）。

(二)實物辨認測驗

實物辨認測驗（identification test）是指以實物作爲刺激，但所要求的反應仍是語文反應（紙筆或口頭），而不要求學生實際去操作。它也可以包括不同的逼真程度，例如，比較簡單的，像展示一些材料、零件、工具或儀器給學生看，要求他們說出（或寫出）該物的名稱及功能，這時又可稱爲物件測驗（object test）；或比較複雜的，像教師操作一輛故障的汽車給學生聽和看，要求他們指出最可能故障的部分，並說出應採取的檢查步驟及所需用到的工具。

物件測驗可以用來測量下列學習結果：
(1)對於各種不同種類、大小和等級的工具和材料的辨認能力。
(2)對於工具和材料的特定用途的知識，以及依據特定目的選出最適當工具與材料的能力。
(3)辨認和說出在工場中常用之材料處理方式，如，接合、切割和形狀。
(4)對於調整工具與裝設機器以配合特定用途的知識。
(5)執行簡單的操作或複雜操作中的某一基本步驟的能力。

由於工業職業技術教育所用的材料、工具、儀器繁多，且有危險性，所以較常使用實物辨認測驗，但是其他領域的教學評量也同樣可

以使用,例如,在音樂課中發給學生演奏曲樂譜,然後播放該演奏曲錄音帶,要求學生在聽完後指出演奏時有瑕疵的段落、造成瑕疵的原因及改進的方法。在上化學課中展示各種化學原料或儀器,要求學生說出它們的正確名稱、功用及使用上應注意事項。在英文課上播放一段英文對話的錄音,要求學生指出該段對話中發音或文法上的錯誤。因此實物辨認測驗在認知層次上,不只是可以測量知識的層次,也可以測量到分析、評鑑的層次。

實物辨認測驗因為能夠以整班方式(紙筆作答)或分站方式(口頭作答)實施,所以常被放入教學過程中,作為實作之前的準備。經過實物辨認測驗之後,再進行實際的實作測驗,可以顯著地減少材料的浪費、工具的損壞以及意外的發生。

㈢結構式實作測驗

結構式實作測驗(structured performance test)是指在一個人為設計的、標準化的、控制的情境下進行製作成品的測驗方式。這種測驗和標準化測驗一樣,特別強調施測和計分過程的一致性和公平性,所以在儀器設備、材料、時間、要求的實作上都有一致的規定;而在計分上,通常根據多個標準來評定,例如,成品精確性、實作步驟的適當性、工作速度、符合規定的程度。內政部職訓局所舉辦的各種職業技能檢定就是最好的例子。

這類實作測驗常用的評量標準包括:總錯誤數、錯誤百分比、所用時間、速率、消耗材料、所需步驟數、違犯安全規則次數與規格相差程度數量、品質等。至於實際上應該包含哪些標準,又各標準間要如何加權,則應該由數位該領域的專家共同決定。但即使同一種技能也應該視學習階段或材料的不同而有不同的加權,例如,在操作工廠的機器上,早期應該強調安全性及正確的操作步驟,後期才強調精確性及速度。在評量打字能力時,若打字內容為一般商業通知函,則應

該強調速度，但若是統計圖表，則應該強調其正確性。

在藝術表演的評量上，較不容易有嚴格的情境控制，但仍然可以依據限制的程度分成下列數種，而前兩種就比較接近結構式實作測驗。

(1)現場模仿式：此法可用以測量初學者是否具有學習某種技能的潛能。例如，要求學生當場模仿教師示範的某種舞蹈動作。

(2)指定式：此法是由主試者指定各受試者所共同要表現的工作，以便有共同的評分基礎，並充分檢驗各項應有的技能。例如，在合唱比賽中的指定曲，書法比賽中指定要寫的內容等。

(3)自選式：此法可以讓受試者自己選擇他要表現的工作，以便學生能充分表現自己的專長或特色。例如，歌唱比賽中的自選曲。

(4)即興式：此法主要在測量受試者的技能是否已經精熟到自動化程度，而不需要事先預備。例如，樂器的即興演奏。

由於近年大學推薦甄試辦法的推行，結構式的實作測驗愈來愈受重視，各學系莫不依招生目標，努力設計出適當甄選方式，來篩選合適的學生。由於參加校系的甄試人數較少，可採用面試、小論文、情境測驗、說故事、即席演講、術科、實驗、資料評審等多元的方式評量。其中如企業管理學系考即席演講，用以評量考生的口語表達與反應能力；幼兒教育系的情境測驗，評量考生是否能夠與幼兒親近，並有良好的帶動唱能力；牙技系要考生以水晶肥皂雕刻牙齒的模型，評量考生的雕刻功力與對美的掌握度；化學系考學生作實驗的能力等等，均為依據就讀該學系所需的能力而設計的實作評量方式。

㈣模擬式實作測驗

有些技能的評量基於安全、經費或真實狀況尚未發生等理由，只能夠以人為的方式來模擬逼真的情境以進行測驗，這種模擬式實作測驗（simulated performance）通常包含了角色扮演、假設情境，以及

安全且逼真的替代性設備。

模擬式實作測驗在學校上的應用很廣，例如，輔導教師以角色扮演方式幫助畢業學生演練就業晤談的能力，法律系學生模擬法庭的運作，師範院校學生到中小學試教，醫學院學生以屍體模擬手術過程，音樂系或戲劇系學生在正式表演之前的預演等。模擬式實作測驗也很適合用來檢驗各種災變因應計畫的效能，並同時訓練相關人員應變的能力，例如，舉行防空演習、消防演習、防震演習或軍事演習等。

電腦模擬式實作測驗特別適用於下列情境：

(1)學習內容過於複雜。模擬可以簡化其複雜度；

(2)學習內容過於冗長。模擬可將一長時間的情境縮短爲幾分鐘；

(3)學習材料過於昂貴或學習過程過於危險，甚或根本無法安排實際的學習情境；

(4)學習內容需要學習者去仔細分辨各種不同的因果關係。

這些模擬性儀器既是教學機器同時也是評量工具，因爲它不只是不斷地提供模擬狀況供學生練習，同時也不斷地記錄學生的反應。電腦科技的進步使得人能夠在虛擬實境（virtual reality）中與電腦互動，能夠在宛如真實但卻沒有危險性的情況下，去體驗某些情境或練習某種技能。在考慮電腦模擬真實度這個問題時，設計者應同時斟酌下列四個因素：

(1)學習負荷量（overload）：電腦模擬教學程式不可傳達過多的訊息。學習初期太過逼真的模擬有時反而不利於學習。

(2)學習遷移（transfer）：電腦模擬教學程式應讓學習者易於將模擬情境轉移至實際的情境中。太過草率的模擬有時會阻礙習得知識的轉移。

(3)學習動機（affect）：模擬應該盡可能生動逼真，並有立即回饋，以引起學習動機。

(4)製作成本（cost）：一個逼真生動電腦模擬教學程式，所費不貲。

在模擬式實作測驗上的表現只能證明學生已經準備好，可以進行實際的操作，但並不能就以此當作他的真正操作能力。

㈤工作樣本

在各種實作評量中，工作樣本（work sample）是最接近真實工作的。工作樣本通常取自真正工作中較重要的部分，而把較不重要的，或有危險性的部分去除掉了。例如，在人車較少的街道上進行駕駛執照的路考。

工商企業界在雇用新進人員時常採用「試用制度」，分派新人做一些簡單的工作，實際上就是以工作樣本法來進行評量。另外在甄選某類新進人員（如製圖、美工、攝影）時，要求應徵者提出個人作品專輯（portfolio）以展示個人能力與成就，也是一種以工作樣本（以往實際工作成果）為評量的方法。

㈥實習

某些與他人生命財產有重大關係的職業，如醫師、法官、教師、飛行員等，在實際單獨執業之前，都要經過實習階段的考驗。而實習階段又可分成在校實習（practicum）及駐地實習（internship），所謂「在校實習」是指學生尚未完成全部的專業訓練，就在原來學校教師的安排下到未來工作場所去參觀、練習；而「駐地實習」則是指在學生已經完成專業課程之後，由學生申請或被分派到實際工作場所，在該機構的專業人員的督導下執行業務，以增加其臨床工作經驗。

不過有些人認為應該把實習當作是一種實際情境中的教學，而不應該算是評量，因為在實習過程中仍有督導人員對學生不斷地提供回饋及作必要的補充訓練。

四、選擇或設計適當的操作工作

要判斷你所選擇或設計出來的操作工作是否恰當，可由下列七個規準來判斷：

(1)可類推性：指該工作是否具有一般性或重要性，可以類推到將來所要從事的工作。或者說該工作所用的工具材料和設備是該課程中所常用的。

(2)真實性：指該工作的條件與情境是否類似學生在外界真實世界中所要做的工作，而非只是在學校中要做的。

(3)多目標性：指該工作是否能夠用以評量多種教學目標，而非單純一種。

(4)可教導性：指完成該工作所需的能力是偏向於後天學得的技能，而非先天的性向。

(5)公平性：指該工作是否會因為學生的性別、種族、社經地位的不同而形成有利與不利的狀況。或者說該工作已經對所有受測學生示範過並練習過。

(6)可行性：指該工作所需要的材料、場地空間、實施時間、儀器設備等是否容易取得或負擔得起。

(7)可計分性：指該工作所引發的學生反應是否能夠正確地、穩定地加以評估。

五、安排實作表現的情境與程序

㈠實作情境

實作情境指的是標準化的測驗條件，它包括條件相同的場地、設

備、材料及對學生的指示。安排實作情境時要注意下列原則：

　　⑴在安全與經濟條件允許之下，盡量使測驗情境接近真實情境。

　　⑵若採多組多時段方式施測時，要保持測驗條件的一致。

　　⑶測驗過程中要隨時檢查與維護儀器設備，以確保公平與安全。

㈡進行程序

　　所謂進行程序是要把時間、場地、人員、設備作一統整的安排，使它在不影響公平性的原則下，把一切資源作最有效的安排。在安排時大都得注意下列原則：

　　⑴若採多組同時進行時，要盡量使各組不互相干擾。

　　⑵確保不同時段的受測者不會互相影響。

　　⑶確保每一受測者都有充分機會表現被評定的行為。

　　⑷確保每一評分者都有充裕的時間進行觀察和評分。

　　⑸確保每一評分者都是獨立評分，不會互相影響。

六、決定觀察方式

　　在觀察（評定）學生的操作過程或成果時，進行的方式可以有很多種，通常可以做下列的區分：

㈠評分者與被評者比例──全包或分散

　　在學校的教學評量上，通常是只有一位教師輪流觀察所有學生。但是在比較重要的比賽中，為了提高評分的信度及公信力，通常會由幾個評分者同時觀察一個被評者。在這兩種方式中，所有的學生都被相同的評分者觀察，比較不需要考慮評分標準不一致的問題。

　　但在大型考試中，由於考生人數眾多，評分者也多，所以評分者必須抽籤分配幾個學生各自觀察（如聯考的人工閱卷、國中教師甄試

中的試教）這時就得有其他配合措施（如給分量表、隨機分派等）以
確保不同評分者之間評分標準的一致性。

㈡觀察時機——當場或事後

有些技能表現的操作時間很長，而且是強調過程的，這時評分者
應該當場一邊觀察一邊進行評量，例如，演講、美髮美容、車床操作
等。但有些操作可以產生具體的作品，而且不太在乎過程的差異，這
時評分者就可以在事後慢慢地對其成果做觀察評量，例如，建築製
圖、作曲、雕塑、繪畫等。不過現代的錄音和錄影設備使得原來需要
當場觀察的部分也能夠留到事後再觀察。

如果能夠在當場先就歷程部分加以評量，事後就作品部分加以評
量，評量結果將更具有信度及效度，然而這麼周延的評量設計很耗費
人力、時間，通常只有在職業技能檢定中才有可能。

㈢給分方式——整體或分項

若考慮到實作評量結果的信度及診斷價值時，應該盡量採取先分
項給分之後，再合計總分做比較。但有些技能的表演時間很短，又沒
有實物作品，例如，體操、跳水等，評分者只能當場給一總分；或者
是評分者少而被評者眾多，評分者在時間及體力有限的情況下，也只
能根據整體印象給一個總分。

㈣個人觀察項目——全部或部分

在採取分項給分時，若只有一位評分者時，當然他得負責觀察全
部的項目，這是最簡單，但也是最容易受個人主觀影響的方式。但是
若有多位評分者時，則有兩種方法可以選擇，一種是仍然採由每個評
分者觀察全部的項目，然後將不同評分者的分數加以平均。

另外一種則是採取分工合作方式，讓每位評分者只觀察自己分配

到的部分項目，然後再累加出受試者的個人總分。例如，現行國小主任、校長甄選的筆試中，通常由四位閱卷者合作評閱一份試卷，每人從頭到尾只評閱其中一道題目，考生的總分是由四個人分別評閱四個題目所得分數所累加的。

這種分工式的部分觀察法能減輕評分者的工作負擔，又能夠平衡個人主觀因素所造成的影響，是高考或研究所考試中常用的方法。

第三節　實作評量的評分與回饋

實作評量的計分可以用工具來測量，例如，測量全部完成所需時間、錯誤次數、成品與規格的差距、每單位時間完成的數量等。但是若無法進行數量的測量時（如即席演講、舞蹈）或是要評量其作品的品質（如雕塑、書法）時，就得靠教師用觀察法來加以評定。

一、觀察評定的方法

本節內容與第八章第五節「觀察記錄的方法」、第六節「觀察誤差的來源」有部分重疊，讀者可以互相參閱，唯本節強調的是對學生實作過程或作品的評定，而第八章強調的是對學生日常情意行為的觀察記錄。

教師對學生作品的觀察評定方式可以分成整體式與分析式兩大類。

(一)整體式評定法

整體式評定法（global rating）是把每一個作品都當作一個整體去比較，不對其內容要素去做分析判斷。這方法通常用在：需要評定的作品數量太多、評定時間有限、作品本身不容易做細部分析等情

況。此法的優點是簡單、迅速；缺點是較主觀、評定結果缺乏診斷價值。整體式評定法依照判斷時參照的對象（外在標準或團體其他作品）可以分成下列三種：

1. 作品等第量表

作品等第量表（product scales）它是包括一系列的樣本作品，代表不同程度的品質，並賦與不同的分數。評分時，評分者拿它作為參照標準，看手上作品最接近哪一個作品，就給與那個分數。當我們所要評量的作品不適於分項給分，只適於整體計分時，可以先建立一個作品等第量表來幫助評分。

作品等第量表常見於書法、作文、繪畫等的評量上，它不但可以幫助評分者個人保持評分時的前後一致性，也可以統一不同評分者之間的評分標準，使得評分更加客觀；除此之外，若事先公布這個作品等第量表，讓學生知道應該達到的標準，還可以激勵學生的學習。

2. 等第排列法

等第排列法（ranking）較適用於對大量具體作品的評量。其方法是將全部的作品依其優劣先粗略分成幾個等級，然後就每一個等級中再細分成兩個等級，最後再就每個等級賦與一等第。在此法中，任一作品分數的高低決定於評分者對此一作品的整體印象，以及此印象在全部作品中的相對地位，評分者並不需要參照外在的樣本作品來給與等第。

3. 心像比較法

當作品無法分項計分又無法排列比較，也沒有外在樣本作品作參考時，評分者只能將眼前的作品和先前作品所留下的心像在腦海中做比較，然後賦與一分數。有些時間短暫，又沒留下實體作品的表演，如，跳水、舞蹈、體操、口頭問答等，以及評閱費時又不宜將作品並列做比較的，例如作文、申論題等，就常得採用這種心像比較法（image comparing）。

心像比較法是所有的計分法中最不客觀，且最容易受到評分者價值觀、記憶力、身心疲倦等的影響。至於其改進方式通常是增加評分者人數以求其平均數、隱匿受試者身分、限制分數的全距等。

㈡分析式評定法

分析式評定法（analytic rating）是把要觀察的行為或作品先分解成幾個要素，列成一清單，然後逐一做判斷，最後再合計總分。這種評定法的優點是比較客觀，且評定結果具有學習診斷價值；缺點是評定者精神負擔較大，比較花時間。分析式計分依照判斷的形式（二元或多元），又可分成「檢核表」、「評定量表」及「評分規程」三種。

1. 檢核表

當動作或作品可以細分成一系列明確且具體的要素，而這些要素又可以做二分法判斷（是或否、有或無、合格或不合格）時，使用檢核表（checklist）最為恰當了。

有時候「沒有」某一種行為和「沒有機會」觀察某一種行為，兩者應該加以區分；尤其是在自然的情境下觀察受試者行為的過程時更須如此。表7-2的檢核表讓評分者能做更客觀的判斷，而不是沒看到就推斷他不會做。

進行觀察判斷時，評分者常會加上一些說明來支持他的判斷，或寫一些他觀察到的重要事件，所以在每一項目之後留有空白，或在表格右邊留有較大的空間，將很有幫助的。

表 7-2　評鑑個人電腦文書處理能力的檢核表

檢核項目	判斷結果
1. 只有在每一段落結束時才打 ENTER 鍵。	是　否　？
2. 會移動游標去更改畫面上的任何一個字。	是　否　？
3. 會變更任何一段文字的字型或其大小。	是　否　？
4. 會在現有的文句中插入一新字。	
5. 會搬動或拷貝整段的文字到新的位置上。	是　否　？
6. 會同時開兩個視窗，編輯不同的檔案。	是　否　？
7. 會依表格的需要重新設定跳格鍵 tab 的間格。	是　否　？
8. 會使用系統內自動檢查拼字的功能。	是　否　？
9. 會設定每間格十五分鐘自動存檔一次。	是　否　？
10. 會調整任一段落的寬度。	
11. 會在特定位置上插入圖形。	是　否　？
12. 會按照指定的紙張及方向列印出來。	是　否　？

註：「是」表示有這種能力
　　「否」表示沒有這種能力
　　「？」表示沒有機會觀察，不能確定

2. 評定量表

　　當所觀察的行為所表現的品質有明顯的差距，足以做好幾個等級的區分時，即可以使用評定量表（rating scales）。

表 7-3　板金工施工過程評定量表

評定項目	等　級	說　明
1. 擬定詳細的計畫	1 2 3 4 5	_____
2. 估算所需各種材料的數量	1 2 3 4 5	_____
3. 選用適當的工具	1 2 3 4 5	_____
4. 每一部分都按正確的步驟施工	1 2 3 4 5	_____
5. 正確並熟練地使用工具	1 2 3 4 5	_____
6. 不隨意糟蹋材料	1 2 3 4 5	_____
7. 在合理的時間內完成	1 2 3 4 5	_____

表 7-4　板金工成品評定量表

評定項目	等　級	說　明
1. 成品外觀整潔、完整	1 2 3 4 5	_____
2. 作品符合原來設計	1 2 3 4 5	_____
3. 完工的作品尺寸符合規格說明	1 2 3 4 5	_____
4. 各部件之間接合穩固、平滑	1 2 3 4 5	_____
5. 有效利用材料，沒有浪費	1 2 3 4 5	_____

3.評分規程

　　為了增進實作評量的效率，並避免評分時流於主觀，評量專家近年來發展各種學科的評分規程（rubrics）。rubric 在 Webster 大字典上的原來字義有下列幾種：

　　⑴以特別醒目的方式印寫在手稿或書刊上的書名或標題等。

　　⑵在進行宗教儀式或典禮時對眾人的行為指示。

　　⑶已經建立的行為或程序的模式。

　　⑷解釋性的說明，評註。

　　⑸一種等級或分類系統。

在測驗評量上，rubric 則是指一種雙向的表格，它可以讓教師向學生說明，教師對於作業所期待的標準，而學生也可以依據它來進行、修改和評鑑自己的作業，同時用來提高評分結果的客觀性與公平性。

在評分規程的表格中，有一個向度是一系列用以判斷的規準（a list of criteria），另外一個向度是三到四個層次的精熟水準（levels of mastery），而在兩個向度所構成的每一個細格裡都有說明文字，用來界定每一精熟水準的狀況。詳細範例可見表 7-5。

4.評分規程的使用原則

(1)在指派作業時就與學生討論評分規程

有具體的書面資料可以幫助學生在一開始就知道優秀作品應具備的特色，以免學生閉門造車，白費功夫。

(2)要求學生以評分規程做自我評鑑

這樣學生就像參照著地圖開車，不容易迷失方向，且知道自己離目標有多遠。

(3)安排學生以評分規程作同儕互評

進行同儕互評可以幫助學生更熟悉評分規程，並把它加以內化，學生也不必完全依賴教師提供回饋。

(4)在作業進行中，或作業完成後，以評分規程作為與學生共同檢討的基礎

討論可以增強學生對評分規程的重視，也提供機會讓學生更了解評分規準的細節，同時讓老師知道評分規準的適用情形。

(5)邀請學生參與評分規程的增刪和修訂

這可以與學生建立一教學相長的氣氛，讓學生感到受尊重與珍惜。

(6)確實以評分規程來評分

這會讓學生認真看待評分規程，並養成切實遵循指示的良好學習習慣。

表 7-5　小組作業的評分規程

規　準		精　熟　水　準		
		極　佳	滿　意	不及格
團體功能的發揮	出席	幾乎所有的成員都出席每一次會議。	大部分的成員會出席大部分的會議，成員需缺席時會事先請假。	許多成員經常開會時缺席，且未事先請假。
	參與	清楚界定要完成的工作並預測未來的需要。每一成員都積極主動。工作是由團體來劃分並指派給每一個人。認真執行追蹤考核以監督進度。	非正式地劃分工作，大多數、但不是全部的人都知道。大多數的人會參與。偶爾會追蹤考核。	工作沒有計畫，且很少成員主動參與。沒有追蹤考核。
	工作分配	每一成員在團隊中的角色是由全體所分派，並為每個人都了解。每個成員都能說明別人的角色。	成員的角色是非正式的指派，不是所有的人都了解。有些成員無法說明別人做什麼。	弄不清楚誰負責做什麼。
	共同做決定	建立並明文規定作決策的明確程序。決策的過程及參與成員也有明文規定。	非正式地建立做決策的程序，無法使全體成員參與決策過程。	由於缺乏決策的過程，所以是由個人做決定，而這決定不能反映整體的想法與需要。

（下頁續）

（續上頁）

	相互支持	全體成員都相互尊重，都願意聽別人意見。成員間都能自在地向別人尋求幫助或問問題。	一般而言是相互尊重的，但某些成員受到忽視。某些成員無法自在地向別人求助。	整體氣氛是競爭與個人主義的，而不是合作與支持的。
	控制衝突	衝突一律經由開放的討論及妥協來解決。	成員大部分能經由開放的討論及妥協來解決衝突。	對發生的衝突不做處理，或無法解決。
過程的管理	定期開會	排定每週或隔週開會，並按時舉行。	偶爾開會，以使工作能繼續下去。	很少開會。
	撰寫目標	全體同意並明文規定一套切合實際的、有優先順序的、並可測量的目標。	有建立目標，但有些可能太含糊或不可測量。優先順序可能不切實際。	沒有形成明確的目標或將它文字化。
	會議記錄	會議記錄包含出席人員、討論事項及決議；會議記錄在兩天之內送達各成員。	有做會議記錄並分送給成員、但不是經常如此。會議記錄有時完整有時不完整。	會議記錄若不是沒有就是不完全，或幾乎只有出席名單。
	調整	小組在必要時會調整計畫。清楚知道中途更正的性質及為何需要更正。	小組不是經常能夠在必要時做調整。有時候太晚發現中途更正的必要性。	團隊像無頭蒼蠅，活動計畫沒有重點，因此無法調整或更正。
	工作過度控制	全體成員都自動自發，不必提醒就能按時交出指派的作業和報告。	指派的作業和報告都能夠交出來，但有時候會拖延。	無法自動自發，需要不斷地催促才會交出來作業和報告。

二、評量的誤差

造成實作評量的結果不正確的原因來自於三方面：評量工具、評分者和實施程序。

㈠評量工具

評量工具指的是教師所設計的檢核表及評定量表，它會造成誤差主要原因是：

(1)評分項目的內涵及給分標準界定不清楚，導致各評分者之間有不同的解釋。

(2)評分項目太細、太多，評分者無法及時處理，反而降低信度。

(3)各項目之間的配分不當，無法正確反映各種能力的重要性，使評量結果缺乏效度。

㈡評分者

像其他主觀計分的測驗一樣，評分者的價值觀、反應心向、身心狀況都會影響到評分結果。諸如：寬鬆的誤差、嚴苛的誤差、趨中的誤差、月暈效應等都會對分數造成影響（詳見第八章第六節）。

㈢實施程序

實作測驗的實施涉及許多場地、工具、材料、時間、人員等的安排，所以比傳統的紙筆測驗更不容易達到標準化的要求。較常見的誤差來源包括：

(1)場地、工具、材料沒有標準化，致使施測條件不一致。

(2)進行程序控制不當，致使部分學生有較多觀摩機會，或較多準備時間。

(3)評分人員的訓練與協調不夠，致使評分程序發生錯亂。

三、評分工具的編製

㈠編製評分工具的步驟

下列的編製步驟主要是針對評分規程來說明，但是也可以應用在其他的評分工具上，如檢核表、評定量表。

1. 和同事一起討論，共同決定出評鑑表現或作品時所應包含的向度

在決定應包含的向度（dimension）時，可以參考國家課程標準、專業出版刊物、評分規程範本或請教該領域的專家。或者你可以與同事一起腦力激盪，共同想出一些該作品或表現應該具備的關鍵性特質。

2. 先參考一些真實的例子，檢查是否有漏掉某些重要的向度

評分規程不能只透過專業的想法而發展出來，它還需要配合真實情境中學生的表現，只有兩者結合在一起時，才能產生適當且豐富的評分標準。

一個實用的方法就是先將一些學生表現或作品分成上中下三類，然後再與同事討論是哪些項目造成表現或作品之間優劣的區分。另外，你也可以問自己：一個好作品應該具備哪些特質？我希望在作品中看到哪些東西？我是否有一些範本可作為我評判的依據？

3. 將所列出的向度加以精緻化，並整合起來

評分規程中應該有多少個向度，並沒有一定的數字，向度愈多愈有診斷的參考價值，但也愈增加評分者的負擔，而不切實際。重要的是，各個向度要和重要的學習目標有關聯，並避免彼此間內容重疊，而且不可以超過你可以合理評分的範圍。

多個向度之間可能彼此有關聯性或先後出現次序，所以這些向度

在歸併成幾個大類,如表7-5將所有向度歸併成「團體功能的發揮」和「過程的管理」兩大類。或者如表7-3將評分項目按照出現時間順序排列。

4.針對各個向度給與明確定義

與同事透過腦力激盪,對各個向度做具體的文字描述,並列出可以觀察的項目。

5.發展出一個連續的等級(量尺),用來描述表現或作品在每一向度上的精熟水準

發展量尺時,可以先用文字描述一個最好的表現或作品,再描述一個最差的表現或作品,接著再描述居中的表現或作品。

至於每一向度上應該有幾個等級(評分量尺上應有幾點?),則可參考下列來做決定:

(1)量尺上每一點要能以文字界定出其間的差異。

(2)點數太多的量尺,評分者間分數一致性會偏低。

(3)量尺的點數太少時,很難區辨學生之間能力細微的差異。

(4)如果只是希望將學生粗略分成兩三組的話,可以使用較少點的量尺。

6.除了採用各向度評分等級外,也可以選擇使用整體性的評分等級,或使用列出細項的檢核表

在某些情況下,例如可用評分時間很短(像跳水比賽)、受評對象太多(像入學考試)、或受評行為或作品難以區分成有意義的向度(像繪畫、作文)等,為了實用性,就需要使用整體性的評分等級,以求省時省力。另外在某些情況下,被觀察的行為或作品可以區分成許多不同的細項,但每一細項只需做有無的二分判斷,則可設計成檢核表。

7. 在使用之前先對你的評分工具進行評鑑

在評鑑和選用評分規程時，可以使用下列規準來判斷：

(1)是否與教學目標有密切的關聯？

(2)是否很周延地涵蓋了學生表現的重要向度？

(3)每一向度的文字描述是否清晰、明確？

(4)是否可以應用在不同對象或工作上？

(5)是否公平，沒有偏祖哪類學生？

(6)在使用上（考慮人員素質、時間、經費）是否實用？

(7)是否能被學生及家長所了解？

8. 請多位同事在真實情境中試用你的評分工具

試用的主要目的是驗證它的實用性，並找出可以再改進的地方。試用時的評分對象最好包括從最好到最差的學生，若可以的話，也應該試用到不同年級的學生或不同的工作上，以進一步探查這一工具的適用範圍。

9. 依據實際使用者的意見，修訂評分工具，並再實驗一次

不是所有的事情在第一次就會作對，所以應該以開放的心胸接受批評與建議。檢討向度是太多或太少？等級是太多或太少？各等級的界定是否明確？

10. 對學生和家長公布你的評分工具

這會迫使你在設計評分規程時較少使用專業術語，尤其是對於較年幼的學生。評分規程提供學生一個可以明確遵行的目標，讓他們知道教師期望他們在各向度上達到的水準，這會激發他們的學習動機，減少方向錯誤的努力，或不知方向的徬徨。評分規程也可以幫助家長了解學生在校的學習內容，以及你對孩子的期望，讓他能夠更積極地協助學生學習。

㈡評分工具的編輯與排版

檢核表和評定量表都有條列式的文字敘述,在編輯與排版時應該注意下列原則,才能提高使用效率。

1.文字要精確而且簡短

用字精確可以減少分歧的解釋,提高評分者之間的一致性;句子簡短可以加快閱讀速度,提高評分的效率。

2.關鍵性的名詞和動詞要盡量放在敘述的前端

把關鍵字放在句子的前端可以加快閱讀速度,尤其在重複評量多人時,閱讀速度會更快。

3.除非是自填式的人格問卷,否則不可使用反向敘述

在人格問卷中夾雜一些反向的敘述可以促使作答者仔細閱讀每一個題目,確實有其價值。但是實作測驗的評量表卻是由同一評量者重複地使用,一旦熟悉後就不必每次仔細去讀,若加入反向敘述反而會降低閱讀速度,並容易造成登錄錯誤。

4.評分項目要依據出現時間順序或相似性排在一起

當評量表是用於評量「實作過程」時,評分項目的排列應該和被觀察行為的出現順序相一致;但若是用來評量「最後作品」時,則應該把內容類似的項目或不同階段的評分項目排在一起。

5.填寫位置應放在右邊,且上下對齊,以加快填寫速度

由於大部分的人都是慣用右手的,所以由左往右讀過去,然後在紙的右邊以右手做記號是最自然不過了。其他排版方式都不如這種方式來得有效率。

四、使用回饋性討論的要領

教師需要有學生的回饋才能改進教學,同樣地,學生在做長時

間、大型的作業時也需要有教師不斷地回饋，才能改進他作業的品質。因此在時間較長的實作評量中，教師可以利用評定量表或評分規程來作為師生間討論的基礎，用來檢討學生的進步情形。

　　然而，學生常常把教師對他作業的回饋和批評聯想在一起，學生常會覺得你是在評價他，因而抑制了他聽的能力。以下所列的討論要領雖然大多是源自諮商技術，但它也同樣可以改進你與學生的溝通，進而增進學習效果。

　　(1)進行回饋性討論是為了幫助學生，而不是傷害學生。

　　(2)適時安排回饋性討論，最好是在評量之後。

　　(3)與學生分享訊息並共同探索可能的選擇，而不直接給與建議。

　　(4)尊重學習者的需求。

　　(5)要建立一種氣氛，讓學生覺得是他們在尋求回饋，而不是被強迫聽回饋。

　　(6)只提供學生用得著的訊息，不要企圖把你所知道的一切都塞給他。

　　(7)討論焦點是對事不對人。

　　(8)要針對你所觀察到的行為或特質，而不是你所推論的。

　　(9)要針對特定性問題，而不要對一般性問題。

　　(10)只討論學生可以控制、可以改進的行為。

　　(11)以逐步引導的方式問問題，以幫助學生了解自己。

　　(12)要確認你與學生雙方面都確實了解對方所說的，要重述對方的想法。

第四節　實作評量的設計範例

　　紙筆測驗在經過多年的發展與普遍應用，已經形成固定的題型與

格式，並且也爲社會大眾所熟悉。但是實作評量除了在技職教育及藝術教育領域中較常見外，一般教師對此也不太熟悉，因此本節將以一範例說明在實作評量設計中應該包含的要素。

一、實作評量設計的內容

實作評量沒有紙筆測驗所用的試卷，但它有「實作評量設計說明書」，內容包含了教學目標、情境與條件、對評分者及對學生的指示、評分標準等。

㈠要評量的教學目標

實作評量所測量的教學目標大多屬於技能領域，由於它是評量複雜的技能，所以在目標的描述上常比紙筆測驗更一般化。以下是在實作評量中較常見的行爲目標。

表 7-6　實作評量中常見之行爲特徵及教學目標舉例

行　爲　特　徵	教　學　目　標　舉　例
在眞實情境中，辨認事物的名稱、功能或瑕疵所在。	找出汽車故障所在。 說出各種標本的名稱。 說出各種工具的用途。
依照所給的說明製作出一個成品。	設計一套學生制服。 畫一張電路線路圖。 寫一首合唱曲。
表現一組操作性行爲或程序。	修理故障的收音機。 表演華爾滋舞步。 演示測量血壓的程序。

㈡評量的情境與條件

評量的條件包括：場地、工具設備、材料、時間限制、參考資料等。這些條件構成了施測情境的逼真程度，並提供了觀察受試者行為的情境。當有多位學生接受評量時，每個人的評量條件應該保持一致，以保證評量的公平性。

㈢對評分者的指示

這部分有如標準化測驗的「指導手冊」，是用來確保評分者在施測過程中所下的命令、意外事件的處理、觀察的重點、計分的程序都符合標準化的程序，以減少因評分者不同而造成的誤差。這部分通常只給評分者看，學生看不到。

㈣對學生的指示

這部分常常以「工作單」的形式（見說明書範例 2）在施測時發給學生，它有如紙筆測驗中的「指導語」或「作答說明」，都是在對學生的行為指示方向和設定界限。它指示學生做出應該做的行為以及要求的標準，以減少學生不必要的嘗試錯誤，並提高實作評量的安全與效率。

㈤評分規程說明

任何評量方式都要有其計分標準。在紙筆測驗中，我們用標準答案或參考答案做計分標準，在實作評量中我們通常以檢核表或評定量表為評分的工具。

實作評量通常同時採用多種的計分標準，這些標準中含有客觀的、量的測量（例如，完成時間、成品數量、耗費材料、誤差大小等），也有主觀的、質的判斷（例如，成品的獨創性或周全性、動作

的熟練性或安全性等）。爲了避免評分者價值觀的差異及給分標準寬嚴不一，並讓所有學生事先知道作業的重點及要求的水準，可以在說明書上加上評分規程說明，以增進評分時的客觀與公平性。

二、說明書範例

㈠完整的說話課實作評量設計

説話課實作評量設計

一、教學目標
㈠能描述自己對於他人或事物的情感。
㈡能有條理地說明做一件事情的步驟。
㈢能說服別人做成某一種決定。
㈣在緊急狀況中，能精簡扼要地傳達重要訊息。

二、評量情境與條件
㈠將本說明書的第四和第五部分影印發給學生。
㈡每位學生都已經練習過操作錄音機，並有自己錄音的經驗。
㈢由學生自行在家錄音，但必要時可由教師提供錄音機及安排場所。
㈣允許並鼓勵學生先和他人演練後再錄音，錄音時要按照試題順序。
㈤全部學生使用同一牌子的六十分鐘長的空白錄音帶。
㈥限制在一週內完成，學生自行試聽過後然後在標籤上寫上學號交出來。

三、對評分者的指示
㈠隨機抽取數卷錄音帶試聽，概略了解學生一般程度後，再正式評分。
㈡教師可以依據學生年齡、教學重點，自行給與各評分項目不同的加權，然後設計出一評分記錄表。
㈢要針對得分偏低的項目給與改進意見。
㈣當教師聽到已經能夠判斷每一項目應給的等第之後，即可快轉跳到下一題，以節省時間，不一定要每一題都從頭聽到尾。

（下頁續）

（續上頁）

四、題目及對學生的指示

　　　　這是說話課的作業，請你針對下面四個題目進行錄音，錄音時要假裝我就站在你面前聽你說話，你要按照題目順序，並盡量符合規定的時間。你可以找同學或家人先演練幾次，直到你滿意後再錄音，並在交出來之前自己先試聽過。

㈠描述性說話（十分鐘左右）

　　　　談一談你在學校裡最喜歡的學科或課外活動，並請說詳細一點。（或者是你參加的社團，你最喜歡的運動？）

㈡步驟性說話（五分鐘左右）

　　　　想一想從學校大門口到你家要怎麼走法。請一步一步地告訴我，要怎樣才能走到你家去。（要走哪一條路？怎麼轉？可以看到什麼？）

㈢說服性說話（十分鐘左右）

　　　　想想看這個學校有什麼規定需要更改的。假想我就是這個學校的校長，而你現在試著說服我改變這個規定。（譬如說改變早自修的規定，或穿制服的規定）

㈣緊急性說話（三分鐘左右）

　　　　假想你一個人在家，你聞到了煙味，你打電話報警，而我是消防隊的值班人員，正好接到你的電話。假裝你現在正拿著電話講話，請告訴我，我應該知道的資料以及你現在的狀況，好讓我很快派人過去幫助你。（直接對我說；先說喂！）

五、評分基準說明

㈠聲音傳達：指音量大小、說話速度、發音咬字方面是否適當。

　1.音量太小或速度太快或發音不清，而無法理解大部分的內容。

　2.停頓太久或不適當地停頓，夾雜許多「嗯」「啊」的聲音。

　3.音量和速度適中，發音咬字清晰。

　4.會變化音量和速度以吸引注意力，並以熱忱和活力傳達訊息。

㈡組織：指各個概念的表達是否合乎邏輯順序。

　1.語無倫次，根本不知道在說什麼。

　2.次序顛倒，無法確定各概念之間的順序與關係，需要用猜的。

（下頁續）

（續上頁）

3.內容有條理，可以了解各概念之間的順序與關係，不需要用猜的。4.非常有條理，會先宣告主題，事先告知概略綱要、用投影片或做摘要。

㈢內容：指能否針對聽眾的背景來選用比喻、例證等。

1.沒有實質內容或說一些無關的話，太自我中心而忽略了聽眾與情境。

2.內容不足以符合要求，脫離主題，忽略聽眾的程度和背景。

3.內容切合主題，所用的字眼及概念能配合一般聽眾的知識與經驗。

4.能針對要求提供各種內容，如類推、細節、舉例及各種證據。考慮特定聽眾的知識和經驗，加入必要的解釋，與聽眾的經驗產生連結，迎合聽眾的動機與價值觀。

㈣文法與字彙：指能否針對聽眾的程度來使用不同程度的字彙及文法。

1.字彙貧乏、文法不當，難以理解大部分內容。

2.使用具體字彙及簡單文法結構，句子簡單而平淡。

3.能使用抽象字彙及複雜文法結構，語氣符合要求。

4.能使用各種語言技巧，如情緒語言、幽默、想像、隱喻、直喻。

㈡技能競賽試題說明書

汽車修護職類技能競賽＜煞車系統檢修＞試題說明

一、題目名稱：煞車系統檢修

二、競賽時間：一百五十分鐘

(1)賽前有十分鐘閱讀題目及發問

(2)競賽中可以查閱修護手冊

三、試題說明：

㈠左右前輪煞車機件之檢修

(1)將左、右前輪之煞車機件連同活塞一起拆下。

(2)檢查各機件，並將檢查結果記錄在答案紙上，然後請裁判檢查。

（下頁續）

（續上頁）

(3)通過檢查後，將所有機件分別安裝於車上，並做適當的處置，俾使煞車作用正常。

(4)裝配過程中，如果需要更換機件或零件，請向裁判索取。

㈡煞車總泵之檢修

(1)請將煞車總泵拆下並分解之。

(2)檢查已拆下之各機件並將檢查結果登記在答案紙上，然後請裁判檢查拆卸工作是否完成。

(3)通過檢查後將所有機件分別安裝回車上，並做適當之處置俾使煞車作用正常。

(4)裝配過程中如果需要機件或零件請向裁判索取。

㈢檢修完成後之測試

(1)在安裝調整工作完成後，會同裁判將車輛行駛至煞車實驗器上，測量其左右前輪之煞車力。

(2)將測試的數據填入答案紙中。

(3)本項工作時間不列入計算。

三、對於實作評量設計的評鑑標準

要比較一個實作評量的優劣，除了用傳統測驗所強調的信度、效度、鑑別力、公平性、實用性等標準來評鑑外，還可以依據下列較具體的問題來考慮：

(1)所測量到的是否就是教學目標上所要求的技能？

(2)學生要進行的工作是否接近真實世界的工作？

(3)所評量的特質是否都是可以直接觀察的？

(4)施測的條件（設備、材料、時間等）是否有明確的規定？

(5)給學生的指導說明是否簡明而完整？

(6)評量項目的性質與數目是否能夠構成一精確的評量？

(7)該領域的專家是否都同意評量工具上所列的項目？

(8)不同的評分者對同一受測者所做的評量是否一致？

(9)該評量工具在使用上是否方便、有效率？

(10)評分的結果能否提供豐富的回饋訊息？

另外 Popham（1995）根據實作評量的特性和限制，提出七點在設計或選擇實作評量時應考慮的要項：

(1)類推性（Generalizability）：學生在這個作業項目上的表現可以類推到其他相似項目上的程度如何？

(2)真實性（Authenticity）：這個作業項目是否和學生在真實生活中所遇到的情境相類似？

(3)多元焦點（Multiple focus）：這個作業項目測量的是多元的而非單一的教學結果嗎？

(4)可授性（Teachability）：完成這個作業項目所需要的能力是否能經由教學來提升？

(5)公平性（Fairness）：這個作業項目對所有學生而言，都是公平的嗎？

(6)可行性（Feasibility）：就費用、空間、時間和設備來考量，這個作業項目的可行性如何？

(7)可評性（Scorability）：學生在這個作業項目上的反應之評定結果的可信度和準確度如何？

參考書目

莊明貞 （民 84）在國小課程的改進與發展——真實性評量。教師天地，79，21-25。

陳文典、陳義勳、李虎雄、簡茂發（民84）由馬里蘭州的學習成就評量與其在台灣的測試結果看實作評量的功能與應用。科學教育，185，2－11。

盧雪梅（民87）實作評量的難題應許與挑戰。教育資料與研究，20，1－5。

Gronlund, N.E. (1993). How to make achievement test and assessments (5th ed.). Needham Heights, MA: Allyn and Bacon. See chapter 7, "Making Performance Assessments".

Linn, R.L., Gronlund, N. E. (1995). Measurement and assessment in teaching (7th ed.). Englewood clift, OH: Prentice-Hall. See chapter 10, "Measurement Complex Achievement: Performance-Based Assessments."

Micheels, W.J., & Karnes, M.R. (1950). Measuring educational achievement. New York: McGraw-Hill. See chapter 11, "Object tests" and chapter 12, "Manipulative-Performance Tests".

Oosterhof, A. (1994). Classroom applications of educational measurement (2nd ed.). New York: Macmillan College. See chapter15, "Performance and Authentic Assessments".

第八章　口頭問答與非正式觀察

對於學生的口頭問答和對課堂活動的非正式觀察是教師最常用的非正式評量方法，也是教師打「印象分數」的主要依據。它們的優點是實施方便並且可以隨時調整，但是缺點就是實施的對象與內容通常不是經過系統化設計，而是隨機的，因此不具有代表性，也很難做公平、客觀的比較。除此之外，絕大部分的非正式觀察和口頭問答都沒有當場作記錄，所以除非在短期之內補寫記錄，否則評量結果常受遺忘或記憶歪曲的影響。

第一節　口頭問答的形式

口頭問答是師生之間面對面，由教師口頭提出問題，再要求學生當場以語言作反應，因此基本上它是屬於個別化的評量方式。口頭問答依據進行的目的和方式可以分成晤談、口試、課堂問答和口語表達測驗四種。

一、晤談

晤談（interview）或譯做會談、面談，它是一種有目的的雙向溝通，通常是一對一，而且是面對面的，它是由一個受過訓練的輔導專業人員引導對方談話，以便獲得更深入的訊息。晤談常用在臨床心理學、輔導、人事心理學及教育工作上以便收集個人資料。

在教育的評量上，教師可以用晤談來了解學生對於學科的興趣、

學習的態度、學習困難、生活適應以及人際關係等等，所以晤談比較適合用來做學習困難診斷或情意方面的評量，較少用於認知方面的評量。不過近年來由於認知心理學的發展趨勢，已經有不少研究者以實作測驗配合晤談技術，要求受試者邊做邊說出他的想法，以探討受試者在解決問題時的思考歷程；本章第七節所介紹的「批判性探究法」（method of critical exploration）就是皮亞傑學派的研究方法。

二、口試

口試（oral testing）是指要求學生以口頭回答問題，但是問題的提出則可以是口頭的或書面的，口試在形式上比晤談來得正式，且較偏重於認知上的評量。

口試在我國古代的科舉考試中早就有了，現在則常用於研究所的論文考試或入學甄試中。在教學上，口試特別是用於識字不多的小學低年級或有讀寫障礙的學生；在學科方面，說話、外國語文、戲劇等科目都很適於使用口試的方式進行評量。使用口試具有下列優缺點：

(一)優點

1.提供互動的社會情境，可以評量個人說話時的表情、風格及態度

口語溝通能力也是一個很重要的教學目標，而且只有在面對面的溝通中才有機會深入觀察學生在這方面的能力。

2.面對面的情境使學生不容易作弊或虛張聲勢

口試時是採一對一進行，受試者隨時在評審的監督下，並無機會可以作弊。此外，評審可以對受試者的回答加以追問或要求更具體地說明，受試者若是虛張聲勢做空泛的回答時，將很容易被看穿。

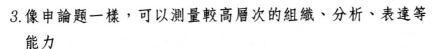

3.像申論題一樣，可以測量較高層次的組織、分析、表達等
能力

　　口試和筆試的申論題一樣，受試者都要自行提出答案，在陳述中顯露出個人在分析問題、組織內容、溝通表達上的能力；所不同的是，口試時比較強調臨場反應，不能像筆試時那樣沈思默想、字斟句酌。

4.擬題與評分所需要的時間比紙筆測驗還少

　　準備口試題目就像準備申論題一樣，因為需要的題目少又不需要準備誘答，所以命題時間很省。評分時，除非有錄音或錄影，否則必須當場給分，此法雖然較為主觀，但是可以採取多人同時評分，較省時間，並同時減低個人主觀的影響。

5.容易追蹤學生的思考歷程，並可由一再追問中確定其知識的界限

　　由於口試是採雙向溝通，發問者可以依據學生回答的內容再發問，他可以要求學生說出支持其主張的理由、界定含糊的字眼、具體舉出事例等等。在研究所的入學考試或論文口試時，最常運用這種特色來探問學生知識的深度及廣度。

㈡缺點

1.評分主觀，容易受評審個人的偏見、偏心的影響

　　口試是採取面對面的問答，所以評審很容易受到視覺印象的影響。評審可能會因為受試者的種族、性別、外貌、穿著、態度等的差別而給與不同的分數；另外也可能因為受試者在腔調、表達方式、語言流暢性方面等不合評審的偏好，而給與不同的分數。

2.很耗費人力和時間，不能同時對大量人員施測

　　口試是一種個別測驗，無法多人同時受測，有時為了評分標準的前後一致性，要求同一位評審連續對多人進行口試，這會把時間拉得

更長。有時為了提高評分結果的可靠性，而安排兩位以上的評審進行口試，那就需要有更多的人力。這一缺點使得口試無法大量使用，通常只用於比較慎重之學位論文口試或新進人員的篩選上。

3.很難控制口試的內容及人員的互動，公平性常受質疑

口試時除了第一個題目外，後續的題目常受到雙方互動的影響，若再遇到沒有經驗或沒有充分準備的評審人員，常會變成隨興亂問，而令學生懷疑其公平性。

三、課堂問答

課堂問答（questioning）是指教師為了增進教學效果或為了探查學生了解的程度，而在教學過程中公開進行的口頭問答。課堂問答在使用上時間短、次數多，功能上比較傾向於形成性評量；而口試則次數少、時間長、又比較正式，是傾向於總結性評量。一般而言，課堂問答具有下列功能：

(1)提高警覺性並集中注意力焦點，促使學生積極參與學習。

(2)提示重點並組織教材內容，增進學生學習效率。

(3)評量成就並診斷學習困難，協助教師改進教材教法。

(4)提供公開討論與發表意見機會，增進學生表達能力。

(5)啟發新思考方向，了解多重觀點，培養學生多元價值觀。

(6)經由澄清、辯駁、推論、歸納等活動，提升學生的思辨能力。

四、口語表達測驗

口語表達測驗（oral expression tests）是專門用於國小國語、說話課及其他外語課程的評量方式。由於它也常採取一對一及面對面的方式進行，形式上和口試及課堂問答非常相似，所以也放在這章中一

併討論。

口語表達測驗可以像口頭問答一樣，就在教學過程中進行，也可以像正式口試一樣非常嚴格地實施，因此它們的主要差別不在於進行的方式，而在於口語表達測驗是專門用來評量口語表達能力，而課堂問答與口試則是可以用來評量各個學科的學習結果。

以下幾種測驗形式是依據難易度排列，初學者比較適合用前面幾種，中級的可以用後面幾種：

㈠口語訓練

口語訓練（oral drills）是指學生聽了口頭示範之後跟著仿唸，或稍加改造後說出來。這種方式是教學上常用的練習方式，但在個別實施時也可以把它當作是一種評量方式。

1. 複誦

複誦（repetition）只要求學生唸出他所聽到的單字、片語和句子（通常來自錄音帶），這種評量的重點放在學生的發音、重音位置、及語調是否正確，因此它同時評量了學生的聽覺區辨能力和唇舌的操作能力。

在這種形式中，最難的是唸繞口令。例如，教師唸出下列的詞或句子後，要求學生跟著唸。

play, pray; here, hair; leaf, leave.

恐龍踏死孔融。 飛機搭載灰雞。火車撞上貨車。

The customer parked his fast car in front of the hut.

The rain in Spain stays mainly in the plain. （取自電影 My Fair Lady）

老虎撞破鼓，拿布去補鼓，不知是布補鼓，還是鼓補布。

2.機械化的結構式練習

所謂機械化結構式練習是先由教師唸一個句子作為依據，再由學生依照指示做應做的變化後唸出來，就英文來說其形式有下列數種，

例子中沒有加括弧的是教師要唸的部分，有加括弧的則是學生應做的回答：

(1)肯定與否定的轉換

I fell asleep at the party last night.

（I didn't fall asleep at the party last night.）

(2)形容詞與副詞的轉換

He works very well.

（He's a very good worker.）

(3)句子的附加

He wouldn't allow Cindy to turn on the radio.

--watch television

（He wouldn't allow Cindy to turn on the radio but he allowed her to watch television.）

(4)句子的合併

We played chess. Then we went out.

（After we'd played chess, we went out.）

(5)替換練習

We're going to read a book next week.

--tomorrow　　　　　　（We're going to read a book tomorrow.）

--I　　　　　　　　　　（I'm going to read a book tomorrow.）

--buy　　　　　　　　　（I'm going to buy a book tomorrow.）

3.較自然的結構式練習

這類型的練習仍是教師說一句，學生對應一句，但是比較接近日常生活的對話。學生雖然仍需針對教師的話作反應，但是已經有較大的自由表達空間。

(1)教師發問，學生回答

Will it be necessary to explain everything to the police?

（Yes, you'll have to explain everything to the police.）

⑵教師敘述，學生發問

Tom's going to Taiwan in July.

（Didn't he go there last month?）

⑶教師敘述，學生附和

Dick'll be very late.

（Yes, I wish he'd be early.）

㈡朗讀

朗讀（read aloud）是要求學生在教師面前將書面材料大聲讀出來，藉以評量學生的發音、語調及整篇文章抑揚頓挫的表現。朗讀的內容除了有整篇文章外，和口語訓練差不多，主要的差別在於朗讀之前並沒有教師的示範，學生無從模仿。

國內比較常見的方式是，在課堂上要求學生輪流朗讀課本上的一段文章，或是唸繞口令。至於朗讀整篇短文則因為比較耗時，只有在全校性的朗讀比賽或入學甄試上才看得到。有時候，在學生朗讀完一段文字之後，教師可以就文章內容問問題，一方面評量其聽力理解及反應速度，另一方面評量其閱讀理解及會話能力。某些較高級的評量上，會要求數位學生分別朗讀劇本中各角色的對話，這時就不只是要求清晰正確，還要表情豐富、活靈活現。

㈢看圖說話

看圖說話和朗讀一樣都提供書面材料，不同的是看圖說話時只有圖片沒有文字，因此學生要自己構思內容，好像作文，難度較高。這種評量方式依其難度還可以分成三種：

1. 看圖造句

這種形式只要求學生就一張圖片說出幾個有關的句子，句子之間

並不連貫也沒有關係，它比較適於評量低年級或初學者的描述能力。

2.看圖說故事

這種形式是要求學生看著教師所給的幾張連環圖片說出一個完整的故事，它比較重視詞彙的豐富及句子的連貫性，由於圖片內容控制了說話的範圍，學生間的表現有共同基礎作比較。但如果教師只給一張圖片就要求學生說出一整個故事，不只會難度偏高，也會偏於測量其想像力。

3.看圖討論

這種形式是由單向敘述的情境進入到雙向對話的情境，這時學生不只要觀察、理解圖片，也要理解教師的問話，這使得測驗情境更接近真實世界。這種方式比較適於國小高年級以上學生。

理論上任何圖片都可以拿來討論這張圖片的人物、地點、事件及其涵義等，但在實際運用時最好配合學生的經驗及背景，免得學生對它太陌生而無話可說。至於低年級及初學者，最好以比較簡單、有趣的方式進行，例如：教師可以拿有些部分畫得不合理的怪圖給學生看，要他指出來並說明為什麼不合理，說得不清楚時，教師還可以追問。或者，教師可以拿幾張很類似，但是有多處些微差異圖片給學生看，要他找出不同之處，並要他說明差異所在。

㈣短講

教師可以事先要求學生就某一主題準備一篇講稿，然後以五至十分鐘時間在同學面前作一短講（short talk），學生也可以發講義或展示材料。對於低年級學生或初學外語者，可要求他講一則現成的故事，以降低評量難度。

短講的題目要切合學生日常生活經驗，讓學生有興趣且有話可說，而不是被迫瞎扯，教師最好多準備一些題目讓學生自由選擇。此外，要求底下的聽眾合作，也可以使評量較順利進行。有些主題以問

題方式更能引起學生興趣，例如：

學校應不應該辦營養早餐？

計算機那麼普遍，還要不要練習那麼多計算題？

學生能否不穿制服，改帶名牌？

(五)面談

以面對面問問題方式進行評量，在計分上是非常主觀且信度偏低的。但支持者認為這種評量方式才能提供一真實的談話情境（如工作、學校、交友、嗜好、運動等）來評量整體的口語表達技巧。另一方面，反對者則認為面談不能算是真實自然的，因為學生會知道這是考試而產生緊張，並刻意約束自己的說話方式及內容以迎合教師的期望。例如，學生通常不會主動插話，或表露明顯的情緒。此外，學生的態度若不是過於防衛，就是刻意討好。

要減少上述的問題，教師要在一開始就要藉著桌椅的安排、親切的招呼及關心的態度讓學生放輕鬆，並引導學生盡量表達自己的想法、感覺。教師不應該在學生面前做任何記錄，他只能在學生離開之後才計分。由於這雙重的角色（對話者與評量者），使這種評量很難實施，加上話題很難控制到每個考生都一樣，所以其公平性常被懷疑。

面談過程如果錄音下來，教師就不需要急著計分，他可以隨意快轉、倒轉錄音帶，聽他想聽的任何部分，也可以和別的學生作比較，教師要注意的是，不要把帶子張冠李戴搞混了。

(六)團體討論

團體討論及角色扮演因為具有多人臨場互動的特性，故比較適合在高年級學生並以母語表達的情況下實施。教師若想藉著團體討論評量學生表達能力，需要安排一位話題引導者，並讓團體成員有事情做，例如，解決一簡單問題，籌畫一個活動，或只是吃點心，而不是

要學生圍坐成一圓圈就可以了。

　　教師可以在團體之外進行觀察，或是在團體內擔任引導者，不論是何種角色，教師都不應該在學生面前做記錄，但是要在團體結束之後立即計分及寫評語。

㈦角色扮演

　　以角色扮演（role play）的方式評量口語表達能力是最接近真實情境的評量法。角色扮演是要求學生在只有提示問題情境及各人角色的情況下，即興演出他該如何處理這件事情，評量規準是學生所說的話不只要正確、流利、而且要得體，符合場景中的角色、身分、話題的要求。本書第七章第四節有一則說話課的實作評量範例可以做參考，教師只要把該範例中第四、第五個題目改成要求兩個學生現場表演，而不是錄在錄音帶上，就成了角色扮演了。

第二節　使用口頭問答的要領

　　在「非正式觀察」時教師是消極等待學生表現出學習結果，但在「口頭問答」時，教師則是主動探查學生的學習成果。口頭問答雖然具有機動性、變通性等優點，但也具有強迫性、片段性、主觀性等缺點，所以使用上要小心、謹慎，最好依照下列要領來使用。

一、要依據教學目標來構想問題

　　口頭問答像紙筆測驗一樣，需要依據教學目標來編擬題目，但口頭回答的速度比書寫速度快，所以問題應該如同申論題，偏重較高層次的認知目標，不可以光問一些有標準答案的回憶性問題。

二、要使問題清晰明確

教師在使用口頭問答時常常沒有事先準備就隨興而問，所以題意不清是常有的事。希望問題清晰明確在發問時就要口齒清晰，並注意同音字，以免學生聽不清楚或誤解題意。發問時最好能夠說明問題的背景並指定回答的方向，以減少學生回答時牛頭不對馬嘴的可能性，並且應該讓受試者有要求澄清問題題意的機會。

問題在第一次提出時就要清晰明確，不要經常同一問題問兩次，否則學生會養成等待第二次發問的心理。

三、要提供充分的待答時間

教師應該依照題目性質給與學生充分的思考時間。對於回憶性的問題，等個兩或三秒或許足夠了，但測量較高層次思考的問題就得多延長一些時間。

為了讓每個學生都能夠認真思考問題，教師最好是先問問題，然後再指名學生回答。若先指名某位學生然後再發問，則提供的思考時間應該與學生的能力成反比，教師千萬不要有成見，認定能力差的學生一定答不出來，而不給與充分的待答時間；也不要認為能力高的學生一定答得出來，只是他一時想不起來，反而給他較多的待答時間。

綜合前人的研究發現，若將教師的待答時間強制延長到三秒以上時，師生的行為會產生下列的改變：

(1)學生答案的內容加長。

(2)學生主動回答的次數增加。

(3)學生回答「不知道」或沒反應的比率降低。

(4)反應慢的學生提出答案的數量增加。

⑸學生回答時的聲調顯得比較有自信。

⑹學生對於其他學生的回答開始有較多的反應。

⑺學生提問題或建議的次數增加。

⑻教師維持班級秩序的舉動減少。

⑼教師講課中出現的錯誤減少。

⑽教師所提問題的數量減少。

⑾教師對於正確答案的要求比較有彈性。

⑿教師對於某些學生的表現的期望開始改變。

四、避免以發問來威嚇或令學生困窘

口頭問答通常是在班級中公開地進行，即使是師生私下一對一的問答，學生也需要當著教師面來回答，所以它不像紙筆測驗那樣具有隱私性，這點通常令學生感到困窘和受威嚇。這種感覺若是適當地運用可以提高學生的學習動機，但是效果常常因人而異，有時還可能產生反效果。教師發問時的態度和對於學生答案的反應是讓學生感到受威嚇和困窘的主要原因。

五、要對學生的回答做適當的反應

口頭問答和紙筆測驗最大的不同在於，口頭問答可以讓教師對學生的回答做立即的反應。教師可以立刻摘述學生所說的，並要求進一步的說明；他也可以利用面部表情和姿勢來表示對答案的滿意程度，或是要求澄清，或是阻止文不對題的回答。

教師可以採下列幾種方式來對學生的回答做反應：

⑴以學生的回答作為提出下一個問題的基礎。

⑵要求另一位學生對於前一位學生的回答做評鑑。

(3)以身體姿勢或口頭的提示，來鼓勵其他學生提出不同的答案。

(4)藉著摘要敘述學生的回答，以認可和增強學生的反應。

(5)針對學生答案提出補充說明，以幫助學生獲得完整概念。

(6)把這一答案或和前面其他學生的答案作比較，以釐清概念。

(7)要求學生澄清、提出證據、或下定義，以探查他是否完全理解。

(8)對於經由討論所達成的進展作一摘要敘述。

六、若是正式口試應該力求客觀

在正式口試時可以依該考試的重要性採取下列措施，以增加其評分的客觀性：

(1)若主試者與受試者之間有私人關係時應事先迴避。

(2)主試者應在口試後立即評分，不可以事後依靠記憶來補打分數。

(3)由一人發問，但多位評分者同時評分數，然後加以平均。

(4)主試者應完全依照事先擬好的題目來問問題，以控制試題難度。

第三節　深入探問的技術

當一個問題提出之後，學生的第一次回答通常是不完整的，教師通常要做進一步的探問（probing）。**探問並不是提出一個新的問題，而是教師針對學生的回答做語言或非語言的反應，以激勵他做出更完美的回答，或是控制對話的方向。**在很多情況下學生並不自覺自己的回答是不清楚、不一致或不完全的，這時候，若你沒有做進一步的探問，你就會對他的能力或感覺做出錯誤的判斷。一般而言，愈是屬於開放性的問題就愈需要做進一步的探問。

探問的第一個好處就是它表示了你對於學生的關心，而且你正在

專心聆聽他的話，光是這一點就足以鼓勵他們繼續思考和表達了。另一個好處是它可以讓你引導和控制對話的方向，但又不讓學生覺得他被控制，而樂意在你所引導的方向上盡情表露他的想法。

　　探問的技巧其實與諮商（counseling）技術非常相像，本節將介紹擴大、澄清、對質三大類的探問技巧，以便讓教師知道如何加深並加廣學生的反應，釐清混淆與含糊的反應，以及處理學生認知或言行不一致的問題。它不只是適用於認知評量上的口頭問答，更適用於情意評量上的個別晤談。在現行課程中，數學科的建構式教學法以及科學教育中對於學生迷思概念的探討都需要大量使用探問的技巧。

一、擴大式探問

　　擴大式探問（amplification probes）是要求學生再擴展他所提供的訊息，以便增加他反應的廣度與深度，並顯露與這反應有關的理由、態度和信念。以下五種是最常用的擴大式探問：

㈠沈默

　　沈默是指**當兩人對話時，在兩個反應之間沒有聲音的間隔時間**。在教師提出一個基本問題後，沈默等待學生回答的時間叫做「待答時間」，待答的時間愈長，學生答案的質與量就愈好。學生回答後，教師不答腔，而用期望的眼神望著他，這表示「告訴我多一點」，學生會繼續擴大他的答案。

　　沒有經驗的教師若不是急著要求學生回答，就是代替他回答，或是轉移話題。有經驗的教師則耐心等待，而且通常會得到豐富的反應。沈默給與學生一段思考上的緩衝時間，讓他能夠修正、補充、及擴展他原來的敘述。

　　如果沈默是來自於學生，那他可能是困惑、缺乏知識或有情緒上

的困擾。而教師使用沈默時也得要小心，沈默有時候會被學生誤解成一種威脅或是漠不關心，因而引發敵意或挫折。

(二)基本聆聽反應

基本聆聽反應是指教師在**聽話時所發出的一些鼓勵性的聲音或姿勢的訊息**，例如：嘴巴上說「嗯」、「對」、「是」，姿勢上的點頭、注視對方、顯示臉部表情等，這些在向對方表示「繼續下去，我正在聽著呢！」，這時教師顯示了他對學生的興趣與專注，但並沒有去引導學生的反應方向。

有時候教師所說的「嗯」等聲音被解釋為接受或同意，這時若改成「請繼續！」、「還有呢？」就比較不會產生引導方向的效果。

(三)重述

重述就像「回聲」或「鏡子」一樣，它是**把學生的話完整地再說一次**。重述和沈默或基本聆聽反應一樣，可以顯示教師是很仔細地在聽話，並希望進一步得到更多的訊息，但選擇性的重述可以顯示教師希望學生擴展哪一方面的反應。

(四)直接追問

直接追問是**教師明確詢問他所想要知道的資料**，所以比較具有權威性和控制性，例如，教師可以問：「然後怎麼了？」「接著你怎麼做？」、「對於這件事，你有什麼看法？」、「它是怎麼發生的？」、「當時你怎麼處理？」、「你認為應該怎樣做比較好？」。

直接追問有助於探問學生對於事物理解的深度與廣度，但是它的權威性及控制性會壓抑學生對於主觀情感的自由表達。所以當探問的重點在於情感問題時，應該盡量少用直接追問的方式，有些較嚴格的諮商訓練機構甚至禁止諮商員對當事人使用直接問句。

㈤情感的反映

我們討論前面幾個探問方式時，主要是用它們來擴展客觀的訊息，而情感反映（reflection）則是用來擴展主觀的訊息或是情感領域的訊息，例如，學生對於課程、教學以及對於同儕或師生關係的感覺與態度等。情感反應是指教師藉著觀察學生臉部表情、眼睛動作、姿勢、聲調等等，再配合學生話語的內容，嘗試著具體描述學生當時的情感，以幫助學生對於自己情感有深一層的領悟。

要有效地使用情感反映，教師需要全神貫注在學生身上並與學生建立起高度的投契關係（rapport）。由於學生經常會隱藏或壓抑自己的情感，教師需要有設身處地的了解能力（empathy），他要**想像自己處於學生的立場時會有什麼樣的感覺和想法，並找出適當的情感字眼來加以描述**，讓學生覺得他是真正被了解，而更樂於述說他的情感。

把情感反映放在最後，是因為它只適於處理情感問題，它不像前四者不但可以處理客觀訊息，也可以用於處理情感問題。

二、澄清式探問

澄清式探問（clarification probes）是教師為了確定他是否完全地、正確地理解學生的意思。它常用於學生說話含糊、令人困惑時。

㈠換句話說

「換句話說」與前面提及的「重述」很類似，但是它的目的不在於擴大反應，而是要澄清學生的反應；所以它**不重複學生用過的字眼，而是以教師自己的且較精簡的話，來確認有沒有誤解學生的意思**。這時教師可以說：「換句話說，你是⋯⋯」、「看來你是認為⋯⋯」、「所以你主張應該⋯⋯」。

　　「換句話說」使得教師在聽話及記錄晤談內容時更為容易及正確。教師若平時就養成能抓住學生談話的重點，並以更精簡的話重述一次以求驗證的習慣，則不只可以減少溝通上的誤解，也能提供一個好模範讓學生學習。

㈡摘要

　　摘要適用於在學生一系列的敘述之後，它可以**讓教師把相關的觀念做一整理，讓學生有機會回顧談話的重點，並檢查有無遺漏重要事項。**

　　摘要暗示著每一個主題的結束，而使得主題之間的轉移更為順暢，它讓學生感覺完成了一件事，而激勵他們繼續談下一個主題。每隔一段時間就做摘要可以使教師維持主控權，免得學生在同一個主題上打繞太久；同時它也可以暗示學生你是非常專心而且能正確地了解他所說的話。做摘要並不需要很正式也不需要說得很長，它需要的是能夠去蕪存菁、抓住每個重點，而且在做完摘要後一定要詢問學生是否有遺漏。

　　「摘要」與「換句話說」都簡化了學生所說的內容，但兩者的差別在於：「換句話說」可以用於敘述的每一個段落之後，其目的在於驗證理解的正確性，使用頻率較高；而「摘要」只能用在有相同主題的好幾個段落之後，其目的在於回顧重點與暗示結束，使用頻率較低。

㈢直接要求澄清

　　直接要求澄清是**當教師覺得學生的敘述含糊、籠統時，要求學生以不同的方式來重複他剛才所說的話。**例如，教師可以說：「這個XXX是什麼意思？」「你能不能對XXX等。下一個定義？」「你能不能再說清楚一點？」「我不太懂你的意思」

　　教師使用直接要求澄清時要態度溫和，最好先說「對不起！你

……」，並加上一些迷惑的表情，以免學生誤認為教師不相信他或懷疑他是否誠實。使用直接要求澄清時要讓學生知道你不是十全十美的，你不可能每一次都完全聽懂；而大部分的情況下，學生都能理解與接納你的限制，並對自己的話語更加敏感，會嘗試把話說得更具體、更清晰。

三、對質式探問

對質式探問（confrontation probes）是**教師直接指出學生的話語或行為中不一致的地方**。它常用在下列情況：
　⑴學生的話語本身就前後矛盾。
　⑵學生的話與你由其他方面得到的訊息不一致。
　⑶學生的話與他實際的行為不一致。

當教師應該使用對質而卻不用時，學生會繼續他那不一致的行為，而教師的能力也會被學生看輕，教師會被認為是愚蠢、好騙的。
　使用對質式探問的時機和態度是很重要的，教師只有在與學生建立良好關係之後才可以使用，否則學生會把它當作教師對他的責難或教訓。教師應該以溫和的態度與試探性的口氣來進行對質，並留給學生澄清或辯解的機會，這樣才比較能夠促進學生的自我反省，而不是引發他強烈的自我防衛。

第四節　使用非正式觀察的要領

連續性的系統化觀察法是一種很有效的教育研究方法，然而一般教師在教室中已經忙於教學與教室管理，隨時與學生在互動，不可能

自己置身事外專心做系統化的觀察。所以本章只介紹教師較可能用得上的非正式觀察及軼事記錄方法，至於系統化觀察法則留給教育研究法去討論。

在學校教育中，德育與群育也占很重要的地位，但它們不像智育與體育那樣具有具體明確的評量方法，非正式觀察這種強調自然情境、非結構式、隨機的觀察結果在此處就變得很重要了。

一、界定並區分要觀察的行為

教師在教學過程所做的觀察不同於一般觀察研究所做的觀察，教師所要觀察的行為通常就是他希望學生改變的行為；所以教師要先確定他希望學生改變哪些行為，才能訂定教學目標及所要觀察的行為。以下三類行為是德育上最需要注意的：

㈠傷害性行為——應消除的行為習慣

傷害性行為包括會傷害自己的行為，如抽菸、賭錢、酗酒、飆車、吸毒等；以及會傷害別人的行為，如嘲笑、挖苦、貶低他人等心理性傷害，或是推人，打人等生理上的傷害。

有些行為雖然不一定會造成傷害，但是它可能造成傷害的機率卻很高，所以也應該盡力消除它，例如，在走廊上奔跑、在下樓梯時推擠、亂丟東西到樓下去等，容易造成公共危險的行為。這些行為大多與生活教育有關，若無法消除這些行為會在班級經營上及學校管理上造成很多的問題。

㈡應有而未有的行為——應建立的行為習慣

應有而未有的行為是指依照學生的身心發展階段應該是已經建立的良好行為習慣，但實際上卻沒有，例如，小學高年級學生仍不會主

動向長輩打招呼。造成這種現象的原因可能是「身心發展落後」，例如，滿一歲還無法自己站立、上了小學還不會拿筆等；也可能是「沒有機會學習」，例如，不會騎腳踏車，不會查字典、不會游泳等。

　　當發現學生缺乏某些應有而未有的行為，而且它對其生活適應有很大影響時，就應該進行補救性的教學，並多給與練習機會，必要時還可以採用行為學派的塑造（shaping）技術及正增強（positive rein-forcement）的原理，積極建立其應有的行為習慣。

㈢正常但不適合於該情境下的行為——應調整的行為習慣

　　這類行為應該算是正常行為，但是因為時間、地點或是行為的對象不對，以致被視為是不當的行為。

　　這類的行為可以再加以細分，其中有一類是屬於「隱私性的行為」，例如，排泄與性行為只能在密室中進行，不能在公開場合中做。一類則為「干擾性的行為」，例如，跑步與叫喊在運動場上算是正常行為，但在教室中則是干擾教學的行為。另一類則為「角色不符的行為」，例如，學生以教師的口氣向其他同學下達命令，同學之間借用文具要求寫借據等。

二、要自我限定觀察的範圍

　　觀察的特色是可以同一時間注意好幾件事情，然而自己限定觀察的範圍才能夠對少數重要事件做深入地了解。

三、事先熟悉要觀察的行為及情境

　　在教學過程中對學生做觀察，就如同開車時對街道做觀察。你愈有開車經驗就愈能把注意力放在外面街道上，同樣的，當你對教室環

境或對學生平日的學習反應愈熟悉，你就愈能夠有效率地觀察學生的行為。

四、盡快記錄重要的觀察結果

記錄工作是很花時間的，所以除非是為了做研究，否則大多數的教室觀察並不需要記錄下來。教師通常把教室觀察當作一種教學上的回饋，是要做立即的運用，而非做長久的保留。

但是有些重要事件若確實有記錄保存的價值，就應該立即記錄下來。觀察的結果若沒有立即記錄，很快就被忘掉或是被嚴重扭曲。觀察記錄的方法包括書面記錄和錄音、錄影。

五、要警覺到觀察法對學生成就的高估傾向

教師對學生學習效果的觀察通常是緊接在教學之後，這時短期記憶的效果仍然很明顯，然而間隔一段時間之後，學生的學習保留量就急速下降，所以教師常常發覺明明學生都已經學會的材料，為什麼考試時又都不會了。

會高估學習成就的另一個原因是，那些聰明且認真的學生比較會引起教師注意，認真學習的學生會以發問、眼睛的接觸以及其他行為吸引教師的注意，而沒學會的學生則常保持沈默以掩飾自己的無能或尷尬。教師在觀察時常常會尋找學生已經學會的證據，而很少注意到沒有學會的那些人。

第五節　觀察記錄的方法

　　觀察記錄的方法有很多種，但是教師不可能一邊教學一邊做記錄，所以他通常只能採用事後記錄法而非現場記錄法，雖然事後記錄法容易受到先前印象、記憶扭曲，或遺忘等因素所影響，然而它卻是一般教師比較可能採用的方法。本節只介紹一般教師較常用的觀察記錄法，至於教育研究者所用的較嚴謹的記錄方法，請另行參看研究法專書。

一、事件發生頻率記錄法

　　事件發生頻率記錄法（event recording）是要求觀察者數算在一固定時間內，學生做出某一種行為的次數，記錄時，若是時間短而頻率高的行為，就使用手按計數器，例如，每節課中離開座位的次數、一天中說髒話的次數；而時間長頻率低的行為則使用畫計表或登記簿，例如，每學期缺席與遲到次數、缺交與遲交作業次數，借閱圖書冊數等。

二、事件持續時間記錄法

　　事件持續時間記錄法（duration recording）要求觀察者記錄學生從事某一種行為（如：上課遲到、完成指定作業等）的持續時間長短。記錄時常用到馬錶等較精確的計時器。

三、軼事記錄

軼事記錄（anecdotal records）是指由與學生有密切接觸的教師或學校相關人員透過直接觀察後，簡短地記錄下學生的特殊行為或經歷事件，並形成累積性的紀錄。因為它在使用上比較費時且缺乏客觀性，累積的結果也不容易作有系統的解釋，所以它的主要用途是用來分析與評估少數特殊學生的社會與情緒適應，比較適合讓各級學校的輔導人員和教師用在輔導方案中。

記錄的事件或行為應該是不平常的、值得注意的，而且記錄的內容應該偏重事實的描述，而非觀察者對於該行為的解釋或評語。記錄的格式可以自己設計，通常是像名片般大小的自黏貼紙，不但容易攜帶，寫完後也容易貼到學生資料表上，至於內容要包括：學生姓名、日期、時間、地點及事件的描述等。

閱讀同一學生的多次軼事記錄可以對此學生的行為組型（pattern）有深入了解，較不會受少數幾次印象的影響。此外，它也可以記錄教師及學生對於特定問題的反應，提供日後引用或查證之用。

___年__班　姓名_____　　_____年__月__日　地點：_____

圖 8-1　軼事記錄用表格

四、評定量表

評定量表在第七章已經詳細介紹過，但它不只可以用來評定實作測驗的歷程與成果，也可以用來記錄非正式觀察的結果。

此兩者的不同是在於，實作測驗使用評定量表的時機是在測驗現場或面對具體的學生作品，因此評定的範圍很明確，項目也非常具體；而非正式觀察所用的評定量表通常範圍較廣，沒有明確定義，項目也比較含糊，以包含各種類似行為。例如，透過父母、師長對學生日常生活的觀察來評定學生創造力的表現，或透過教師及同學對某一特定學生的平日印象，來評定其在校學習態度。

㈠評定量表的種類

評定量表的分類上，若依照評定者來區分，有教師、家長用的評定量表，也有同儕互評，更有學生自評用的量表。若依照評定的特質來區分，有評定能力的，有評定態度的，也有評定生活適應狀況的。至於在實際應用上，最常用的是由教師家長對於幼童生活適應作評定的量表居多，至於年紀較大學生通常由自己填寫，我們稱之為「自陳量表」。

㈡使用評定量表的原則

⑴盡可能地要求評定特定的、可觀察的行為，而不是含糊的特質或個性。

⑵盡可能對該特質的每一等級作一具體描述，而不要只用簡單的形容詞，如「優秀、尚可、待改進」等。

⑶加強對評定者的訓練與溝通，使其能力與態度都能達到最理想狀態。

(4)寧可增加評定的項目而不要增加評定的等級，超過五個等級的
評定方法並不能增加信度。

(5)只有在無法使用系統性觀察法和晤談時才靠平日印象來填寫評
定量表。

第六節　觀察誤差的來源

觀察學生行為的方法很多，可以是現場觀察並同時記錄，也可以
透過錄影在事後做觀察記錄，當然也可以依據觀察的印象在評定量表
上做評定。觀察包含對於外界訊息的接收、闡釋、記錄的過程，每一
過程都可能受到干擾而造成誤差。

一、觀察時常見的誤差

觀察者在現場觀察記錄時，常因為觀察者訓練不夠、時間短促或
情境變化太快、太複雜等，而造成下列誤差：

㈠對所欲觀察的行為定義不清

觀察者在觀察前沒有對所要觀察的特定行為作一明確定義，致使
將形式類似但意義不同的行為，也摻雜進去了。例如，在記錄打架行
為時，把學生間的嬉鬧式推打也算進去。

㈡張冠李戴

當觀察同一人的幾種行為時，或幾個人的同一種行為時，很容易
在記錄時弄混淆而造成張冠李戴的現象。這種現象通常發生在觀察者
與被觀察者並不很熟悉，而觀察者要處理的訊息眾多時。

(三)霍桑效應

當被觀察者發現他自己被別人所觀察時,他會表現得比平時更好,以維護其自尊,此種現象稱之為「霍桑效應」(Hawthorne effect)。一般而言,被觀察者年齡愈小,愈不懂觀察者的意圖,就愈不會受到觀察者出現的影響。

要克服這種效應有時得採用隱蔽的方式觀察,例如,在觀察室中透過單面透光鏡觀察、使用隱藏式攝影機或以假身分(如實習老師)進入觀察情境等;有時候則透過長時間的參與被觀察者的活動,而降低他們對被觀察的敏感性,例如,人類學者研究少數民族文化所用的參與觀察法。

二、評定時常見的誤差

在教學過程中,教師常需要依據現場或平日的觀察印象,在評定量表上評定學生的實作表現或作品的品質。但在評定時常會因為個人的心態、價值觀、過去經驗或先入為主的印象等,而發生下列的誤差:

(一)漫不經心

漫不經心(lack of interest)是指評定者本身態度隨便、不專注於評量過程,以致於評出來的結果不一致。當評定者認為這種評定沒什麼意義,或者是事不關己等原因,而不願花費精神做好評分工作時,其評定的結果就會趨於不一致。減少這種誤差的方法不在於加強評定者的訓練,而在於如何課以責任(如在評定表上簽名)及給與適當的激勵(如提高評審費)。

㈡個人偏誤

個人偏誤（personal bias）是指評定者不依據實際觀察結果，而故意把某些人評得比較高，某些人評得比較低。這種誤差較常出現於班際、校際或國際的比賽中，對這種評定者我們則戲稱為「愛國裁判」。要克服這種誤差除了採取匿名、彌封方式之外，就是多聘幾位評定者同時獨立評分，並去掉上下兩個極端分數後加以平均。

㈢反應心向

反應心向（response set）是指有些評定者有把所有人的所有項目都評在量表上同一位置的傾向。反應心向通常會造成兩種影響：(1)它會使分數的全距變小，因而導致評量的區辨力降低；(2)對於個別學生的評量結果，除非我們也能夠看到所有學生的分數分布，否則我們很難區辨它到底是學生能力所造成的，抑或是評定者的反應心向所造成的。

評分者反應心向若依照偏好的位置可分成下列三種：

1. 趨中的誤差

趨中的誤差（central tendency error）是指評定者趨向於把各個評定項目都評在中間的等級上。當評定者認為評定項目的說明含糊不清時，或對被評量者的了解不夠時，這種傾向愈嚴重。這種誤差反映出評定者的困惑與猶豫的心態。當評定者疲累或需要在時間壓力下完成一定數量的評定時，這種誤差會更嚴重。

2. 寬鬆的誤差

寬鬆的誤差（generosity error）是指某些評定者喜歡把各個評定項目都評在較高的那一端。這種誤差反映出評定者不想得罪他人的鄉愿心態。這是最常見的誤差，尤其當評定者的身分是公開的，或是評定者對於該學生的學習進步要負直接或間接的責任時，會更嚴重。

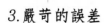

3.嚴苛的誤差

嚴苛的誤差（severity error）與寬鬆的誤差相反，它是指評定者喜歡把分數評在較低的那一端。這種評定者雖然不多，但仍是有的，這種誤差反映出評定者自視甚高，而且對學生要求嚴格的心態。

要降低上述各種反應心向的影響，在受評者人數少時可以採取強制排序法或配對比較法，在人數多時可以採強迫常態分配法（每一等第上有固定人數比例）來進行評等。

㈣月暈效應

月暈效應（halo effect）是指評定者因為對於學生在某一特質上的表現印象深刻，而影響了他在其他項目上的評定。因此評分者會在各方面都高估他第一印象覺得很好的學生，而低估了他第一印象覺得很差的學生。這種誤差反映出評定者具有以偏概全、過度類推的思考習慣。要減少這種效應除了用具體的行為來定義所評量的特質外，還可以採用彌封的方式或是採多人分項評分（每人只評每份試卷的一部分）的方式，來進行評定。

㈤邏輯推理的誤差

邏輯推理的誤差（logical error）是指由於評定者沒有根據實際的觀察，而是基於個人對於兩個項目之關係的信念，就把這兩個項目評得很接近或相反。例如，教師會把高成就的學生評得比較聰明，因為他認為智力與成就是有高相關的；同樣的，他也可能先入為主地相信漂亮的女生常忙於約會，而忽略了功課。這種誤差的產生是因為評定者運用他的邏輯推理思考過程取代了他的實際觀察，然而不幸的是，他對於各種特質之間的關係的認識常常是錯誤的。

第七節　批判性探究法

　　批判性探究法（method of critical exploration）是結合口頭發問、實物操作與觀察法的一種評量技術，它源自於認知心理學家皮亞傑（Jean Piaget）的臨床描述法（clinical descriptive method），它是以一對一的方式實施，教師透過實物操作與問題的安排，來獲得學生的反應，並對學生的反應做一判斷與假設，再就這一假設逐步追問、查勘他了解的程度。這方法最適合用來診斷學生是否已經真正獲得某些數學或科學概念，在教育研究上則常用於啟發式教學法及兒童認知發展的實驗研究。

　　此法雖然在實施程序上有點像個別智力測驗，但它並沒有多種分測驗，也沒有使用常模來解釋分數。它雖然讓學生操作器材，有點像實作測驗，但是它是在測量認知概念，而不是測量操作技能。

一、特色

㈠配合皮亞傑的認知發展理論

　　此方法當初是由皮亞傑結合「臨床診斷」與「使用具體器材的實驗方法」所發展出來的，它強調任何概念的真正獲得是基於較簡單概念的逐漸了解；而主試者的問題要和學生眼前的實物有關，不能只藉著語言來解釋；學生應該有機會以非口語的方式作答（以操作實物回答問題）；主試者的問題是有彈性的，是依據學生的理解程度而調整，並非千篇一律的。

㈡排除語言能力對評量結果的干擾

在評量過程中，主試者的問題不像標準化測驗那樣固定，而是可以彈性調整的，主試者在發問時可以透過實物的輔助及採用該學生所能了解的語詞來發問；而學生可以透過口頭或實物操作方式來做反應，這使得語言（尤其指閱讀書寫能力）不再成為評量上的障礙。

㈢實施過程具有互動性並允許深入探究

在實施過程中，學生不但要對自己的操作提出說明，而且還要應付主試者為了考驗學生概念的穩定性而做的追問和實驗程序，讓整個程序充滿了互動性。而學生是否獲得某概念還得符合皮亞傑所訂定之真正獲得（genuine acquisition）的嚴格條件，亦即要能同時兼顧相關屬性，並了解部分與整體的相互關係，因此一個概念的評量常常需要使用多個變化實驗來加以驗證。

㈣主試者要接受專門訓練

如同個別智力測驗一樣，主試者要經過專門訓練。他不但要對所評量的學科概念有充分的了解，還要熟悉施測程序，他不只要能夠正確地傾聽、觀察並迅速記錄學生的反應，還需要懂得如何引發學生豐富及特定的反應。

二、實施應注意事項

㈠評量前的準備

施測者要事先聯絡相關人員，如學校校長、教師及家長，取得同意與配合。他也要選購並準備需要的器材，並安排安靜、方便且有合

適桌椅的測驗場所。主試者要事先演練過每一步驟，才能正式使用。在演練過程中，主事者不僅要熟讀指導語並熟練器材的操作，還要考慮面對特殊兒童及特殊狀況時的正確處理方式。

㈡進行評量時

主試者應提早到達以便檢查場地、複習各評量步驟，並安排所需要的材料。若有其他觀察記錄人員，最好先向受試者介紹，並安排坐在受試者的右後方，以免受試者有受威脅的感覺。主試人員在操作材料及唸指導語時應有一致性，以便同樣的程序能對不同兒童提供同樣的刺激；也方便其他實驗者重複操作，並可比較評量結果。

㈢記錄

評量者應事先受過訓練，不只要熟悉器材的安排、發問的內容，並要能夠熟練記錄的方式。若無觀察者在旁協助記錄，可以考慮以攝影機或錄音機作為記錄的輔助工具。記錄內容應包含受試者所說的話、理由、操作情形及整體行為表現，愈詳細愈好。

參考書目

俞筱鈞譯著（民77）認知發展實驗：理論與方法。台北：中國文化大學。見第四章「皮亞傑之研究方法」。

Donaghy, W.C. (1984). The interview: Skills and applications. Salem, WI: Sheffield. See chapter 5, "probing".

Heaton, J.B. (1975). Writing English language tests. London: Longman group. See chapter 6, "Oral production tests".

Kissock, C., & Iyortsuun, P. (1982). A guide to questioning: Classroom procedures for teachers. London: Macmillan Press.

Thorndike, R.L., & Hagen, E. P. (1997). Measurement and evaluation in psychology and education (4th ed.). New York: Macmillan. See chapter 13, "Behavior Tests and Observations".

Oosterhof, A. (1994). Classroom application of educational measurement (2nd Ed) New York: Macmillan. See chapter 13, "Informal Observations and Questions".

Salvia, J., & Ysseldyke, J.E. (1995). Assessment. (6th ed.). Boston: Houghton Mifflin. See chapter 10, "Assessing Behavior Through Observation".

Worthen, B.R., Borg, W.R., & White, K.R. (1993). Measurement and evaluation in the school. New York: Logman. See chapter 12, "Constructing and Using Descriptive Measures: Questionnaires, Interviews, Observations, and Rating Scales".

第九章　學習歷程檔案評量法

　　作品選集（portfolio）通常是指某些專業領域，如建築、攝影、廣告、編輯等從業人員把自己多年來的代表作編輯成冊，以便向客戶或雇主展示其個人的專業成就。但是在教育上portfolio assessment 已經成為一種新興的評量方式，它是由師生共同收集學生個人在學習與成長上的資料，以證明個人的努力與進步，並作為訂定後續教學計畫的依據；此法在國內有多種譯名，如「資料匣評量法」、「卷宗評量法」、「作品選集法」等，在此章中為了更能傳達其內涵就姑且譯為「學習歷程檔案法」。

　　學生的學習歷程檔案和專業的作品選集有相同的地方，例如，它們都是很個別化的，都是累積性的，都是強調最佳作品的。但兩者也有不同的地方，即學生的個人作品選集是屬於「形成性」評量，其內容隨著知識、技能的進步隨時在更新；而專業的作品選集則是屬於「總結性」評量，得隔好多年才更新一次。學生的作品選集是由師生及家長共同評量，而專業的作品選集是由客戶或雇主來判斷。

第一節　興起原因

　　歷程檔案法或許早年就有人在使用了，但是它形成一股熱潮則是在最近幾年，筆者所能找到的以 portfolio 為名的專書幾乎是都是在一九九〇年以後出版的，而其他有關教育測驗或評量的教科書中有提到 portfolio 的也幾乎是 九〇 年代以後出版的。若追究其興起原因，歸納各學者的意見大概可以分成下列數種：

一、對於測驗實施趨向標準化、電腦化的反動

　　教學環境本來就與現實環境有一段差距，但是現代的標準化測驗為了控制施測環境以減少測驗誤差，以及利用現代科技以降低測驗成本，又把施測環境變得更人工化、更脫離現實。而測驗標準化和電腦化的結果，不但使得測驗情境脫離現實，測驗方式窄化成選擇題，也使得教學評量逐漸為測驗專家所主導，教師反而成了跑龍套的。

　　反對在教學評量中使用標準化測驗的教師認為，縱使標準化測驗再精細、再客觀，仍然是以少數的、片段的觀察結果來下結論，無法與任課教師長期的、累積的、多向度的觀察來相比較。事實上，許多標準化測驗仍然需要以教師的長期觀察評量結果來作為驗證測驗效度的依據。

二、對於評量結果趨向數字化、抽象化的反動

　　傳統以紙筆測驗為主的評量方式，是把教學內容細分成多種不同的知識和技能，再加以測量，然後用數字表示學生在各部分上的能力，但在最後的報告上卻把它們以加權方式累加成單一的數字，讓人看不出來它究竟代表了什麼？或學生到底學會了什麼？或什麼是他應該學會而仍然不會的？

　　這種將評量結果化約成單一數字的方法，其好處是便於登錄成績和便於對學生之間的能力作比較，但其代價卻是讓教師、學生及家長無法了解學生真正的學習成果，久而久之，就逐漸忽略了學生的實際學習成就，而只關心分數而已。學習歷程檔案法就是要恢復學習評量報告應有的面貌，它讓師生及家長三方面，能從學生的代表性作品或累積的觀察記錄中看到學生的實際學習成果。它的形式是原始的、具

體的、接近現實的；而傳統測驗分數是抽象的、化約成單一數字的、脫離原貌的。

三、個別化教學的需要

　　工業社會那種統一化、規格化的思潮曾經影響了學校的教學，雖然它具有經濟與效率的優點，但對於那些不能適應那種制度的學生卻是一種災難。隨著經濟的富裕，以及學生適應問題的增加，以前那種爲了追求經濟效益而全年級採用統一教材、統一進度以及統一試卷的工業生產模式，已逐漸被修正，現在正逐漸走向小班制，並且實施因材施教式的個別化教學。在個別化教學模式下，學生不必與他人的表現相比較，而是與自己以前的表現和所自訂的目標相比較，學習歷程檔案法正符合這種需要。

四、文化人類學研究法的影響

　　文化人類學的研究方法是強調長期參與式的觀察，而班級教師對於學生學習活動的觀察也是一種長期的、主動參與式的觀察；教師在教學過程中、指導及批改學生作業中、與學生的個別溝通中，都可觀察到學生的代表性行爲，取得其工作樣本。一個受過觀察訓練的教師所做的累積性觀察記錄，其參考價值一定贏過只用幾次紙筆測驗所下的結論。

　　在編製標準化成就測驗時，編製者常以班級教師對於受測學生的能力的評定結果作爲效標，用來驗證該測驗的效標關聯效度。這即表示連測驗專家也承認班級教師對學生做長期、直接的觀察與記錄才是最可靠的評量方法，而唯一需要改進的是如何訓練教師做比較系統化的觀察記錄，以及如何避免個人偏見的影響。

五、進步主義教育的妥協

　　美國的進步主義教育哲學反對內容與進度統一的僵化課程，懷疑獎懲、定期考試等措施的效果，而強調應該讓學生按照自己的智能長處和學習方式來學習，在教學上則偏愛實際動手的團體設計活動和研究計畫。

　　對於評量工作，進步主義教育工作者若不是認為教育成效是自明的、不言而喻的，就是認為用外在指標來衡量教育績效是很魯莽且不恰當的要求，再不然就是堅持教育成敗只能用他自己的標準（可能是很特殊的）來衡量。然而所有的教育機構都得面對自己有缺乏成效的可能性，而且必須表明一有需要即願意反省、評鑑和改變的態度。所以進步主義所採取的折衷方法是藉著拍照、錄影、保存作品的方式，把學生的重要學習過程及結果都保留下來，每人都建立一套檔案。這時評量不再是抽離的、片段的活動，而是在日常學習活動下所做的整體性觀察，可以讓人看出學生個人在整個學習過程上的努力與進步。

六、在教育改革中多元智能論的實驗

　　在卡德納（Howard Gardner）及其同事提出多元智能論之後，即有許多教育工作者依據其理論進行教育實驗。例如，在哈佛零計畫（Harvard Project Zero）中的光譜計畫（Project Spectrum）即嘗試以創新的方法評量學前兒童的多種智能狀態與工作風格。在印第安那波里市的一所實驗性學校（Key School）裡，每位學生每年都要做三個專題研究，並展示給同學看，教師則由「個別智能」「精熟事實、技能與概念」、「作品品質」、「溝通能力」、「反省思考能力」五方面進行評量。在為高中學生而設的「邁向藝術」（Arts Propel）課

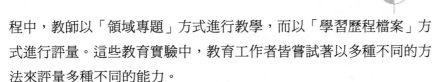
程中，教師以「領域專題」方式進行教學，而以「學習歷程檔案」方式進行評量。這些教育實驗中，教育工作者皆嘗試著以多種不同的方法來評量多種不同的能力。

第二節　方法特徵及適用時機

「學習歷程檔案」是指教師為了密切督導學生的學習過程，指導學生收集自己最佳工作樣本（如，美勞作品、作業、報告、試卷等）並同教師對他做的觀察記錄、或評量表等都放在一個大型的活頁檔案夾裡，這些檔案夾都放在教室的書架上，可讓學生隨時取閱和整理自己的資料。

師生則定期整理和檢討個人資料，以評鑑學生的學習成果並訂定新的學習目標。

一、方法特徵

學習歷程檔案法是一種相當新的評量取向，它於一九九〇年後在美國中小學迅速擴展開來。但我們若盲目地接受，而不用批判性的眼光來探查它的優點與限制，恐怕會未見其利先見其弊。簡單地說，它具有下列的特徵：

㈠容易配合個別化的教學目標

由於每個學生都各有自己的作品資料夾，且教師是逐一和學生共同檢討其學習成果，所以很能配合個別化的教學目標，這是採用統一的紙筆測驗時所無法做到的。

㈡強調比較有價值的學習結果

一般而言，比較有價值的學習結果是指那些較高層次的認知能力（如：分析、綜合、評鑑）；或是運用特定程序或策略來找尋答案的能力；或是完成較複雜而具有挑戰性的工作。這種學習結果不是用是非題、選擇題或填充題可以評量的。

㈢強調學生的整體的、接近現實生活的表現

真實評量（authentic assessment）是指要求學生解決真實世界會遇到的問題。例如，在數學科中要求學生編列全班露營所需的預算；在語文科中要求學生選擇並朗讀故事書給幼稚園小朋友聽；要求他們為低年級小朋友編寫一本圖畫書等；這些作業都需要花費較多的時間，並且要統整知識與技能才能完成，也更接近現實生活中的需要。

㈣強調找出學生的優點而非弱點

大部分的紙筆測驗常只強調學生的錯誤，而不重視學生已經學會的部分。由於教師計分時常會標示出答錯的部分；而考試後師生檢討題目時，又只討論大部分人答錯的題目；這種消極性的回饋方式或許就是學生想逃避考試的原因。

但是歷程檔案法所強調的是學生做得有多好，以及他下一步可以再學些什麼，這時候學生的不足之處被當作是下一階段的學習目標，而不是表現上的錯誤。這種回饋方式使得學生熱中於生產作品而不喜歡考試；它也使得評量在教學中更具有積極性和建設性。

㈤鼓勵學生參與對自己的評量過程

教師鼓勵學生將自己現在作品和以前的作品相比較，讓學生有不斷反省改進的機會。學生在評量自己作品的過程中，會養成後設認知

（meta-cognition）的能力，意即學生能夠站在較高的層次，對自己的學習認知歷程進行監控，這種能力對於他日後的自我學習會有很大的幫助。

㈥鼓勵學生之間和師生之間的合作

使用歷程檔案法時，教師可以設計需要多人共同完成的活動來培養學生的聯絡協調能力與分工合作的習慣。在師生共同訂立學習目標時，教師提供引導與回饋，這使得教師更像一個專業顧問，而非傳統那種控制的、權威的角色。

㈦將教學、學習與評量三者統整為一體

傳統的紙筆測驗是在教學之後另外撥出時間來實施，而歷程檔案法是在平時就收集學生的作品，所以每次的作業、每天學習結果都可以納入檔案中，學生無法投機取巧，也無法臨時抱佛腳。每次師生共同檢討作品時，教師是在教學生，也是在評量學生；而學生既是在學習，也是在自我評量。

㈧有助於向他人說明學生的學習成就

專業人員的個人作品選集，是執業者以過去累積的得意作品來向未來的客戶或雇主證明自己的能力與成就。相同的，學生的歷程檔案中的累積作品也提供教師具體的資料，能向家長、輔導人員及行政人員說明學生實際的學習成就，而不是只提供一個分數而已。

學生的學習歷程檔案中不但有條列的學習目標，還有實際的作品及師生共同做的評鑑報告，這些都有助於向他人說明學生的努力、進步及學習成就。

㈨在使用上很耗時間

「準備」歷程檔案並不需要花費很多時間，因爲有很多資料都是教學過程中自然會留下來的，但要師生一起「定期檢討」則是很花時間的。通常教師需要先花半個小時來檢閱學生作品選集，然後再用半個小時和學生共同檢討。

有些人認爲這會增加教師的工作負荷量，恐怕難以推行；但有人認爲教師可以利用學生在課堂上寫作業時間，或以小組方式進行定期檢討，何況每四週或六週檢討一次，可以讓教師更清楚知道下一步應該如何教，可以減少無意義的教學而提高整體教學效率。

㈩評量結果的信度有待研究

對於歷程檔案法的信度研究，由於是新興的評量方法，所以實證研究並不多；但就目前已有的資料來看，此一評量法的信度和一般的建構式反應的評量法（申論題、美術、勞作等）有同樣的缺點，那就是評分者間的一致性偏低，尤其是當學生能力愈相近、班級人數愈多時更是如此，鑑於其信度問題，學者大多主張不要把它用於大規模的辦學績效評量或是強調人際間比較的評量中。

也有些支持者認爲歷程檔案法的主要目的在於提供教學回饋，與培養學生自我評鑑與自我改進的能力，並不需要像標準化測驗那樣去強調測量結果的精確性與穩定性。

二、適用時機

學習歷程檔案法的主要限制在於它並不適用於統一課程、統一進度的大班級教學，它比較適用於具有下列條件的班級情境：

㈠班級人數少，師生個別接觸頻率高

當班級人數愈來愈多時，教師可分配給每一學生的個別接觸時間（如：個別談話、個別指導作業、觀察記錄、批閱作業等）就愈來愈少。而學習歷程檔案法大部分仰賴的是教師對學生的長期觀察與了解，因此，班級人數愈多，實施此法的可能性就愈低。

㈡各教師之間有共識，願意配合做長期的觀察和記錄

雖然中外小學都是以包班制爲主，但仍然有些學科是由科任教師來擔任教學，特別是藝能科。因此，導師要協調其他教師採用相同的評量方法，才能使個人檔案夾中的累積資料充實、完整；而不同教師的觀察結果交互核對，可以增進觀察結果的可信度；當與家長溝通時才能夠保持報告格式的一致性。

㈢學生間能力差異很大，有必要進行個別化的教學與評量

在有些情況下，學生的能力差異很大，如：在山區或離島等偏遠學校，學生人數很少，需要將幾個年級的學生做混班教學；或一個年級只有一班學生，且班上包括了資優生及智能不足的學生；或該班級是由數種不同母語背景的學生所組成的。像這類的班級無法只使用一種教材和進度，更無法用統一的測驗來評量，這些學生都需要有個別的學習計畫和個別的評量方法，才能從教學中受益。

三、產生的影響

㈠強調自我成長，減少學生間的競爭

學習歷程檔案法累積了個人在各階段的學習結果，讓師生及家長

很容易看出學生不斷學習成長的情形。它強調的是拿自己現在的能力與以前的能力做比較，而不是與他人的表現做比較。就這一點而言，它和標準化測驗強調與團體平均表現相比較的常模參照式解釋方法是截然不同的。

㈡學生自我學習能力的增強

使用學習歷程檔案法時，學生需要一再參與訂定學習目標及自我評量，這過程能讓學生養成自己獨立學習的能力，以及對自己的學習負責的態度。許多學者相信這種要求學生自我評鑑的過程，有助於學生後設認知的發展。

㈢師生關係的改變

師生關係由傳統的權威與命令的關係轉變成輔導與合作關係。教師不再以統一的進度，統一的考試來要求學生，學生也逐漸負起自己訂定學習進度與自我評量的責任。

第三節　學習歷程檔案的內容

某些學校或某些班級只針對單一科目採用學習歷程檔案法，這時檔案的內容就比較單純，可能只有一系列的作品或測驗卷。但當包含的科目多或是想從較多角度去評量時，其內容就會多彩多姿，較常見的有下列幾項：

一、行為觀察評量表（評量學習過程）

這是一種由教師依據其對學生的長期的、非正式的觀察而填寫的

評定量表，它可以反應出學生在學習態度、工作習慣、合作精神等的表現是否符合教師事先設定的評分規程（rubric）。

二、作品及測驗結果（評量學習結果）

作品是指學生展現其創作、綜合能力的成品，例如，在美術課上的圖畫、書法；音樂課上的獨唱、樂器演奏；體育課上的舞蹈、體操；自然科的實驗設計與報告；作文課上的文章等等。這些作品除了書面作品可以原件保存外，其餘的可以採用照相、錄音、錄影等方式加以記錄和保存。

測驗結果是指傳統筆試的測驗結果，它包括學生在教師自編測驗上的表現，以及學生在標準化成就測驗上的分數側面圖。

三、角色扮演評量表（評量人際關係的能力）

角色扮演是一種很適合應用在生活倫理、公民、社會等科目的一種教學法。它源自於心理治療用的心理劇（psychodrama），但用在教育情境中，則被稱為即興的社會劇（social drama）。

它是自現實生活中可能或已經發生的人際衝突事件中取材，然後向學生說明衝突的源起、各個人物的個性及立場，說明之後即要求一組學生上台即興演出如何解決衝突，演出後可以進行全班討論，探討衝突的原因、因應衝突的技巧等，然後再找第二組人員作演出。

角色扮演宛如「行為的實驗室」可以評量學生在新情境之下的人際技巧、思考和溝通能力、設身處地理解他人感受的能力以及解決衝突的能力。

四、模擬演練評量表（評量處理事情的能力）

　　這部分實際上是指實作測驗（performance test）的評量結果，但不同於一般傳統評量的是，它不是只打一個分數，而是把整份評量表保留下來，供學生和其家長在親師會談中做討論，因而具有高度的診斷價值。

五、個人重要大事摘要（軼事記錄）

　　這一部分並非要教師逐一記錄學生的活動，而是要求學生自己記下發生在自己身上的重要事件。這些事可能是令他值得自豪的事，例如，被選派去參加比賽、作品被選出來做示範等；也可能是不愉快的事，例如，與同學吵架、被父母或學校處罰、上體育課受傷等；也可能是嶄新的學習經驗，例如，參觀科學館、開始上鋼琴課等。

　　依據現象心理學的觀點，人類的行為不是受外在現實的影響，而是受到個人對事件的主觀解釋所影響。因此，唯有學生自己認為重要的事（但在教師或父母眼中可能是微不足道）才有可能對學生的心理和行為產生影響，它們在解釋學生學習成果或學習困難上才有參考價值。

　　記錄個人重要大事時是由學生定期在教師事先設計好的表格上填寫，其內容包括：日期、地點、事件、個人感受。書寫時要求精簡、扼要，若教師或家長想進一步知道詳細情形，可以在師生個別晤談或親師會談中，把這些摘要當作話題來討論。

六、晤談記錄（評量情意成果與學習困難診斷）

晤談具有讓教師和學生交換並驗證訊息、影響或改變學生不良行為、了解學生情感反應、診斷學生學習困難等功能。此外，晤談也可以當作評量工具使用，它可以評量學生的溝通能力（組織思考及口語表達能力）、學習焦慮、以及自信心。

在歷程檔案法中，晤談可以採一對一或小組的方式實施，它主要目的是透過正式或非正式的口語溝通來了解學生對於各科目教材、教學以及教師的情感反應，以及學生在學習過程中所遭遇的各種困難。

第四節　　學習歷程檔案的評量規準

由於學生的作品大多屬於建構式的作業，並不像客觀測驗那樣有標準答案，所以只能採取主觀計分法，下列是一些歷程檔案法中較常採用的評鑑規準。

一、達成學習目標的程度

此處學生的學習成果是與自己所訂的學習目標相比較，而不是與他人的表現相比較。這種與自己過去表現相比較和與自訂的學習目標相比較的方式，減少了人與人之間的競爭，也增加了學生對自己學習的責任感。

二、展現個人特色的程度

指在學生作品中所顯露出來的特殊優點、缺點、個人偏好以及風格等。這種個人特色在團體的、統一的、客觀式的紙筆測驗中經常被忽略。教師應該鼓勵學生創造出自己的風格，減少抄襲與模仿。

三、與他人合作的程度

指完成該作品時，學生需要與其他學生、教師和專家合作的程度。學生與他人共同完成一件工作時需要溝通、協調與忍讓，這過程可以培養很重要的社會智慧。教師應該設計一些需要多人合作才能完成的作業，以增進並評量學生的社會智慧。

四、運用資源的能力

利用圖書館、使用工具書、在電腦資料庫中檢索資料等能力不但有助於提升自我學習的效率，也是未來生存於需要終生學習的社會中所必備的生活技能，因此教師不但要在學生完成設計活動的過程中，觀察學生有無這方面的能力，也可以單獨設計一些活動來讓學生練習並評量這些能力。

第五節　以學生為主角的親師會談

學習歷程檔案法在向家長報告學習成果時，並不是寄送一張個人成績單就了事，而是利用親師會談的方式讓每個學生向自己家長做簡

報，報告自己的學習成果，然後在三方面共同檢討與協商下，訂定下一階段的學習目標。

一、會談目的

親師會談除了讓家長了解自己子女的學習狀況外，還可以達到下列目的：

(1)讓學生向家長報告自己的學習狀況，養成學生對自己學習進度的負責態度。

(2)增進親師之間面對面的溝通，促進雙方的協調合作。

(3)讓家長對自己子女的學習有參與感，而願意主動協助教學活動。

(4)讓教師、學生及家長三方面共同協商，訂定下一階段的學習目標。

二、實施步驟

第一次實施由學生主導的親師會談時，通常需要長時間的準備，但是一旦師生及家長熟悉了這固定的模式之後，三方面駕輕就熟，並不會造成負擔。

(一)指導學生整理個人檔案夾

教師可以指導學生每月一次定期整理個人檔案夾，他可以指導學生在上美術課時設計具有個人風格的檔案夾封面、畫自畫像；在上作文課時寫自傳，或寫課外讀物的閱讀心得；以及收集、保存其他學科的代表性作業或試卷。

教師要指導學生如何分類、如何標示、如何汰舊換新，只留下各階段最有代表性的成果，以及如何把動態的、非書面的學習成果加以

記錄保存。

㈡聯絡家長，協調親師會談時間

　　聯絡家長的方式通常是由學生帶回一張通知函及回函，通知函上面說明親師會談的目的、進行方式，及預定的地點、日期，另外也可以建議家長在會談的過程中如何對自己的孩子發問。回函上面則要求家長先回答是否參加，然後依序列出幾個較方便的時段，以便教師做協調及安排。

　　協調時教師可以用電話聯絡，待所有家長的會談時間都敲定之後，再印出整個時間表，讓學生帶回給家長。這樣做是一方面和家長再次確認排定的時間，一方面提醒家長不要遲到或拖延會談時間。

㈢指導學生演練如何報告自己的學習成果

　　在教師與家長正式會談之前，教師應該安排一段時間讓學生有機會向自己父母介紹自己在學校所做所學的。學生若能會談的前幾天事先演練如何向自己父母做簡報，常可以訓練其口才並建立其自信心。而家長也很容易了解自己子女的學習狀況，這樣接下去與教師會談時才能針對問題進行討論，不會浪費時間。

㈣場地及進行程序的安排

　　會談的場地最好選在原來上課教室，教師可以在教室兩頭利用學生課椅布置出兩個會談場所，這樣當教師在和前一組家長及學生會談時，後一組的學生就可利用時間拿出其個人作品選集向家長介紹。

　　每一組會談時間的長短可以依據學生人數或個別學生的需要訂定在三十至六十分鐘之間，兩組之間時間可以重疊，以便學生先向家長報告自己的學習成果。

㈤進行親師會談

　　配合學習歷程檔案法舉行的親師會談，應該由學生教師及家長三方面圍坐在一起共同討論。教師不要擺出權威者的態度做種種的要求，要讓學生及家長知道學生的學習是他自己的責任，而不是爲了要配合學校或教師的要求。

㈥評鑑與事後檢討

　　在親師會談日之後，教師若能夠花一些時間自我檢討實施的成效，或是打一些電話詢問家長對於這次親師會談效果的意見，都有助於改進日後會談程序及內容的安排。

三、會談重點

　　教師在有限的會談時間內，應該把談論的主題集中在下列事項：
　⑴共同評量學生是否達到上一階段所訂定的學習目標。
　⑵告知家長有關課程或學校行政上的要求。
　⑶共同訂定下一階段的學習目標及其評量方式。
　⑷與家長討論怎樣協助自己子女達成學習目標。
　⑸討論學生的特殊學習問題，或家長對學校的期望。

四、應注意事項

　　教師在會談時或會談之後，都應該遵守教師的專業倫理，避免對學生、家長或學校造成傷害。教師尤其應該注意下列事項：
　⑴不可以拿學生與另一位學生做比較；或拿家長與其他家長做比較。

(2)不可以在家長面前批評學校行政人員或其他教師。

(3)尊重隱私權,不探問會令家長困窘的問題。

(4)不可以隨意和學校同事或他人談論學生家長的隱私。

(5)家長若對學校有誤會應該主動澄清,若有要求或建議應該確實轉達。

第六節　歷程檔案法與傳統測驗法的比較

歷程檔案法對於一個已經熟習以傳統紙筆測驗來評量的教師來說是一個嶄新的觀念和體驗。所以在此節中,我們以列表的方式來比較兩者的不同,以便教師更能掌握它的精神。

表 9-1　學習歷程檔案法和傳統測驗法的比較

	學習歷程檔案法	傳統測驗
評量的範圍	不受教材範圍限制,可以看到全部學生能力的全貌	局限於教材範圍之內,看不出特優及落後學生能力的全貌
評量主要目的	培養學生自我評鑑、自我改進的能力,養成學生學習責任感	考核學生學習成果及教師教學效能
評量時學生反應的形式	以應用綜合層次的、建構式的反應為主。可以參考資料、或共同完成活動設計	以知識、理解層次的、選出式的反應為主。不可參考資料、且獨立受測
適用時機	小班級、強調個別化教學	大班級、有統一教材進度
個別差異的考慮	活動設計中已經考慮到學生個別差異	全部學生使用相同的教材及測驗內容
學生角色	學習者、求助者、自我評量者	被評量者、被獎懲者
家長角色	被邀參與評量及學生學習	被告知學生的學習成就
教師角色	活動設計者、顧問、引導激勵者	考核者、獎懲者、補救教學者

師生關係比喻	像舊式的師徒制	像工廠的製造者與其產品
評量結果說明	學生的努力、進步與成就	只有學生成就

參考書目

何蘊琪（民 86）卷宗評量法在教學上之應用。測驗與輔導雙月刊，143，2957-2959。

陳瓊森譯（民86）開啟多元智能新世紀。台北：信誼基金會。見第九章「高中的學科探索：介紹<邁向藝術>課程」、第十章「在情境中評量」。【譯自 Gardner, H. (1992) Multiple Intellengences: The theory in practice.】

陳瓊森、汪益譯（民84）超越教化的心靈：追求理解的認知發展。台北：遠流。299-304。【譯自 Gardner, H. (1991). The Unschooled Mind: How children think and how schools should teach.】

黃鴻博（民 85）改變中的自然科學評量實務。國教輔導，35(5)，42-47。

蕭昭君譯（民86）全是贏家的學校：借鏡美國教改藍圖。台北：天下文化。見第六章「評量重畫過程」。【譯自 Kenneth G. W. & Bennett D. (1994)】

Knight, M.E. & Gallaro, D. (1994). Portfolio Assessment: Application of portfolio analysis. Lanham, MD: University Press of America.

Mitchell, R. (1992). Testing for learning: How new approaches to evaluation can improve American schools. New York: Free press.

See chapter 5, "Portfolios".

Mundell, S.B. & DeLario, K. (1994). Practical portfolios: reading, writing, math, and life skills, grade 3-6. Englewood, CO: teacher ideas press.

Paris, S.G. & Ayres, L.R. (1994). Becoming reflective students and teachers with portfolios and authentic assessment. Washington, D.C., American Psychological Association.

Salvia, J. & Ysseldyke, J.E. (1995). Assessment (6th ed.). Boston, MA: Houghton Mifflin. See chapter 12, "Using Student Portfolios in Assessment".

第十章　情意領域的評量

　　教育界始終主張，發展學生的興趣動機、態度、義務感、志願感、價值觀、意志力等都是教育上的重要目標。然而，在實際上，它並沒有像認知領域那樣受到應有的重視，不論在教學目標上、教學方法上以及評量技術上，情意領域都遠遠落後在認知領域之後；因此，探討造成這現象的原因，以及介紹可用的評量方法將是本章的重點。

　　認知可以改變情意，情意也可以影響認知。在教學過程中，學生被一個缺乏智慧的教師不斷地忽視、嘲弄、責備或懲罰，很可能會產生消極的學習態度，而消極態度又反過來限制了學生在認知領域上的進步。所以教師如何推展情意的教學，如何建立一有助於健康情意發展的學習環境並加以評量，是很值得探討的新領域。

第一節　忽視情意目標的原因

　　教育界一直忽視情意目標並不是沒有原因的，教學上及評量上所遭遇的困難使得教師對它避而不談，而它可能造成的負面影響，也使得教師在實施情意的教學與評量時會瞻前顧後。

一、教學上的困難

　　情意教學所遭遇到的最大困難是它常會捲入教育與灌輸的爭論中，許多教師在不知道要教什麼，以及不容易看到教學效果的情況下，自然較容易忽略它。

㈠目標的含糊性與長期性

有些人認為情意目標與認知目標不同，大部分的情意目標無法在一個月、一學期，甚至一學年內達到，因此既然不容易看到教學成效，就懶得去教導和評量了。

㈡擔心造成價值觀的灌輸

歷史上有許多國家是藉著愛國教育、民族精神教育的名目來進行思想灌輸，結果最後都變成了狂熱的軍國主義國家（如，日本、德國）。因此在第二次世界大戰之後，有許多教育學者大力提倡價值澄清法（values clarification），就是希望透過許多精心設計的問話和活動，幫助學生思考和反省，以建立起個人的價值觀；這些學者不同意成人把他們自己的價值觀直接灌輸給孩子，他們要求孩子對這些價值觀做反省及批判之後，才決定是否接受它們。

㈢社會對多元價值觀的包容與尊重

民主社會的特色就是能夠包容並尊重各種不同的文化和價值觀，因此教師在學校中教導某種特定的價值觀似乎是很不恰當的，而要找出各宗教、文化都能接受的價值觀，常要經過長期的爭辯。

二、評量技術上的困難

評量情意目標的困難除了要考慮學生是否有誠實回答的意願與能力之外，還要考慮到情意特質本身的變動性。

㈠學生誠實回答的意願

在認知測驗中，試題有正確或最佳答案，而且得高分是受到眾人所讚許的，所以只有作弊與猜測問題，沒有偽裝、造假的問題。但是在自我報告（self report）的評量方法中並沒有所謂的正確答案，所以學生可以猜測教師的意圖，並故意朝著教師及社會大眾所期望的方向去作答，教師所得到的資料通常是學生刻意表現出來的。

自我報告式評量最好是在團體的、匿名的情況下實施，評量的結果也只以團體為單位做解釋。唯有讓學生相信教師不會濫用、洩露他的回答，或對他的回答打分數時，學生才能不受社會期望的影響，而願意認真、誠實地作答。若是要知道個別學生的反應，又希望他不受社會期許的影響，則可以考慮以強迫選擇式的試題來施測，唯其結果是屬於自比性分數，不能在常模中做比較。

㈡學生回答問題的能力

雖然小學生比較天真、沒有心機，在情意評量上會比較誠實，但是有些人對於小學生在回答情意問題時，是否已經具有足夠的自我了解，以及是否有認真謹慎的態度產生懷疑。因為這一年齡層的兒童在閱讀，書寫及聽從指導方面都還有困難，所以學者建議對於學前兒童或小學低年級，應該以個別談話或小組座談的方式進行情意方面的評量；只有在確知學生不會有閱讀理解上的困難時，才可以使用紙筆作答的問卷。

㈢資料收集過程無法客觀

以自陳量表來收集資料時，縱然學生願意，也有能力來回答問題，但仍會有語意認知上的困擾。情意評量工具的用語，尤其是形容詞用語通常是含意不太明確，且相當主觀，其意義常因人而有不同的

詮釋，而造成測驗效度的降低。

若以教師或同儕的觀察來收集資料時，因為對受評者行為的觀察時間和機會有限，再加上要判斷該行為該歸因於外在情境或歸因於其心理特質過程又很複雜，所以用觀察法評量的結果通常是以偏概全的，它受教師主觀印象影響很大。

㈣外在情境影響大

情意測量的內容包含大量的態度和興趣，這些態度與興趣很容易因為最近一些令人興奮的經驗而產生短暫的變化，例如，在剛看了一部主題敏感的電影之後，進行相關態度的測量，則態度通常會產生明顯的變化，但是若經過一段時間之後再測量一次，則可能又恢復原狀了。

另一個是社會期望所造成的「言行不一」的問題，亦即，縱然學生是誠實地回答有關態度的問題，其變化很可能只是語言上的，其行為習慣仍然保持不變，例如，一個宣稱自己非常喜愛音樂的學生，可能很少去聽音樂會或購買錄音帶，他所自稱的「非常喜愛」只是一種不自覺地迎合社會期望的回答。

三、擔心造成負面效果

即使教學上、評量上的困難都被解決了，仍然有許多教師對於情意的評量裹足不前，因為他們認為這類評量會產生下列的負面效果。

㈠侵犯隱私權

有些人認為價值、興趣、態度等都是屬於個人的隱私，除非當事人自己願意，否則沒有人有權力強迫他表露出來；所以情意的評量是一種對個人隱私權的侵犯，它與自由、民主的理念是不相符合的。

㈡逼使學生更加虛偽

當學生知道自己的價值觀、興趣、態度等也都要被評量,而且會影響到日後自身的利益時,他就會開始不說實話,而只表現出教師所希望看到的那一面,而這種虛偽正是違反教育目標的行為。

第二節　情意目標分類及教學目標

情意教育目標可以分成五個層次(Krathwohl, Bloom & Masia, 1964),第一個層次和學生在知覺上的注意力有關,第二個層次和學生主動反應程度的高低有關,第三個層次和信念堅定程度有關,第四個層次則是橫向發展,建立一致的價值體系,第五個層次與個人思想與行為的統整和一致性有關。

1.0 接受或注意

接受或注意 (receiving or attending)是指學生願意去注意特定的現象或刺激(班級活動、教科書或音樂等)。從教學的觀點來看,它關心的是教師如何引起、保持和引導學生的注意力,若不能達到這個層次,任何知識或技能的教學都不可能進行。

「接受或注意」代表情感領域學習結果的最基本層次,它又可細分成下列三種層次:

1.1 覺知

覺知(awareness)只是學生的感覺器官對外來刺激起了作用,察覺到事物或現象的存在,但尚未對它賦予特別的注意。個人對於引起覺知的刺激,可能還無法用言詞加以表達。對教師而言,它是指能否**引起學生的注意力**(get attention)。

在覺知層次的教育目標很少單獨列舉出來,通常都已經融入較高

層次的目標了，而且學生的覺知通常很含糊，說不出來，難以測量。此外，覺知和認知領域的「知識」不同，它並不關切記憶與回憶的能力。

1.2 願意接受

願意接受（willingness to receive）是指學習者願意容忍某個既定的刺激而不逃避，它是對刺激保持中立或暫時不加判斷，以便接收更多的訊息。對教師而言，它是指如何**保持學生的注意力**（hold attention）。

1.3 控制或選擇性的注意

在藝術鑑賞課時，教師對於作品特色的介紹有助於學生形成選擇性的注意（controlled or selected attention）。例如：音樂教師在放映影片之前，提示學生要注意背景音樂與劇情的配合，那學生就會特別去注意背景音樂。

它是指學習者依指示或主動地選擇部分刺激，而不理會其他的刺激。也就是說學習者已經使用其意志力控制其感官，並對訊息做選擇性的接收。對教師而言，它是指如何**引導學生的注意力**（direct attention）於特定的刺激上。

以下是注意層次較常見的教學目標，大多與**學習時的專注行為**有關：

(1)上課時能注意到教師的手勢 （覺知）

(2)能覺察鋼琴鍵盤位置與聲音高低的相關性 （覺知）

(3)能注意看完教師全部的示範 （願意接受）

(4)能夠聽完全首曲子 （願意接受）

(5)能找出兩幅相似圖片之間的差異 （控制或選擇的注意）

(6)聽交響樂時能夠不受其他樂器的干擾，專心聽鋼琴的旋律（控制或選擇的注意）

2.0 反應

反應（responding）是指學生主動地參與學習活動，它不只是注意到特定的現象，而且是以某種方式對它做反應。學生的反應可以再細分成三種層次：勉強反應（如及時讀完指定的材料）、願意反應（如除了指定材料外，還多讀其他材料）、樂於反應（如樂意且主動去閱讀相關材料），分別代表了不同程度的學習興趣：

2.1 勉強反應

勉強反應（acquiescence in responding）這一層次的目標主要是指學習者的「服從」或「順從」行為，它是指學習者雖然有反應，但他的反應不是自動自發的，而是被別人或法規所要求或限制的。

服從與順從並不能養成內在化與自我指導的行為，所以不能算是學校教育的理想目標，但是在學生的健康、安全及秩序管理方面仍不能沒有它，因為學生若不遵守某些規則可能會對自己或別人造成傷害。

2.2 願意反應

願意反應（willingness to respond）這一層次的目標應用非常廣，它強調的是「願意」一詞，而完全去除了前一層次可能出現的抗拒或屈服的要素，也就是說學習者的反應是在他做選擇之後的自發性反應。在行為目標上呈現出來的就是「能主動……」、「志願地……」、「願意去……」等字眼。

這一層次所敘述的目標許多是社會期許性很高的行為，這些行為目標一旦顯示出來，便會給學習者帶來社會的讚許，而形成自我增強。這些行為也就是一般人所期望的好學生、好公民、好父母、好子女的行為。

2.3 樂於反應

樂於反應（satisfaction in response）這一層次所強調的是反應時所伴隨的愉快、喜歡、滿意、享受等積極情緒，但這些情緒並不一定

都要公開表示出來，就學生而言，就是顯示出高昂的學習興趣，而有自動自發的學習行為。

　　以下是屬於反應層次的教學目標，它們大多與**學習興趣**（interest）有關：

　　⑴能完成指定的家庭作業　（勉強反應）

　　⑵能服從學校的游泳池管理規則　（勉強反應）

　　⑶願意參與班級討論　（願意反應）

　　⑷願意報名擔任醫院義工　（願意反應）

　　⑸主動要求上台朗讀課文　（樂於反應）

　　⑹聽音樂會時會鼓掌叫好　（樂於反應）

3.0 價值觀的建立

　　價值觀是個人經過思考而認為重要且有用的一些信念。人們對於各種不同的價值觀有著不同程度的認知上的相信與情感上的接納。抽象的價值觀念，一部分是來自於個人自己做思考、評估、選擇的結果，但大部分是一種社會的產物，它透過社會生活與學校教育影響學生，讓學生逐漸接受和內化，而成為指引他的行為的規準。價值觀的建立（valuing）在行為上不只是要樂於反應，還要穩定與持續，讓他人足以認出其價值觀。這一層次又可以再依序分為接納、偏好和誓約三個層次。

3.1 價值觀的接納

　　價值觀的接納（acceptance of a value）指學生理解與認可一種價值觀，對它並不排斥，並且相信它的重要性，願意在日常行為中將它納入考慮。在評量時，只要學生在有高度內部一致性的態度量表或興趣量表上得到相對低的正向分數，都可算是已經接納該項價值觀了。

3.2 價值觀的偏好

價值觀的偏好（preference for a value）指學生重視和珍惜自己所選擇的價值觀，並願意公開表示自己的選擇，這時學生已經開始爲這價值觀投下時間和精力。評量的方法是設計一種情境來讓學生自由做選擇，而多次選擇的一致性就可以顯示學生對某一價值觀偏好的程度。

3.3 誓約與堅信

誓約與堅信（commitment and conviction）指學生毫無懷疑地確信自己所選擇的價值觀是正確的、最好的，且依據自己選擇的價值觀採取主動的行動，並一再重複實行，具有一致性和恆久性。

這部分的評量主要是依靠長時間的觀察，觀察者要尋找證據來證明該學生：⑴持有該價值觀已經有一段時間，而且還可能繼續保持下去；⑵因爲這價值觀而做了重大的投資（時間、精力、金錢）；⑶爲了這價值觀而採取具體、明確的行動（如，持續投書、示威遊行等）。

以下爲價值觀的建立層次的教學目標，它們大都與**態度或欣賞**（attitudes and appreciation）有關係：

⑴相信公開討論有助於衝突的解決 （價值觀的接納）

⑵認爲相互忠實乃是婚姻成功的必要條件 （價值觀的接納）

⑶經常欣賞古典音樂 （價值觀的偏好）

⑷經常公開對弱勢團體的福利表示關心 （價值觀的偏好）

⑸經常公開表明反核的立場，並發表反核文章 （誓約與堅信）

⑹經常參與禁煙活動，並成爲領導人物 （誓約與堅信）

4.0 組織

組織（organization）是指學生把不同的價值觀放在一起，解決它們之間的衝突，並開始建立起一個具有內部一致性的價值系統。它強調的是各個價值觀之間的比較、關聯和綜合。

　　組織又可以分成兩個層次：一個是價值觀的概念化（例如：體會每一個人在環境保護上的責任），一個是價值系統的組織（例如：擬定一職業計畫以滿足自己經濟安全及社會服務的需求）。

4.1 價值概念的形成

　　價值概念的形成（conceptualization of a value）是強調對某種價值觀進行分析、比較、區辨以釐清它的獨特性，並界定其範圍的工作。

4.2 價值系統的組織

　　價值系統的組織（organization of a value system）強調的是個人擁有的多種價值觀之間的聯繫與協調及其階層順序的建立。這一層次的目標與認知層次的「評鑑」有密切關係，學生因為生活經驗及環境背景的不同，以不同的規準來判斷各種價值觀，排列出不同的價值階層順序。

　　在教學上，領導學生做進行道德兩難困境（moral dilemmas）的討論，有助於解決價值的衝突並決定價值的階層順序；另外，使用價值澄清法（values clarification）中的「價值等級排列」，也有助於建立個人的價值階層。

　　以下是組織層次的教學目標，它們大都與**個人生活哲學的建立**（development of a philosophy of life）有關。

　　(1)了解在民主社會中自由與責任要取得平衡（價值概念的形成）

　　(2)了解並接納自己的優點和限制（價值概念的形成）

　　(3)能安排自己的生活，使能力、興趣和信仰之間能夠和諧（價值系統的組織）

5.0 由價值觀或價值體系所塑造的品格

　　由價值觀或價值體系所塑造的品格（characterization by value or value complex）是指由於個人價值系統的影響，而在某些方面產生主動、長期、一致性的行為，並形成他個人的生活風格（life style）。

由於這部分較屬於長期的目標，一般教師很少將它納入評量範圍，但在人格測驗上它卻是經常被測量的特質。

5.1 類化的心理傾向

類化的心理傾向（generalized set）指的是個人對於相關的情境或對象會表現出一種持久而一致的反應，亦即他已經開始形成對某些事物的一般性態度，他的行為是可以預測的。

5.2 品格的形成

品格的形成（characterization）是指個人的價值系統不只藏諸於內，而且形諸於外，成為這個人的獨特個性。它已經變成一種長期的、穩定的人格特質。這一層次涉及到個人的宇宙觀、世界觀、生活哲學的內在一致性，它使得人的行為、態度、信念等表裡一致，而不會言行不一。

以下是該層次的教育目標，它們主要是與生活風格或適應型態（general patterns of adjustment）有關。

(1)養成不自我防衛，願意客觀面對問題的習慣（類化的心理傾向）

(2)養成節儉的生活習慣（類化的心理傾向）

(3)建立維護公義的人生觀（品格的形成）

(4)培養愛人如己的品格（品格的形成）

第三節　評量情意的方法

以下各種評量情意的方法是依照使用頻率的高低來排列，事實上很多評量方法在實施上是有重疊的地方，有些方法則是可以並用的（如情境測驗法和評定量表法）。

一、軼事記錄法

軼事記錄法（anecdotal recording）是指由與學生有密切接觸的教師或學校相關人員透過直接觀察後，簡短地記錄學生日常生活中出現的特殊行為或經歷事件，並形成累積性的紀錄。它的主要用途是用來分析與評估學生的社會與情緒適應，所以適合給小學教師用來評量學生的成長，或讓各級學校的輔導人員和教師用在輔導方案中。此法所記錄的事件或行為應該是不平常的、值得注意的，而且記錄的內容應該偏重於事實的描述，而非觀察者對於該行為的解釋或評語。記錄的格式可以自己設計，通常是像名片般大小的自黏貼紙，不但容易攜帶，寫完後也容易貼到學生資料表上，至於內容要包括：學生姓名、日期、時間、地點及事件的描述等。

表 10-1　軼事記錄表格式

____年__班　學生姓名_____　　時：____年__月__日　地：_____
_____
_____
_____
_____

對教師而言，剛開始使用軼事記錄會遭遇一些困難。例如，如何選取重要事件？如何正確觀察？如何客觀描述？在剛開始使用軼事記錄時，一些專業的訓練和練習是必要的。隨著經驗，教師應能學會有效地使用軼事記錄。

(一)使用軼事記錄的基本原則

1. 事先決定所要觀察的是什麼，但同時留意不尋常的事件

　　教師在擬定教學計畫時，應同時思考如果學生達到教學目標，那麼學生應有哪些特性？在這些特性當中，有哪些只能經由日常觀察才能有效地加以評量？預先設定觀察的焦點，可以使得教師得到關於學生學習的有用訊息。不過如果焦點過於集中，可能因而忽略不尋常的事件。因此，學習彈性取捨觀察的廣度與深度是相當重要的課題。若須觀察所有的學生，那麼必須將焦點集中於少數特定的行為；若打算作全面性的觀察，則可能只能針對少數需要特別協助的學生。

2. 避免過度的推論

　　觀察學生時最好能忠實記錄事件發生的狀況，避免使用帶有判斷性質的用語，如「大明又表現了『不好』的行為」。從觀察中充其量只能讓教師對學生的狀況形成暫時性的解釋，而非對學生的行為下結論。換言之，從觀察對學生所形成的印象，須有進一步其他資料的佐證。因此，寫軼事記錄時，對事件的描述和對事件的解釋必須清楚地分開。在解釋時，應特別注意避免過度的推論。要了解學生行為的意義，教師有必要在不同情境下重複觀察，並且多方蒐集其他資料，才能有效解釋行為的意義。

3. 做記錄時，須兼顧正向與負向的行為，並盡可能在觀察後立即做記錄

　　教師以觀察估計學生的成就時，經常容易高估學習成就。這是因為老師問問題時，會的學生回答問題時容易吸引老師的注意力，因而忽略尚未學會的證據。相反的，在觀察學生的性格時，教師對於干擾教室秩序的行為通常賦與較多關注。從評量的觀點，能夠真實反應學生的現狀是相當重要的。所以，教師應同時兼顧正向與負向行為的觀

察與記錄。為了避免事件的遺忘，教師應盡可能在事件發生後簡單加以記錄，並在當天完成該軼事記錄。

4.每件軼事記錄本身須包含完整的訊息

記錄事件發生前及發生當下的情境，有助於日後看軼事記錄者正確解讀事件。由於軼事記錄可能和其他記錄分開閱讀，因此在敘述時有必要說明所觀察事件是否為典型行為，並且陳述與此行為的相關傾向。

每件軼事記錄應以單一學生的單一事件為單位，如果必須描述數個學生的行為，則應另行記錄。

㈡軼事記錄的優缺點

1.優點

⑴能夠了解學生在自然情境下的行為，不被人為情境下的作假反應所蒙騙

如果我們想要知道學生是否學會與人分享，觀察他實際的行為比測驗學生能否回答以下的是非題：「好學生應懂得與人分享。」更能反映學生的學習狀況。很多情意方面的評量必須仰賴日常的觀察。

⑵在使用對象及觀察的變項上具有很大的彈性

教師可根據前一刻觀察的結果隨時調整或修正未來觀察的重點或方向。對於年紀較小的孩童或是缺乏溝通技巧的學生，軼事記錄也特別適用。當其它評量方式都不可行時，軼事記錄便顯得特別重要。

⑶能使教師更勤於觀察學生，並注意不尋常卻具有高度意義的事件

例如，一向膽怯的學生突然主動在課堂上發表他的數學解題策略，或是一向很聒噪的學生今天突然變得很安靜。由於這類事件出現頻率較低，往往容易為其它評量方式所忽略。教師若有做軼事記錄的習慣，則對此種不尋常但重要的行為的出現會有較高的警覺性。

(4)可以作為日後評量操行成績或個案討論時引用或查證之用

閱讀同一學生的多次記錄可以對他的行為組型（pattern）有深入了解，較不會受少數幾次印象的影響。

2.缺點

(1)實用性不高

軼事記錄法使用上費時、費力，真正在使用的人少。教師若在學生人數多或上課時數多時，更難做完整的軼事記錄。

(2)只能觀察到學生自發性的行為

學生未表現某些行為可能是因為沒有適當的時機讓他表現，或是因為教師觀察的時間有限因而只觀察到有限的行為樣本。

(3)容易受到教師主觀涉入的影響

理想上，軼事記錄應忠實記錄發生的事件，但是不可避免的，教師的偏見常會影響他的觀察。教師可藉由訓練減低偏見的影響，但是卻不可能完全排除。因此，教師的自省能力就顯得十分重要。教師應時時注意自己在觀察時可能有的偏見，區分所觀察到的事件以及對事件的詮釋。時時自問同樣的觀察結果，是否會因發生在不同背景或性別的學生身上，而有截然不同的意義？

二、晤談法

透過師生間的個人溝通（personal communication）是了解學生在學習上的各種情意反應最有效的方法。教師可以從與學生進行個別的或團體的晤談中、與學生的公開討論中、或是偶爾的閒談中得知他們的態度、興趣、價值觀等。

由於個人溝通可以觀察學生的姿勢、表情、聲調，也可以透過追問要求學生澄清、具體說明等，所以能比問卷法或觀察法更正確地了解學生的情感反應。

要有效獲得學生真正的情感反應時，第一個要注意的是要**得到學生的信任**，若學生不信任你，學生不是三緘其口，就是只說一些他認為你想要聽的話（即社會期望的反應）。若向學生說明談話的目的只在收集資料以改進教學，並不做學期成績的評量，將可降低學生的防衛心理；而在一個沒有階級地位之分的場所進行談話，也較能讓學生暢所欲言。對大部分學生來說，坐在你的辦公桌對面談話，是不可能放輕鬆的。第二個要考慮的是要**有充裕的時間**，以個人溝通方式進行，不只是實施上花時間，在事先安排談話及準備問題，以及事後整理記錄上也都要花時間。第三個是要準備**大量清晰、簡要的開放性問題**，就像編擬試題一樣，針對評量目的事先擬好要問的問題可以提高內容效度。

其他一些技巧也有助於提高晤談的效果，例如：(1)採團體的方式進行。學生在團體中有他人支持，且匿名性增加，比較能夠開放地表達。(2)由學生來領導團體討論。學生比你更了解班上同學的真正感受，且更能取得同學的信任。(3)保持溫暖、積極傾聽的態度。當學生覺得溫暖、受尊重時就能夠有安全感地說出心裡的感覺。國內中小學實施公民道德或生活倫理時所用的價值澄清法就包含了許多相關的活動設計及特殊的問話技巧，可以幫助學生適當地表露自己的興趣及價值觀。

三、自我報告法

自我報告法（self report）是由當事人自己在問卷上報告自己的狀況。自我報告法依其編製原理及形式可以分成以下數種：

㈠標準化自陳量表法

標準化自陳量表是指經由測驗專家主持，經過專家擬題、預試、

試題分析、因素分析、建立常模、信效度研究等程序的標準化人格測驗。其實施方式是由被評量者就題本上的問題,自己陳述自己的狀況或想法。

此法的優點是:(1)可以團體施測,比其他方法省時、省力。缺點是:(1)填答者需要具備閱讀能力,不適於幼童及視障者;(2)容易受社會期望所影響,難以確定受試者是否誠實作答,需要有測謊或防偽的設計。

1. 強迫選擇法

強迫選擇法(forced-choice method)常用來測量個人在多種興趣或人格特質上的相對強弱。此法在每一道題目上要求受試者就分別代表兩種不同特質的敘述中,選出一個較能代表他特質的敘述,而不管他兩個都同意或兩個都不同意。

這種強迫選擇的方式雖可以控制受試者尋求社會認可的反應心向,但其代價是所得到的分數為自比性分數(ipsative score),它只能說明同一受試者在不同心理特質上的相對強弱,無法做不同受試者之間的比較。

例題 10-129 (強迫選擇法)

作答說明:本量表是用來調查你的興趣或偏好。以下每一個題中有兩種
活動,不論你是都喜歡或都不喜歡,你都要從中選一個你比
較喜歡的,而且只能選一個,並把答案填在答案紙上。

　　　　1. A.聽交響樂　　　B.游泳

　　　　2. A.練習舉重　　　B.拼組模型飛機

　　　　3. A.修理腳踏車　　B.學習一種樂器

　　　　4. A.修理門鎖　　　B.打網球

2.李克特量表法

李克特量表（Likert scale）又稱為總加量表或五點量表，是測量態度最常用的方法。這種量表通常約有二十到四十個有關某種態度的敘述，作答時，受試者要就每一敘述表示他同意的程度，在設計上通常是以五個等級表示同意的強弱，即：A.非常同意，B.同意，C.沒意見，D.不同意，E.非常不同意。計分時，每一敘述答非常同意的給五分，反之，答非常不同意的只給一分，每個人在所有敘述上的分數全部加起來就是他的態度分數。

例題 10－130（李克特量表）

總是如此	大部份如此	很少如此	幾乎沒有此	
☐	☐	☐	☐	1.曾用自己的零用錢買課外書
☐	☐	☐	☐	2.曾主動要求參加才藝班
☐	☐	☐	☐	3.會自己整理書桌
☐	☐	☐	☐	4.會自己準備隔天需要的用具及材料

㈡非正式問卷

1.語意差別法

語意差別法（semantic differential）又稱為「兩極形容詞量表」，是用來測量個人對某一特定事物的知覺的方法。施測時，受試者在數對意義兩極化的形容詞所構成的量尺上，對某一種事物或概念進行評量，以便了解學生對於該事物或概念的情感反應或一般態度。

依據以往的研究，對於這些成對形容詞經因素分析後，可找出三個基本因素：評價（evaluation）、力量（potency）、與活動（activity），其中以評價這一因素最適於作為評量態度的工具。

例題 10−131

作答說明：本問卷是要了解你對於各學科的感受。作答時，先看在學科
　　　　　名稱下有好幾對意思相反的形容詞，而兩個形容詞之間有七
　　　　　個方格，若你認為該學科讓你覺得非常快樂，你就在最接近
　　　　　快樂的方格上打勾；若是非常憂傷，那就在最靠近憂傷的方
　　　　　格上打勾；若是既不快樂也不憂傷，就在兩者中間打勾，其
　　　　　餘的類推。

數　學

快樂　☐☐☐☐☐☐☐　憂傷

簡單　☐☐☐☐☐☐☐　複雜

有趣　☐☐☐☐☐☐☐　枯燥

重要　☐☐☐☐☐☐☐　不重要

有條理　☐☐☐☐☐☐☐　混亂

安全　☐☐☐☐☐☐☐　危險

2.等級排列法

　　此法是把代表不同價值系統的敘述句並列在一起，然後要求學生
做順序排列，此法適用於評量「4.2 價值系統的組織」的教育目標。

例題 10−132

作答說明：下列每一問題或情境都有四個可能的選擇，請依照你個人的
　　　　　偏好程度分別以 4、3、2、1 排列等級，以 4 表示最喜歡，3
　　　　　表示次喜歡，依次類推。

1.依你的看法，整週辛勤工作者，週日最好是：

（　）a.閱讀書籍以增進學識

（　）b.欣賞音樂會

（　）c.聽一場布道會

（　）d.和朋友去打高爾夫球

(三)自由書寫法

　　自由書寫法比較像非結構式的晤談，允許學生自由表露他的生活經驗、情感、憂慮、期盼等，不同的是，它可以融入語文科的教學之中，並以團體的方式實施。

　　要使自由書寫法充分發揮情意評量的功效，要先讓學生相信：(1)教師所重視的是內容而不是文法與錯別字；(2)教師有認真在閱讀，並在其回饋中接納任何情感的表達；(3)它只是個人表達能力的練習或教師了解學生生活經驗的方式，而不是一種「考試」。

1. 自傳寫作與作文

　　自傳寫作（autobiographies）可以讓學生自由報告特別值得他記憶的事件、經驗和感覺。小學生可以用寫作文的方式來寫他自己。使用此法時，教師可以事先朗讀某些具有強烈情感或私人性重要材料的自傳式文章給學生聽，讓學生能掌握自傳寫作的特色。

　　當學生完成自傳之後，教師可以從下列幾個向度來評估其自傳，以了解其情意方面的發展：

例題 10−133

使用說明：在讀完學生所寫的自傳之後，就下列每一問題來思考學生的
　　　　　反應，並摘要記下你的看法。

a.這一篇自傳給你的一般印象如何？

　它是快樂與樂觀或是悲傷與消沈？它是凌亂、馬虎的還是乾淨、有組織的？

b.據你對他過去的了解，他是否省略了某些重要的人或經驗？

　在自傳寫作中我們期望孩子會提到他所有家庭成員和一些重要事件，例如，搬家、重病和意外事故等，如果他省略了，可能是這些人或事會引起他特別的情緒經驗，是他想要逃避、遺忘或否認的。

下頁續

續上頁

c.依據你對於他過去的了解，他是否歪曲了某些重要的事實？

　　雖然不同的人對同一事件的解釋會有差異，但是如果對於可查證的客觀事實都加以歪曲，則可能是強烈的心理防衛機轉，這些事件對他可能有特別的意義。

d.這自傳的長度如何？

　　自傳的長度可以透露兩種訊息，一個是他的書寫表達能力的高低，另一個是他表露他自己的動機的強弱。

e.他自我表露的深度如何？

　　他是表露出生活經驗中的深層情感，或好像是在說另一個不認識的人的故事。

2. 日記與週記法

　　要求學生記錄每天所思所想，不只可以培養學生表達能力，也可以讓教師了解學生情意的發展與變化。這一方法可以配合國小的提早寫作練習，鼓勵學生從小就以注音符號、圖畫和文字來寫日記，學習表達自己的想法；教師則每週檢閱一次，並給與適當回饋。但是此法到了青少年期就不適用了，因為孩子長大了就想要有隱私權。

　　不論是日記還是週記，若希望讓學生在上面暢所欲言，其要訣就是不要把它當作打分數的對象，而是把它當作你與學生心靈的對話。唯有你針對其內容作具體、豐富的回應，學生才會覺得寫日記或週記是有意義的，你也才能有機會了解他們的內心世界。

四、投射測驗法

　　投射測驗（project test）的理論源自於佛洛依德的精神分析，它認為受試者面對含糊且缺乏結構的刺激時，常會不自覺地、不加自我防衛地以自己的真正想法及態度來解釋該刺激，也因而在其自由表述

的過程中透露他真實的恐懼、憂慮或欲求。

投射測驗大多用於精神科的臨床診斷上，其中比較適於情意評量用的有語句完成測驗和主題統覺測驗。受試者在投射測驗上的口頭或文字的反應，評量者要依據其表達內容加以分析、探究，以推斷其信念、情感或態度等。

由於受測者不容易探知投射測驗的目的，所以比較不會作假，這是其優點。但因其計分與解釋需要較高專業素養，且需配合其他資料作佐證，因此比較適合由受過專業訓練的輔導諮商人員來實施，並不適合一般教師使用。

㈠語句完成法

語句完成法（sentence completion）就外型來看好像是小學「國語科的造句」，但事實上它卻是一種人格投射測驗。它常用來調查個人對於某些人或事物的態度，或是個人在學校、家庭生活適應情況。

例題 10−134

作答說明：請你完成下列的句子，你可以完全依照你自己的想法來寫，
　你的答案並不計算分數。

1.一想到數學課，我就……

2.我相信……

3.我但願我是……

4.希望有一天，我……

5.一想到學校，我就……

語句完成法有幾個優點：⑴施測簡單，不需要特殊訓練；⑵可以團體施測，在短時間內得到多量資料；⑶對受試者較無威脅感；⑷可以依照所要探討的問題而自行編訂。而其缺點是：⑴書寫表達能力會限制此法的適用對象及內容的豐富性；⑵所得資料無法量化；⑶題數要多，並輔以其他觀察方法，才能作比較正確的推論。

㈡主題統覺測驗

　　主題統覺測驗好像是說話課中的「看圖說故事」，它是背景情境含糊籠統的圖片給受試者看，要求他依據圖片說出一個故事，由於圖片背景資訊不足，受試者自然而然把個人過去經驗、需求、慾望、憂慮、恐懼等都投射在這故事上。想了解進一步的資訊請看心理與教育測驗的專書。

五、他人評定法

　　評定量表法（rating scale）是指依據旁觀者的觀察來評定一個人的行為，它可以評定個人的能力，也可以評定在情意方面的表現。評定時可以依據以往的觀察印象來評定，也可以在特別安排的情境中做現場觀察與評定。對於嬰幼兒、智能不足者或國小低年級學生而言，由於本身無法閱讀、書寫及適當地表達，由他人（家長、教師）評定成了最主要的評量方法。

㈠評定的依據

1. 依據平日觀察印象來評定

　　大部分的評定量表是由家長或教師依據他們平日對兒童的觀察印象來填寫，然而這些非正式的觀察常有觀察的時間或事件取樣不足，以及記憶扭曲等問題存在，但因為是現成的又方便，所以使用機會非常多。

　　依據平日印象來評量時應該慎選評量者，不但要確定他是最有機會觀察兒童行為的人，還要確定他沒有動機去故意隱瞞或誇大兒童的某種行為；若能將不同人的評定合併起來，評定結果的可信度會更高。

　　在評定量表的形式方面，主要有檢核表（checklist）和李克特量

表兩種。例題 10–135 為檢核表的形式，例題 10–130 為李克特量表的形式。

　　檢核表是列出一系列的具體行為或特質，然後根據觀察的結果，判斷哪些行為是否出現，它是作二分的判斷，比較不適用於評定程度或品質的高低。

例題 10–135（檢核表）

作答說明：本問卷的目的在於了解幼兒的專注能力，請你在觀察你的子
　　　　　女之後，若你同意該敘述，則在「是」那一邊的橫線上打
　　　　　V；如不同意，則在「否」那一邊的橫線上打 V。

　是　　否
＿＿　＿＿　1.眼睛會跟隨著你的手的移動而移動
＿＿　＿＿　2.會轉頭找尋聲音的來源
＿＿　＿＿　3.會注視一件東西超過三十秒
＿＿　＿＿　4.會在球池中連續挑出同一顏色的球

2.參考客觀例行記錄來評定

　　例行記錄指的是學校行政記錄（如點名冊、借還圖書記錄、遲交作業記錄、訓導處功過記錄、參加社團活動記錄），學生作業（如報告、筆記、作品）及其他記錄（如圖書或器材損耗記錄、學生校外違規記錄）。這些資料通常是現成的，不需要額外安排時間去蒐集，也不會有學生造假的問題。妥善利用現成記錄可以節省很多觀察時間和人力，當作觀察結果正確性的佐證。

㈡使用評定量表的原則

1.盡可能地要求評定特定的、可觀察的行為，而不是含糊的特質或個性。

2.盡可能對該特質的每一等級作一具體描述，而不要只用簡單的形容詞，如「優秀、尚可、待改進」等。

3.加強對評定者的訓練與溝通，使其能力與態度都能達到最理想狀態。

4.寧可增加評定的項目而不要增加評定的等級，超過五個等級的評定
　方法並不能增加信度。

5.只有在無法使用系統性觀察法和晤談時才靠印象來寫評定量表。

㈢評定時常見的誤差

在教學過程中，教師常需要依據現場或平日的觀察印象，在評定
量表上評定學生的實作表現或作品的品質或情意方面的行為表現。但
在評定時常會因為個人的心態、價值觀、過去經驗或先入為主的印象
等，而發生下列的誤差：

1. 漫不經心

漫不經心（lack of interest）是指評定者本身態度隨便、不專注
於評量過程，以致於評出來的結果不一致。當評定者認為這種評定沒
什麼意義，或者是事不關自己等原因，而不願花費精神做好評分工作
時，其評定的結果就會趨於不一致。要減少這種誤差的方法不在於加
強評定者的訓練，而在於如何課以責任（如在評定表上簽名）及給與
適當的激勵（如提高評審費）。

2. 個人偏誤

個人偏誤（personal bias）是指評定者不依據實際觀察結果，而
故意把某些人評得比較高，某些人評得比較低。這種誤差較常出現於
班際、校際或國際的比賽中，而這種評定者我們則戲稱為「愛國裁
判」。要克服這種誤差除了採取匿名、彌封方式之外，就是多聘幾位
評定者，並去掉上下兩個極端分數後加以平均。

3.反應心向

反應心向（response set）是指有些評定者有把所有人的所有項目都評在量表上同一位置的傾向。反應心向通常會造成兩種影響：(1)它會使分數的全距變小，因而導致評量的區辨力降低；(2)對於個別學生的評量結果，除非我們也能夠看到所有學生的分數分布，否則我們很難區辨它到底是學生行為表現所造成的，抑或是評定者的反應心向所造成的。

評分者反應心向若依照偏好的位置可分成下列三種：

(1)**趨中的誤差**（central tendency error）

它是指評定者**趨**向於把各個評定項目都評在中間的等級上。當評定者認為評定項目的說明含糊不清時，或對被評量者的了解不夠時，這種傾向越嚴重。這種誤差反映出評定者的困惑與猶豫的心態。當評定者疲累或需要在時間壓力下完成一定數量的評定時，這種誤差會更嚴重。

(2)**寬鬆的誤差**（generosity error）

它是指某些評定者喜歡把各個評定項目都評在較高的那一端。這種誤差反映出評定者不想得罪他人的鄉愿心態。這是最常見的誤差，尤其當評定者的身分是公開的，或是評定者對該學生的學習進步要負直接或間接的責任時，會更嚴重。

(3)**嚴苛的誤差**（severity error）

它與寬鬆的誤差相反，它是指評定者喜歡把分數評在較低的那一端。這種評定者雖然不多，但仍是有，這種誤差反映出評定者自視甚高，而且對學生要求嚴格的心態。

要降低上述各種反應心向的影響，在受評者人數少時可以採取強制排序法或配對比較法，在人數多時可以採常態強迫分配法（每一等第上有固定人數比例）來進行評等。

4.月暈效應

月暈效應（halo effect）是指評定者因為對於學生在某一特質上的表現印象深刻，而影響了他在其他項目上的評定。因此評分者會在各方面都高估他第一印象覺得很好的學生，而低估了他第一印象覺得很差的學生。這種誤差反映出評定者具有以偏概全、過度類推的思考習慣。要減少這種效應除了用具體的行為來定義所評量的特質外，還可以採用彌封的方式或是採多人分項評分（每人只評每份試卷的一部分）的方式，來進行評定。

5.邏輯推理的誤差

邏輯推理的誤差（logical error）是指由於評定者沒有根據實際的觀察，而是基於個人對於兩個項目之關係的信念，就把這兩個項目被評得很接近或相反。例如，教師會把高成就的學生評得比較聰明，因為他認為智力與成就是有高相關的；同樣的，他也可能先入為主地相信漂亮的女生常忙於約會，而忽略了功課。這種誤差的產生是因為評定者運用他的邏輯推理思考過程取代了他的實際觀察，然而不幸的是，他對於各種特質之間關係的認識很可能是錯誤的。

六、同儕互評法

㈠社交測量法

社交測量法（sociometry）是研究團體中社會交互作用的一種方法。它能夠呈現團體中人員彼此吸引或互斥的情形，很容易用來探討個人在該團體中的人際關係。下列問題是社交測量法常用的問題：

例題 10-136

你最喜歡和班上的哪位同學坐在一起？

你最喜歡和班上哪位同學一起做功課？

露營時，你最喜歡和班上哪位同學編在一組？

表 10-2　社交測量矩陣分析表

	A	B	C	D	E	F	G	H
A		1		1	1			
B	1			1	1			
C	1				1	1		
D		1	1				1	
E	1			1		1		
F			1		1			1
G	1		1		1			
H	1		1			1		
合計	5	2	4	3	5	3	1	1

社交測量法有下列的限制：

(1)只適用於學生之間都相互熟悉的班級，不適於新組成的班級。

(2)資料只顯示出所選擇的對象，沒顯示選擇的原因。

(3)結果容易受到問題情境的影響，常隨著問題的不同而有不同的
選擇。

(4)當班級人數多時（約超過二十五人以上），社會圖就很難繪
製。

㈡提名法

提名法（nomination procedure），又稱「猜是誰法」（"guess
who" procedure）是以一種非正式的問卷，上面有多種人格特質的描
述，而學生要在各個描述下寫出班上同學的名字。

例題 10-137
你猜誰是班上最快樂的女生？她永遠有笑容，而且喜歡每一個人。
你猜誰是班上最好的運動員？他不一定永遠贏，但他一定全力以赴。
你猜誰在班上是最孤單的？分組時他老是找不到伴，遊戲時老是被人忘記。

　　提名法適用於經常同班上課的中小學階段，這階段的學生彼此熟悉，做答時也不太有心機，適合用來找出班上有領導能力、做事俐落、有攻擊性或退縮的學生。此法的優點是可以找出某一學生被同學喜歡或不喜歡的理由，而缺點是它無法做統計分析。

七、情境測驗法

　　所謂情境測驗（situational tests）是指評量者安排一個實驗性的情境，然後觀察受試者在該情境中是否會表現出某些特定的行為（如誠實、助人、合作、公德心等），而評量者藉著觀察其過程及結果，來評量學生在情意上及能力上的表現。

　　情境測驗通常在設有單面透光玻璃的觀察室內進行，以便於觀察和記錄，或者是採用隱藏式攝影機來記錄受試者的行為。由於設備及實施上的困難，此法比較常用於教育研究中，而很少用於教學評量中。

第四節　與情意發展相關的學習環境

　　由於學生的情意發展不容易測量，而且需要長時間才能看到改變，因此有些學者轉而求其次，開始研究什麼樣的學習環境比較能夠促進學生的健康的情意發展。其中以班級氣氛的測量，及人文取向教

學環境的評量最受人矚目。

一、班級氣氛

　　優良班級氣氛之規準，許多學者均爲文加以分析。綜合多位學者的看法，良好心理氣氛至少有下列八項：⑴證明成員是有價值的；⑵建立有意義有價值之工作；⑶了解努力結果之價值；⑷個人有獨立自由；⑸建立學習情境；⑹有意義之隸屬關係；⑺了解兒童能力及興趣；⑻家長教師彼此尊重。

　　優良班級氣氛之規準，要具備自由與開放、民主與尊重、目標與績效、關懷與親密、價值與規範等五項。以下加以分析如後：

㈠民主與尊重

　　民主是一種價值、態度與生活規範。它主要的精神在於接納每一個個體，彼此相互尊重。因此，教師方面就要：了解學生的需要和困難，誠懇聆聽學生意見、尊重學生。而學生本身亦能自我學習、自重自愛、顧及別人、尊重別人。

㈡自由與開放

　　自由不僅是生理的自由，更是心理上的自由。換言之，思想的自由比身體的自由來得重要。當然生理的自由並非是放縱自己、滿足物慾需求，而是在社會規範及尊重他人之下享有的自由。在教學之中，思考與學習的自由是最爲重要的，亦在此氣氛下才能獨立自由思考，不受外在無形或有形地宰制。學生覺得能自由表達意見給教師和同學，好比鳥翱翔於天空，魚悠游於大海。

㈢關懷及親密

教師在態度方面表現和藹可親、笑容滿面，而且言行幽默，了解兒童能力及興趣，隨時鼓勵學生學習，讓學生感受到上起課來如沐春風。所以在此氣氛中，學生可感覺到是關懷的、尊重的、溫暖的、接納的、友善的、親密的、鼓勵的等。

㈣價值與規範

班級是一種「社會體系」，它不僅是師生的互動，而且是處在一個「社會情境」中，彼此具有共同價值觀念，同時在規範與認知期望上，能表現和諧。因此優良班級氣氛之規準，是不可缺少價值與規範的。在實際情境中，即學生要能遵守班規，能夠自我約束，同時知道本身責任、權利與義務。

㈤目標與績效

目標與績效是指教師在教學時要具有效能，能掌握教學目標，採取適當教學方法，讓學生認真學習。而學生在學習時也要能積極參與各項學習活動，盡自己的責任，達成學習目標。所以優良班級氣氛即要具備學習情境，掌握目標與方向。

二、人文取向學習環境之評量

美國的視導與課程發展學會（Association for Supervision and Curriculum Development）遠在一九六二年就依按著名的人文心理學家，如羅吉斯（Carl Rogers）、馬斯洛（Abraham Masslow）、凱利（Earl Kelley）和孔伯（Arthur Combs）等人對於所謂的充分功能的人（full functioning person）或自我實現的人（self-actualizing person）

所作的描述，提出了人文主義教育思想與實施的基本原則。

　　這些原則已經進一步被轉譯成十四種教學情境的特徵，並針對每一特徵提出了初步的評量方法。這些評量方法對一般教師及研究者而言，是簡單易懂，且頗具實用價值。人文取向的教學情境特徵及評量方法列舉如下：

特徵一：教師較少支配學生；較能夠信任學生總會自己找到　　　　　滿意的答案

　　當教師減少控制性行為時，則支配減少。如學生對他們的教室作業感到滿意時，則自發性提高。

> 評量方法：
> 1. 依據弗南德互動分析法（Flander's Interaction Analysis）來紀錄班級內之互動。這可採用(1)實際觀察；(2)錄音；(3)錄影；三種方式來進行。
> 2. 算出弗南德互動分析中的第五、六、七類行為的時間，這些都代表教師的權威性、控制性行為。
> 3. 算出互動分析中的第九類行為的時間，這個代表學生自發性的發言。
> 4. 評量準則：如第五、六、七類行為減少，則表示教師之支配行為減少了；如第九類行為增加，則表示學生更樂於自己尋求解答。

特徵二：教師較少說話，較常聽學生說話；學生比較敢在教　　　　　師和團體之間提出他的觀念

　　教師少說，學生多說，則教師和其他學生更能傾聽學生的意見。

評量方法:
1. 以弗南德互動分析法記錄班級內之互動。
2. 算出第一到第七類行為的總數。
3. 算出第八和第九類行為的總數。
4. 評量準則:第一到第七類行為較少時,則表示教師說得少。第八、九類行為增多,則表示學生說得多。

特徵三:教師較少問有正確答案的問題,而較常問能有多種答案的開放性問題

開放性問題愈多,愈能激發起學生的創造性及解決問題能力。

評量方法:
依觀察或錄音結果算出教師所提開放性問題的數量。

特徵四:教師較少作破壞性的批評,較常引導學生注意自己的情感,使他/她能澄清和了解這種情感

教師的破壞性批評愈多,則學生的自尊愈低,自我觀念愈差。

評量方法:
1. 找出教師用以批評學生無能的語句,例如「你應該會作的」並算出其總數。
2. 計算「破壞性批評次數」與「總觀察時間」的比例。

特徵五：教師較少強調失敗，較能接納學生的錯誤。當學生犯錯時，教師較能注意學生的感覺而不會落井下石

如果教師溫暖、接納的評語多於否定的評語，則學生將不會因他們的失敗而感到被貶低。

> 評量方法：
> 1. 計算當學生答錯時，教師表示：「很好，讓我們看看能否再修改一下」……等溫暖、接納評語的次數。
> 2. 計算當學生答錯時，教師表示：「錯了！你應能答得更好才對！」、「你答非所問」或「誰能告訴他正確的答案」……等否定性評語的次數。
> 3. 計算前面兩種教師反應的比例。

特徵六：教師能真誠地讚賞學生的工作，而不是用稱讚來控制學生

如教師把學生視為能自我成長的人而予以鼓勵，不把學生視為物而予以操縱，則學生將因鼓勵而自我成長。

> 評量方法：
> 1. 計算教師作下列反應的次數，如：「我們很想聽聽你的看法」、「你是怎麼完成這麼複雜的工作？」等（激勵、讚賞）。
> 2. 計算教師作下列反應的次數，如：「你再不聽話，就記妳的過」、「下次如考滿分，我會給你嘉獎等」（操縱）。
> 3. 計算前兩種教師反應的比例。

特徵七：教師能清楚界定教學目標，整個教學架構能為學生所了解和接納

如學生愈能了解教學的目標，並且喜歡這些目標，則這教學對他們而言，愈有意義。

> 評量方法：
> 1. 抽選部分的學生，要他們說出上那節課的目的是什麼。
> 2. 針對那些能了解教學目標的學生，問他們是否喜歡這些目標。
> 3. 計算：(1)了解教學目標與(2)喜歡這些教學目標的人數的百分比。

特徵八：教師能在適當限制的範圍內，給與學生工作的自由和責任

如教師協助性的行為多於干涉性的行為，則學生將更能體會他真的有工作的自由和責任。

> 評量方法：
> 1. 記錄教師在學生提出請求後才協助學生的行為的次數（協助性）。
> 2. 記錄教師在學生沒提出請求就去更正或代為完成的行為的次數（干涉性）。
> 3. 算出教師的前面兩種行為的比例。

特徵九：學生敢自由地表達其情感，而且知道教師會接納他們原本的樣子

當學生在初次表達情感時，教師如能予以接納，則學生會更進一步表露他們的情感。

> 評量方法：
>
> 　　計算師生間有下列行為系列的次數。此三個一組的行為系列包括：
> (1)學生表達情感；(2)教師對這情感作反應；(3)學生表達更多的情感或對
> 他們前次的表達作澄清。

特徵十：思考重於記憶；教師樂於和學生一起探索各種新觀念

　　教室中所提的問題，如需要思考的問題多於需要記憶的問題，則
學生會更了解新觀念的重要性。

> 評量方法：
> 1. 記錄師生間相互提出「有待解決問題」的次數。
> 2. 記錄師生間相互提出「解決問題的方法」的次數。
> 3. 記錄師生間單純使用「記憶力」行為的次數。

特徵十一：團體共同的作業和個人負責的獨特作業在份量上　　　　　要平衡

　　如個別作業和團體作業的比例接近 1.0，則學生的群性與個性會
有均衡的發展。

> 評量方法：
> 1. 計算用於個別作業的時間。
> 2. 計算用於團體作業的時間。
> 3. 計算個別與團體作業時間的比例。

特徵十二：教師能讓學生清楚體會學習是一個自我學習的歷程

　　教師深信所有的學生願意去增進自我的成長，並因此而感到滿足，如下列四個一組（a、b、c、d）的行為愈多，則學生愈能體會他的學習是一種自我學習，且樂於從事這種學習。

> 評量方法：
> 1. 記錄師生間出現下列行為系列的次數。此系列包括：
> 　　(1)教師問：「你覺得怎樣？」或「這對你有什麼意義？」
> 　　(2)學生表達情感或說明意義，
> 　　(3)教師對學生的敘述作非評價性的反應，
> 　　(4)學生願意與教師分享更多的情感或意義。
> 2. 計算「a、b、c、d行為系列」和「總觀察時間」的比例。

特徵十三：評量是由師生共同來實施，且評量範圍不限於學業成就方面

　　如果學習成果的評量是由師生共同負責，且評量項目不限於學業成就方面，則學生將更能體驗民主與多元價值觀的意義。

> 評量方法：
> 1. 向教師詢問：：(1)誰參與對學習成果的評量；(2)評量的項目包括哪些？
> 2. 計算「由他人評量所占百分此」與「由教師評量所占百分比」之間的比例。
> 3. 計算「依非學業因素評量」與「依學業因素評量」之間的比例。

特徵十四：學生的學習動機很高，且是內在（自我）指導式的

　　如果教師常利用學生的自發的行為，而較少拒絕或阻礙這些行為，則學生樂於去完成他自己的目標。學生能否主動發問和提建議，

是學校是否已激起學生參與學習的指標。

評量方法：

1. 記錄下列行為系列的次數：

　(1)學生發問；(2)教師回答；(3)學生問另一問題，或對教師回答作反應。

2. 記錄下列行為系列之次數：

　(1)學生提議作某種活動；(2)教師接受或擴大學生之建議；(3)學生對教師的反應作反應，或作進一步的提議。

3. 記錄下列行為系列之次數：

　(1)學生發問；(2)教師忽視或拒絕回答問題。

4. 記錄下列行為系列之次數：

　(1)學生提議作某種活動；(2)教師忽視或拒絕此提議。

計算前兩種行為系列（1＋2）和後兩種行為系列（3＋4）的比例。

　　在進行人文取向教學法的實證研究時，上列十四種特徵都是很重要的變項，例如，我們可以研究「教師提問題的方式對學生創造力的影響」或「教師在學生答錯時的反應方式對於學生之自我觀念與學習動機的影響」等等。唯有針對這些特徵作不斷的測量與控制，我們才能確知我們所進行的教學是否合乎人文精神，對於教學後的成效也才能作正確的結論。

　　關於這方面研究，最典型的是人文心理學家羅吉斯對於「催化條件與學生學習之關係」的研究。羅吉斯曾將其當事人中心治療法（client-center therapy）所強調的諮商員的特質，如設身處地的了解（empathy）、統整（congruence）及積極尊重（positive regard）三項應用到對於學生學習的研究上。最後他依研究結果作了如下的結論：

　　(1)教師所表現「設身處地的了解」、「統整」及「積極尊重」等行為的多寡與：a.學生的認知成長；b.學生智商的增進；c.學生上課的出席率；有顯著的正相關。

　　(2)教師所表現「設身處地的了解」、「統整」及「積極尊重」的

水準，通常是低於催化學生成長所必要的最低水準。

(3)教師所表現「設身處地的了解」、「統整」及「積極尊重」的
水準，可以藉著接受卡克夫（Carkhuff）所發展的人際關係技
巧訓練來加以增進。

參考書目

邱淵等譯（民 78）教學評量。台北：五南。見第 11 章「情意目標的
評量技術」。

周天賜（民 77）情意教學目標的理論及其評量方法。測驗年刊，35，
167－180。

黃光雄等譯 （民 72）情意領域目標分類。高雄：復文。

黃安邦譯 （民 80）心理測驗。台北：五南。見第 18 章「興趣、價值
及態度的測量」。

楊國樞等著（民 67）社會及行為科學研究法（下冊）。台北：東華。
見第 21 章「社會計量法」，第 22 章「語意分析法」。

臺灣省立新竹師範專科學校 （民 74）價值澄清教學的理論與實際。
新竹：作者。

Gronlund, N.E. (1985). Measurement and Evaluation in Teaching (5th
Ed.). NY: Macmillan. See Chapter 16, "Evaluating Learning and
Development: Peer Appraisal and Self-Report".

Krathwohl, D.R., Bloom, B.S. Masia, B.B. (1964). Taxonomy of
Educational Objectives: The Classfication of Educational Goals.
Handbook 2: Affective Domain. McKey, New York.

第十一章　分數的處理與運用

在計分之後，我們最先得到的是個人的原始分數，而原始分數只是個數字，本身並不代表什麼意義；你既不能從這一數字看出學生已經學會了什麼，也不能夠知道在團體中他的能力有多高。原始分數需要經過統計處理及轉換成衍生分數後，才能夠放在一個特定的參考架構下來做解釋。本章第一節將先介紹整理原始分數所需要的基本統計概念，第二節則介紹各種衍生分數的轉換方法。

當有了衍生分數之後，你就可以解釋個人的測驗結果，所以第三節將介紹如何選用適當的常模來轉換分數，如何使用測量標準誤說明個人真正能力的落點，以及如何以測驗分數剖面圖做個人內在多種能力的比較。而當你要依據多種分數來做行政決定時，就會涉及預測某人未來成功機率及設定錄取標準等問題，所以第四節將進一步討論預期表、多元迴歸法及多元切截法的應用。

第一節　基本統計概念

統計學是一門專門處理各種蒐集、描述、分析與解釋資料的方法的科學。本節所介紹的只是描述統計（descriptive statistics）中與測驗分數有關的部分。

一、量尺

測量是以某種工具觀察某一事物的某種屬性之後，再依據一套規

則就這一屬性的多寡分派數字。這一套分派數字的規則即所謂的「量尺」（scales）。不同量尺之間因包含條件不同，而有粗陋和精密之分。本節之所以特別介紹量尺，是因為教育與心理領域所用的量尺明顯地不同於自然科學，需要對它有所認識才能選用正確的統計方法來處理評量結果。

(一)構成量尺的條件

磅秤是一種測量工具，但是卻可以同時使用英磅、公斤、台斤三種不同分派數字的規則；由此可知量尺是人為設計的，可以有無限多個，但它們至少都得具備下列第一個條件，至於更精細的量尺則需要具備更多的條件。

1. 區辨順序

當一個測量工具能夠區分大於、小於或等於時，它即具備了區辨大小順序的屬性，例如，天平能以目視估計高低進而判斷輕重。區辨順序是所有測量工具的最基本特徵。

2. 相等間隔

相等間隔是指每一個兩點之間的距離，只要其刻度差距是一樣的，則實際間隔亦是一樣。例如，直尺上，一公分到三公分的距離就和六公分到八公分的間隔距離一樣。測得的數據要具有相等間隔的屬性，才能夠進行數學四則運算。

3. 絕對零點

絕對零點是指當我們所測量到的值是零時，即代表完全沒有所要測的屬性。當你測脈搏時，若測得的數值為零時，表示此人已死了。在量重量和體積時，若測得數值為零時，表示此物並無具體質量可以測量。但在心理及教育的領域中，我們很難找到絕對零點，我們不能說有人在數學科上考零分，就代表他連最簡單的數學概念都沒有。

要有絕對零點的屬性，我們才能對數字之間的關係作比例上的解

釋。例如，國文考八十分者，他的國文能力並不是考四十分者的兩倍；但是八十公斤體重卻是四十公斤體重的兩倍。

㈡量尺的種類

量尺依據其所包含的量尺屬性多寡不同，可以分成四類。它們之間具有層次性，即較精細量尺的屬性自然涵蓋前面粗陋量尺的屬性。

1. 類別量尺

類別量尺（nominal scale）又譯為名義量尺，它實際上不能稱為量尺，因為它根本未具備任何量尺的條件。類別量尺又可以分成標示（labels）和分類（category）兩種。「標示」是指用數目字來對事物加以區別，例如，電話號碼、公路的數字編號、球員制服上的號碼、或學生的學號，都只是用來代替名字，實際上它們並無大小先後之分，更不能用來做數學運算的。「分類」常用在社會科學的研究上，研究者常以文字、數字來代表不同的性別、宗教、國籍、居住區域、婚姻狀況等，測量的結果將是把所有測量對象歸入不同的類別，而這些類別必須周延（類別數能夠涵蓋所有對象），而且相互排斥（每一對象只能屬於其中一類）。

標示和分類雖然都常以數字來表示，但「標示」是每一物件都單獨分派到一個數字，絕不會重複；而「分類」卻因為物件具有某種相同屬性而分派於相同數字之下。至於兩者相同之點是它們雖然都使用數字來表示，但這些數字都不應該拿來做數學運算。這種量尺可用數學式做如下表示：

$$A \neq B \neq C \neq D$$

2. 次序量尺

次序量尺（ordinal scale）不只具有區別的屬性，還能排列大小順序，例如，競賽得到的名次；衣服尺寸的「大、中、小」；形容年齡的「老、中、青、少、幼」；門牌號碼等都是，但是我們並不能確

定比賽中第一名和第二名的差距是否等於第二名和第三名的差距。換句話說，它並未具備相等間隔的屬性，只能指出在團體中所占的順序，並未能標明差異量。這種量尺可用數學式做如下表示：

A ＞ B ＞ C ＞ D

在心理與教育領域中，常用到次序量尺，例如，下一節將介紹的年級當量、年齡當量、名次和百分等級等都是屬於次序量尺。次序量尺有解釋測量結果上的價值，但若需要做數學運算，它就不適合了。

3.等距量尺

等距量尺（interval scale）顧名思義除了具備前面二者的屬性外，還具有相等的間隔，但是並不具備絕對的零點。例如，溫度的攝氏或華氏標示法，或年代的標示法。我們可以說華氏四十度的溫度高於華氏二十度，而且華氏六十度和華氏四十度的差距等於華氏四十度和華氏二十度的差距，但不能說華氏四十度是華氏二十度的兩倍。同樣的，西元二〇〇〇年也不是西元一〇〇〇年的兩倍。由於這些標示法都是以人為方式設定一個零點，所以不能做比例上的解釋。這種量尺可用數學式做如下表示：

（A－B）＝（B－C）＝（C－D）

在心理及教育的領域中，等距量尺用得最多，下一節所介紹的標準分數都屬於等距量尺。由圖 11-1 可以看出實際測量的結果是受到人為設定的零點的影響，就如同測驗分數是受到試題題數及難度的影響，因此我們雖然可以以加減乘除來處理分數，但仍無法說某甲的數學能力是某乙的兩倍。

圖 11-1 測得的數量受到人為零點所在位置的影響

4.比例量尺

比例量尺（ratio scale）完全具備上列三種屬性。在自然科學上用的量尺，如，長度、重量、時間、燭光、電流等單位，以及其導出單位，如面積、體積、速度、加速度、密度、亮度、流量等都是比例量尺。此外，溫度若以Kelvin氏表示法也有絕對零點，此零點相當於攝氏零下237.15度，亦即237.15K ＝ 0℃ 。這種量尺若用數學式可做如下表示：

$$A = 2B = 3C = 4D$$

在心理及教育領域中，除了生理特徵（例如，身高、體重、胸圍、肺活量等）以及體育科的測量（例如，賽跑、擲遠、舉重等），很少用到比例量尺。

二、次數分配

若對一大群樣本的某種屬性進行測量，我們可以獲得一大群計量資料，但這群資料需要經過排序、分組、歸併、計數等的整理程序，才能顯示此群資料的特徵。而這一經過整理的數據資料就稱為次數分配（frequency distributions）。

㈠意義與功用

所謂「次數分配」就是依據一大群計量資料的全距及所希望的組數，來設定組距，然後把資料分組歸類，並計算各組的次數；如此便容易顯示該群資料的分配特徵。次數分配包含兩個要素：⑴資料的分組，及⑵每一組的次數；並且要符合相互排斥（一個分數只能歸入一組）與周延（每一分數都被包含在次數分配內）兩個原則。

次數分配的主要功用在於容易看出一大群資料的重要特徵，其次才是便於統計分析。

㈡次數分配的表示法

　　次數分配可以用「次數分配表」或「次數分配圖」來表示，次數分配表（見表 11-1）的內容包括：組距和各組次數。

表 11-1　國語科分數次數分配表

組距	各組次數
96 以上	2
91-95	5
86-90	10
81-85	15
76-80	21
71-75	17
66-70	12
61-65	5
60 以下	3

　　次數分配圖可以分成「直方圖」（histogram）和「次數多邊圖」（frequency polygon）兩種，直方圖（見圖 11-2）是把各組次數以直方體的高低來替代，而多邊圖（見圖 11-3）是把每個直方體頂端的中點連接起來即成。

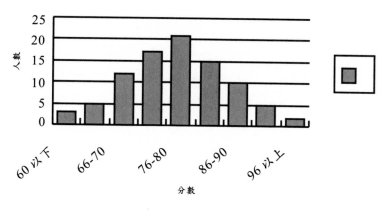

圖 11-2　直方圖

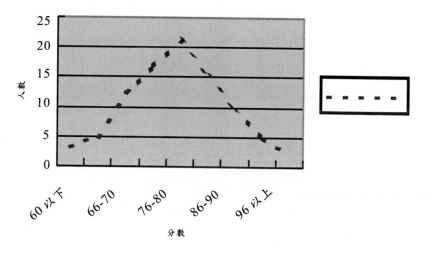

圖 11-3　次數多邊圖

三、集中趨勢量數

測量所得到的資料除了用次數分配來顯示之外，還可以用統計量數來描述。其中「集中趨勢量數」（measures of central tendency）是用以描述個體集中於某一均衡中心的現象；而「變異量數」（measures of variability）則是用以描述個體彼此之間互有差異的現象。

集中趨勢量數即是以一個簡單的數值來代表一個複雜次數分配的全體數值，較常用的有眾數、中位數及算數平均數三種。

1. 眾數

眾數（mode）是指在一群數值中，出現次數最多的那一個數值。當測量的結果是屬於間斷變數（如，人數、車輛數、受教育年數等）時，由於階層數有限，可用單值組距做出直方圖，其中最高的一組即為眾數。

但如果是連續變數（例如，身高、體重、收入等），由於階層數太多，每一數值出現的次數相對減少，所以出現次數較多的不一定就是眾數，這時需要先定組距，然後以分組資料做出直方圖，最後依據眾數所在組的前後兩組的次數，推估眾數在該組中的真正位置。其實際計算方法請參考統計學教科書。

由於當測量資料是連續變數時，其真確的眾數求算過程繁雜，所以眾數通常只用於間斷變數。此外，當次數分配呈現不規則或無明顯的集中趨勢時，眾數也會失去意義。

2. 中位數

將一群數值按照大小順序排列後，位於最中央的那一個數值即為中位數（median）。若受測的個數為奇數時，最中央那一數值即為中位數；若個數為偶數時，則取最接近中央的兩個數值的平均數為中位數。中位數不只是適用於連續變項，也可用於等級順序性的變項。

3. 平均數

平均數（mean）是指把全部個人分數的總和除以總人數，所得的商即是平均數。平均數由於在計算上用到全部的數值，所以感應靈敏；且計算簡單，又容易為一般人所理解，再加上它能夠做代數處理，所以成為最常用的集中趨勢量數。

四、變異量數

用以描述一個群體參差不齊的程度的統計量稱之為變異量數。常用的變異量數有全距、平均差及標準差。

1. 全距

全距（range）是指一個群體中最大數值與最小數值的差。全距只指出一個次數分配中各數值的分布範圍，至於範圍內各數值的差異情形則需要進一步計算其他差異量數才可得知。全距容易受極端值的影響，但對其他數值的感應不靈敏。

$$R = X_{max} - X_{min} \qquad\qquad （公式 11-1）$$

$X_{max} =$ 團體中最大值　　　$X_{min} =$ 團體中最小值

2. 平均差

平均差（mean deviation）是指一群數值中，各數值對算術平均數（或中位數）之差的絕對值的算數平均數。由於計算平均差的過程中，各離均差必須取其絕對值，才能避免正負相互抵銷，因此平均差的公式不適於代數處理，實用價值較小。

$$MD = \frac{\Sigma \mid X - M \mid}{N} \qquad\qquad （公式 11-2）$$

3.標準差

一群數值中，各個數值與該群體的算數平均數（M）的差稱為離均差（X － M），各個數值離均差平方的算數平均數即為變異數（S²），變異數的平方根即為標準差（standard deviation, S, SD）。

$$S = \sqrt{\frac{\Sigma(X - M)^2}{N}}$$ （公式11-3）

以上所述之數種集中趨勢量數以及變異量數，各有其特色，若要加以比較，可整理如表11-2：

表11-2 各種統計量數之比較

	眾數	中位數	平均數	全距	平均差	標準差
感應靈敏			○		○	○
嚴密確定		○	○		○	○
簡單易懂	○	○	○	○	○	
計算容易	○	○	○	○	○	
適合做代數處理			○		○	
受抽樣變動影響小	○	○			○	○

五、偏態與峰度

描述次數分配的特徵時，除了用集中趨勢量數及變異量數之外，還可以使用偏態（skewness）和峰度（kurtosis）來說明。

偏態可以分為正偏態與負偏態,「正偏態」是指高峰偏左,其分配曲線的左端較陡,右端較緩,且平均數大於眾數,表示得低分的人較多。「負偏態」是指高峰偏右,其分配曲線是右端較陡,左端較緩,且平均數小於眾數,表示得高分的人較多(見圖11-4)。

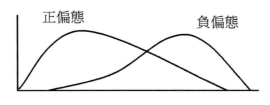

圖 11-4　偏度不同的次數分配

峰度可以分為高狹峰和低闊峰,「高狹峰」是指分數集中於同一區域,以至於其分配曲線較陡峭,「低闊峰」是指分數的分布相當均勻,其分配曲線較平坦(見圖 11-5)。偏度與峰度的計算公式請參見統計學教科書。

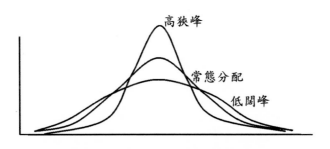

圖 11-5　峰度不同的次數分配

六、常態次數分配

由於各種變數的分配形態不同,其偏態、峰度亦各有所異,因此有必要建立一個特殊的分配模型作為比較和參照的標準。此一特殊分

配應該具有或接近各種次數分配的共同特性。這種分配確實存在，它被稱之為「常態次數分配」（normal frequency distribution），其分配所構成的曲線稱為「常態曲線」。常態次數分配是偏態、峰度皆為零的左右對稱鐘形分配，它是統計推論的基礎，也是解釋標準化測驗分數的參考架構。

㈠常態分配的特性

依據理論推衍出來的常態分配具有下列幾種特性：

(1)分數集中在平均數附近，以平均數為最高點，且以平均數為中心，而左右兩邊對稱，故眾數、中位數皆等於平均數。

(2)常態曲線是左右對稱的鐘形曲線，離平均數愈遠，其高度愈低，但不與橫軸底線相交，故所有的值在正的無限大與負的無限大之間；但在實際應用時，依據經驗法則，在± 3 SD 以外的面積，因為所占比例太小，可以略而不計。

(3)常態曲線是以通過平均數點的垂直軸形成左右對稱，故在平均數± k SD（k 為任一實數）的縱座標高度相等。

(4)在整個常態曲線之下的面積等於 1.00，亦即全部的樣本數，而平均數以上、以下各占 .50。

(5)常態曲線的反曲點在平均數± 1 SD 處的縱軸上，故其偏度為零，峰度也為零。

(6)常態曲線可以用數學公式正確加以描述。

(7)在平均數± 1 SD 之間的面積占 68.26%；在平均數± 2 SD 之間的面積占 95.44%；在平均數± 3 SD 之間的面積占 99.74%。

㈡常態分配的重要性

常態分配是多種次數分配中的一種，它之所以受到特別的重視是因為：

⑴許多變數的觀測值的分配形態都近似常態分配，例如，同年齡
者的身高、體重，學生的智力、考試成績。

⑵許多樣本統計量的抽樣分配，如平均數，當其樣本很大時，皆
近似於常態分配。

⑶常態分配為許多其他抽樣分配的最佳近似值。大部分的抽樣分
配在樣本數加大時皆趨近於常態分配。

第二節　分數的轉換方式

所謂「分數轉換」是將原來的一組分數經過某種計算公式變換成
另一組新的分數，稱之為「衍生分數」（derived scores）。其目的在
使新分數的分配形態符合某種條件，以便於：⑴使來自不同測驗的分
數可以互相比較；⑵能對測驗結果做更有意義的解釋。標準化測驗中
所用的各種標準分數（例如，z 分數、T 分數、智商等）都是經由分
數轉換得來的。

一、答對百分比

答對百分比（percentage correct）是最簡單的分數轉換方式，通
常只用在班級內的學科測驗，而不太可能用到其他測驗上。它是與完
美的表現（最高可能分數）做比較，只受個人能力高低與試題難易度
的影響，其他人的表現並不會影響到個人的答對百分比。它適於用在
效標參照測驗上。

答對百分比是在各種衍生分數中，唯一與教師的理想標準相比較
的，在教學上很有參考價值，但千萬不要把它與百分等級相混淆了。
其計算公式如下：

$$X_{\%c} = 100\frac{R}{T} \qquad\qquad （公式11-4）$$

$X_{\%c}$ ＝答對百分比　　　R ＝個人答對題數

T ＝總題數（最高可能分數）

二、百分位置

百分位置分數（percent placement score）是以團體分數的全距為分母，以個人分數與團體最低分的差距為分子，所求得的比值；換句話說，它把團體中的最高分與最低分的差距劃分成一百等分，在求個人分數在這一百等分中所占的位置，它的最高分為一百，最低分為零。此分數只是用於班級中的學科測驗，並無其他用途。與答對百分比不同的是，它是與團體的表現作比較。其計算公式為：

$$X_{\%PL} = 100\frac{(X-L)}{(H-L)} \qquad\qquad （公式11-5）$$

$X_{\%PL}$ ＝百分位置分數　　　　X ＝個人原始分數

H ＝團體中最高原始分數　　L ＝團體中最低原始分數

三、排名次式轉換

排名次式的轉換並不考慮團體分數的平均數與標準差，它只考慮在某一原始分數上有多少百分比的人高於（或低於）這一分數，因此使用此一轉換方式需要先製作次數分配表。

㈠排名次

將原始分數依高低排列之後，以最高者為第一名，次高者為第二名，依此類推，轉換成名次（rank）；但若遇有相同原始分數則將名次加以平均後給與相同名次，例如，第十、十一、十二名的原始分數相同，則此三人都應該是第十一名，而下一個分數則依照前面已經有多少人來賦與名次。以此排列法，若原始分數不是很精細，則會有多人占有相同名次，而名次之間也會有空檔。

由於排名次只能看出個人在該團體內的相對地位，不能與其他團體的人相比較，也不能看出學生間差異的大小，所以標準化測驗上絕不可能採用。排名次的方法比較適用於依據總平均成績篩選兩極端的學生，但若經常在評量後公布全部學生的名次，不但侵犯學生的隱私權，也容易造成學生間的惡性競爭。

㈡百分等級

百分等級（percentile rank, PR）是報導標準化測驗結果時最常用的衍生分數。它是指得到某一原始分數的人，在參照團體中能贏過百分之多少的人。

若原始資料是名次，或已經把原始分數排列成名次，那可以用公式 11-6 由名次換算的百分等級。

$$PR = 100 - \frac{100}{N}(RA - 0.5) \qquad （公式 11-6）$$

N＝總人數　　　　RA＝某人的名次

另一種情況是人數較多，難以排列名次，但已經做了次數分配，

則可以計算各原始分數組中點的累積次數，再算它占總人數的百分比。表11-3是一個小樣本的百分等級的求法。

$$PR = \frac{cmf - (f \times 0.5)}{N} \times 100$$ （公式 11-7）

表 11-3　百分等級的求法

分 數	次 數 f	累積 次數 cmf	分數組中點 累積次數 mcmf	百分比 %	百分 等級 PR
89	1	50 － （1×0.5） = 49.5		99.0	99
88	1	49 － （1×0.5） = 48.5		97.0	97
87	2	48 － （2×0.5） = 47.0		94.0	94
86	4	46 － （4×0.5） = 44.0		88.0	88
85	2	42 － （2×0.5） = 41.0		82.0	82
84	5	40 － （5×0.5） = 37.5		75.0	75
83	6	35 － （6×0.5） = 32.0		64.0	64
82	8	29 － （8×0.5） = 25.0		50.0	50
81	5	21 － （5×0.5） = 18.5		37.0	37
80	4	16 － （4×0.5） = 14.0		28.0	28
79	4	12 － （4×0.5） = 10.0		20.0	20
78	4	8 － （4×0.5） = 6.0		12.0	12
77	3	4 － （3×0.5） = 2.5		5.0	5
76	0	1 － （0×0.5） = 1.0		2.0	2
75	1	1 － （1×0.5） = 0.5		1.0	1

　　百分等級的優點是它很容易解釋，例如：原始分數 84 分的百分等級是 75，表示得 84 分的人在該團體中贏過 75%的人。但它的缺點就是在中位數附近時，即使分數差距很小，但其相對應的百分等級卻相差很大（因同分人數特別多）；但在分數分配的兩端時，卻是分數

相差很大，但其對應的百分等級卻相差很小（因同分人數特別少），
這現象在偏態分配上更是明顯。此外，因為它是等級資料，不能進一
步做數學運算。

四、等第式轉換

　　將原始分數依高低劃分成少數幾個等第是一種化約式（reductive）
的轉換，換句話說，新分數比原來分數的階層數減少了許多。使用這
種轉換法通常是為了：(1)簡化分數的處理；(2)降低分數差異的敏感性。

㈠標準參照式的等第轉換

　　標準參照式等第轉換是一種將分數對照外在標準（由專家或教師
所設定）之後，再化約成等第的轉換法。在使用上常可以配合上述的
「答對百分比」、「百分位置」，或者是國內班級考試常用的「百分
制評分法」來設定轉換標準。例如，答對80%以上者給A，79%−70%
者給B，69%−60%者給C，59%−50%者給D，50%以下者給F。

　　此法在設定轉換標準時，是依據學生對教材的精熟水準及教師的
經驗判斷，並不考慮每一等第應占人數的百分比，所以並不能知道學
生在團體中的相對地位。

㈡常模參照式的等第轉換（常態化等第轉換）

　　常態化等第轉換是把每一個等第應占人數的百分比，事先依據常
態分配的原則（中間最多、向兩端遞減、左右對稱）設定好，然後將
每個人的分數依照高低排列，再由上而下，或由下而上把每一等第塞
到額滿，然後再塞下一個等第；個人所分發到的位置即此人分數轉換
後的等第。

　　常態化等第轉換是一種團體內的相對比較法，較常見的有下列四

種；下列各表中第一行是「轉換後等第名稱」，第二行是各等第的
「應占百分比」，第三行是「由下而上各等第累積百分比」。

1.五等第（五分制）

五等第制的常態化等第轉換是學校報告學期成績時最常用的轉換
方式，但在標準化測驗中卻因為不夠精細而未被採用。

轉換後等第	F(1) D(2) C(3) B(4) A(5)
百分比	7% 24% 38% 24% 7%
累積百分比	7% 31% 69% 93% 100%

2.標準九

標準九分數（stanine score）是把所有的分數簡化成九個等級，
而每一個等級所占的人數比例是按照常態分配的原理來指派的。標準
九、標準十、C量表分數都是以標準分數的樣式呈現，但在換算上是
依據贏過人數百分比及常態分配原理而來，所以又稱為「常態化標準
分數」（normalized standard score），其中又以標準九最為常用。

轉換後等第	1	2	3	4	5	6	7	8	9
百分比	4%	7%	12%	17%	20%	17%	12%	7%	4%
累積百分比	4%	11%	23%	40%	60%	77%	89%	96%	100%

3.標準十

標準十（sten score）和標準九類似，是左右各五個單位的常態化
標準分數。

轉換後等第	1	2	3	4	5	6	7	8	9	10
百分比	2%	5%	9%	15%	19%	19%	15%	9%	5%	2%
累積百分比	2%	7%	16%	31%	50%	69%	84%	93%	98%	100%

4. C 量表分數

C 量表分數（C-scaled score）除了兩端各多出一個等第（0 和 10）之外，其餘與標準九相同。

轉換後等第	0	1	2	3	4	5	6	7	8	9	10
百分比		1%	3%	7%	12%	17%	20%	17%	12%	7%	3%	1%
累積百分比	1%	4%	11%	23%	40%	60%	77%	89%	96%	99%	100%

五、直線轉換

「直線轉換」是指當所有的分數加減或乘除一常數後，各分數之間的相對位置仍然保持不變。由於將轉換前和轉換後的分數若分別以座標圖上的 X 軸和 Y 軸來表示（見圖 11-6），則兩分數的對應關係成一直線，故稱為直線轉換；此時所加、減的常數就是該直線的截距（a），所乘、除的常數就是該直線的斜率（b）。

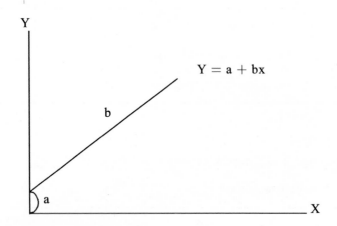

圖 11-6　直線轉換的圖示

　　每一分數加減一常數之後會使平均數產生相對的移動,而乘除一常數之後會使標準差擴大或縮小;經直線轉換後的那組分數雖然平均數、標準差會有變化,但各人的相對次序仍然不變,所以常被標準化測驗用來建立統一的分數系統,以便於解釋測驗。比較常見的直線轉換分數有:z分數、T分數、AGCT分數、離差智商(DIQ)、CEEB分數。

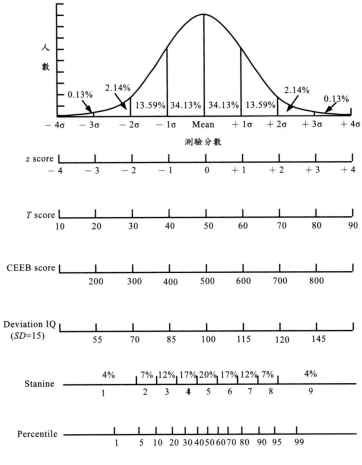

圖 11-7　常態分配下各種衍生分數的關係

(一) z 分數

　　z分數是最簡單，也是最基本的標準分數，它是以標準差為單位，來說明某一原始分數是位於平均數以上或以下幾個標準差的位置上。它是將每個原始分數減去一常數（平均數），再除以一常數（標準差）的直線轉換方式變成一組以**平均數為 0，標準差為 1** 的標準分

數，其轉換公式如下：

$$Z = \frac{X-M}{SD}$$　　　　　　　　　（公式 11-8）

　　X ＝ 個人原始分數

　　M ＝所有原始分數的平均數

　　SD ＝所有原始分數的標準差

　　轉換後的分數有 99 ％是落在＋3.0 到－3.0 之間，z 分數因為有一半的分數是負的，且常帶有小數，與一般人對分數的概念不同，很難溝通；所以除了對專業人員外，一般都用其他的標準分數來報導。許多其他的標準分數都是以 z 分數為基礎作第二次的直線轉換。下列的線性標準分數就是利用 z 分數再做一次直線轉換的。

㈡ T 分數

　　T 分數是最早出現的二次轉換標準分數，它將每一 z 分數乘以10，以消除小數；再將每一 z 分數加上 50，以消除負數。它是轉換成以**平均數為 50，標準差為** 10 的標準分數。其轉換公式及範例如下：

$$T = 10(\frac{X-M}{SD}) + 50 = 10Z + 50$$　　　　（公式 11-9）

表 11-5　將 z 分數轉換成 T 分數的範例

z 分數	10z + 50 ＝ T 分數
z ＝＋3.8	10（＋3.8）＋50 ＝ 88
z ＝＋1.4	10（＋1.4）＋50 ＝ 64
z ＝ 0.0	10（＋0.0）＋50 ＝ 50
z ＝－0.9	10（－0.9）＋50 ＝ 41
z ＝－2.3	10（－2.3）＋50 ＝ 27

㈢ AGCT 分數

AGCT分數是美國陸軍普通分類測驗（Army General Classification Test）所用的標準分數系統，其他測驗（如通用性向測驗 GATB）也採用。它是轉換成以平均數為 100，標準差為 20 的標準分數，其轉換公式如下：

$$ACGT = 20\frac{(X-M)}{SD} + 100 = 20Z + 100 \qquad （公式 11-10）$$

㈣離差智商

早年所謂的智商是比率智商（ratio IQ），它是心理年齡和實足年齡的比值。而離差智商（Deviation IQ, DIQ）才是現代各種智力測驗所常用的分數系統，它是轉換成以**平均數為 100，標準差為 15（如：魏氏智力量表）或 16（如：斯比智力量表）**的標準分數。魏氏離差智商的轉換公式如下：

$$DIQ = 15(\frac{X-M}{SD}) + 100 = 15Z + 100 \qquad （公式 11-11）$$

㈤ CEEB 分數（或稱 ETS 分數）

　　CEEB 分數是美國大學入學考試委員會（College Entrance Examination Board）所使用的一種分數系統，而美國測驗服務社（Educational Test Service）的各類大型測驗（如，SAT、GRE、TOEFL 等）也使用此一分數系統來報導測驗結果。它是轉換成以**平均數為** 500，**標準差為** 100 的標準分數，其轉換公式如下：

$$CEEB = 100(\frac{X-M}{SD}) + 500 = 100Z + 500 \qquad （公式 11-12）$$

　　由於大型測驗中受測人數眾多，擴大標準差和平均數的數值可以大量減少同分的人數。

六、常態化標準分數

　　常態化標準分數（normalized standard scores）的轉換方式不是採用直線轉換，而是採用面積轉換（area transformation），其轉換步驟如下：

　　⑴先就每一個原始分數，依據其組中點的累積人數，換算成百分等級。

　　⑵使用「常態分配下各種衍生分數轉換表」（見附錄一）查出與該百分等級對應的 z 分數。另一方法是把百分等級除以 100，化成小數，把它當作常態曲線下不同 z 分數左端的面積，然後查「z 分數與常態曲線下面積對照表」（見一般統計學教科書之附錄），找出其對應的 z 分數。

　　⑶利用查表所得的 z 分數經由前述之公式再轉換成 T 分數、AGCT

分數、離差智商等。

直線轉換是直接以平均數、標準差來求 z 分數，所以原始分數的分配若是偏態的，經轉換後的標準分數分配仍是偏態的。但是常態化轉換是先換成百分等級，再查表換成在常態分配下對應的 z 分數，所以經轉換後的標準分數的分配一定是常態的。

當受測團體太小或分數分配有明顯偏態時，採用常態化標準分數更便於分數的解釋和比較。國內師範學院結業生分發服務時，先將各師院各系學生的結業平均成績轉換成常態化 T 分數，再合併作比較即為最好的例子。

七、發展性常模

要了解兒童身心發展的快慢，最好的方法是把個人的測量結果與各個不同年齡（或年級）階段兒童的平均表現作比較，看他最接近哪一個階段。這種方法又稱「發展量表法」。

㈠順序量表

發展順序量表（ordinal scale）主要為了檢查嬰幼兒生理、動作、行為的發展是否正常而設計的。在評量嬰幼兒的身心發展上使用最多，但年齡愈大就愈不適用。

㈡年齡當量分數

年齡當量分數（age equivalent score）是指某一年齡階層學生在某一測驗上原始分數的平均數。通常是以多個不同年齡層學生的原始分數分別求其平均數，建立年齡常模。使用時將個人原始分數和年齡常模相對照，看他的發展是相當於幾歲學生的平均表現。例如，若一

個七歲五個月的學生在字彙測驗上得到 23 分，查對下表（表 11-6）之後，可以知道他的發展程度相當於八歲一個月到八歲六個月學生的平均表現。

表 11-6　字彙測驗年齡常模

年　齡	平均數
9：1 - 9： 6	36
8：7 - 8：12	29
8：1 - 8： 6	23
7：7 - 7：12	20
7：1 - 7： 6	17
6：7 - 6：12	15
6：1 - 6： 6	12

　　年齡當量分數比較適用於隨著年齡明顯進步的特質，如，身高、體重、胸圍等生理特質及數學、字彙等認知特質，但過了青少年階段（通常指十五歲以上）各項特質的發展穩定而緩慢，年齡當量就不適用了。年齡當量在不同的測驗上有不同的名稱，例如，在智力測驗上就稱為心理年齡，在教育成就測驗上就稱為教育年齡，在社會成熟量表上就稱為社會年齡；其中以心理年齡這一概念使用最廣，歷史也最悠久。

㈢年級當量分數

　　年級當量分數（grade equivalent score）的原理和使用方法和年齡當量分數相近，只是它只適用於教育成就測驗上，而且只有那些需要連續學習好多年的科目，如語文、數學等，才適合建立年級當量常模。

年級當量分數很容易造成錯誤的解釋，例如：(1)把常模上的分數當做該年級學生應該達到的標準；(2)學生表現達到某一年級當量分數即視為該生已經學會某一年級的課程內容；(3)所有的學生每一年都應該進步一個年級；(4)把年級當量視為等距量尺；(5)把不同學科間的年級當量拿來比較；(6)把透過外差法求得的極端數值當作穩定的估計值。因為它容易造成誤解，所以並未被普遍使用。

八、發展性商數

發展性商數（developmental quotient）是將依據個人測驗表現在發展性常模所查得年齡（或年級）與其實際年齡相除，求得其商，然後再乘以 100 以消除小數。測驗史上最早使用的發展商數為早年比西量表所採用的智力商數，簡稱「智商」（intelligent quotient, IQ），它是個人的心理年齡（MA）與其實際生理年齡（CA）相比所獲得的數值，所以又稱為比率智商（ratio IQ）。其計算公式如下：

$$IQ = \frac{MA}{CA}100 \hspace{3cm} （公式 11-13）$$

發展商數中還有所謂的「教育商數」（educational quotient, EQ），其原理與智商一樣，也是一種「比率商數」，即教育年齡（EA）除以實際生理年齡（CA），再乘以 100。教育商數可以因為學校成就測驗內容的不同而有「數學商數」、「閱讀商數」等，但教育商數並未被廣泛使用，反而使用年級當量的比較多。

$$EQ = \frac{EA}{CA}100 \hspace{3cm} （公式 11-14）$$

發展商數有一個致命的缺點,那就是當作分母的實際生理年齡永遠不斷增加,而當作分子的發展年齡卻到某一階段後即減緩、甚至停止,因此它如果用在成人身上,將出現年齡愈大發展商數愈低的現象,因此需要有一些計算上的調整;一般而言,它只適用在五至十五歲之間。

發展商數另外還有其他缺點,例如,相同的商數,在不同年齡之間代表不同意義。現在的標準化測驗已經極少使用發展商數,大多以經面積轉換的常態化標準分數(如離差智商)來表示。

第三節　標準化測驗結果的解釋

測驗結果的解釋除了先得選擇常模、換算出衍生分數之外,還包括了對測驗分數及相關的觀察資料,以及其他測驗分數的綜合分析;在確定測驗結果的意義之後,再將結論與建議傳達給受試者或轉介機構。

一、測量標準誤

由於測驗都有誤差存在,如果在報告測驗分數只呈現實得分數,而不把誤差考慮進去,會讓人誤以為那是絕對可靠的真正分數。較理想的作法是利用實得分數和測量標準誤(standard error of measurement, SEM)來共同估計個人真正分數。換句話說,就是以統計學上求某一估計值的信賴區間的方式,來推估個人真正分數的可能落點及出現機率。

估計個人分數用的測量標準誤與測驗的信度係數(r_{xx})及測驗分數的標準差(s)有密切關係,其計算公式如下:

$$SEM = S\sqrt{1-r_{xx}}$$ （公式 11–13）

表 11–7　依據信度係數與標準差所推估之測量標準誤

SD	信度係數					
	.95	.90	.85	.80	.75	.70
30	6.7	9.5	11.6	13.4	15.0	16.4
28	6.3	8.9	10.8	12.5	14.0	15.3
26	5.8	8.2	10.1	11.6	13.0	14.2
24	5.8	7.6	9.3	10.7	12.0	13.1
22	5.4	7.0	8.5	9.8	11.0	12.0
20	4.9	6.3	7.7	8.9	10.0	11.0
18	4.5	5.7	7.0	8.0	9.0	9.9
16	4.0	5.1	6.2	7.2	8.0	8.8
14	3.6	4.4	5.4	6.3	7.0	7.7
12	3.1	3.8	4.6	5.4	6.0	6.6
10	2.0	3.2	3.9	4.5	5.0	5.5
8	1.8	2.5	3.1	3.6	4.0	4.4
6	1.3	1.9	2.3	2.7	3.0	3.3
4	0.9	1.3	1.5	1.8	2.0	2.2
2	0.4	0.6	0.8	0.9	1.0	1.1

　　舉例來說，某人在語文測驗上實得分數為 102 分，該測驗的信度係數為 0.85，團體分數的標準差為 15，依照公式 11–13 求出測量標準誤 SEM $= 15\sqrt{1-0.85}$，為 5.8。再利用實得分數和此一測量標準誤即可建立此人真正分數的信賴區間，例如：

　　68%信賴區間 $= 102\pm5.8 = 96 \sim 108$

95%信賴區間＝ 102±1.96(5.8)＝ 91～113

99%信賴區間＝ 102±2.58(5.8)＝ 87～117

　　在解釋這些信賴區間時，我們可以說此人的真正分數將有68%的可能性落在96分到108分之間；而落在87分到117分之間的可能性則是99%。

二、剖面圖的分析

　　測驗分數剖面圖（profile）是指個人在接受一套測驗組合之後，將個人在幾個分測驗上的衍生分數以圖示的方式同時並列，以便相互比較，進而判斷個人在不同能力上的優劣。

　　要使用剖面圖的先決條件是各個測驗的常模是建立在相同的常模樣本上，且使用相同的衍生分數系統。

　　圖11-8是某人在區分性向測驗上的分數剖面圖，橫線標示出由原始分數換算出來的百分等級，橫線上下的黑帶是加減一個標準誤後所構成的誤差帶。

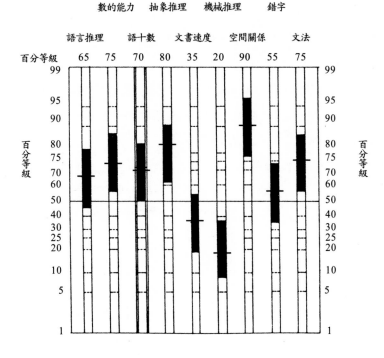

圖 11-8　區分性向測驗的剖面圖分析

㈠剖面圖的使用要領

使用剖面圖的目的是要比較同一人的幾種測驗分數,所以要遵守一些事項才能建立比較的基礎。

1. 轉換成同一種衍生分數

不同分測驗的原始分數是不能相互比較的,他們要對照常模轉換成可以比較的單位,例如,標準分數、標準九、百分等級、年級當量等;而且每一種分數都要轉換成同一種衍生分數方可相互比較。

2.使用同一個常模組

在換算衍生分數時，要各個分測驗都使用同一個常模組，而這常模組的樣本特徵（年級、性別、地區等）要與受測學生的特徵相符合。

3.以線段標示出測量標準誤

因為各分測驗之間以及各常模組之間的測量標準誤常會不一樣，使用者要查清楚，並在剖面圖上以線段標示出各測驗衍生分數加、減一個測量標準誤之後構成的誤差帶。

4.以線段比較兩個分數

在比較剖面圖上的兩個分數時，若兩個分數的誤差帶沒有重疊的部分，我們才可以認定為兩個分數之間有明顯的差異，否則就應該說它們之間沒有明顯的差異。

㈡剖面圖的特徵

剖面圖除了解釋個別分數及比較不同分數間的差異外，還可以把整個剖面圖當作一個整體，從下列三方面來說明這一組測驗分數的特徵。

1.一般水準 （level）

它是指各個分數的平均值是偏高或偏低。偏高表示各種性向或學習成就高，將來的成就或工作表現也會較高。

2.變異程度 （variability）

它是指各個分數之間是彼此差異不大，或是明顯地參差不齊。變異不大表示此人各項能力均衡發展；變異很大表示此人有非常明顯的優點或弱點。

3.分數形態 （shape）

它是指高低不同的分數所構成的特殊形態，它可以用來做診斷或預測上的歸類。若有實證研究支持某種分數形態與某一種症狀（如，腦傷、文化不利、語言障礙等）有關，則可以依此做診斷性解釋，例

如，以魏氏智力量表的側面圖判斷某一兒童是否為文化不利或是腦傷；以區分性向測驗的剖面圖來判斷受測者較適合就讀哪一科系。

三、解釋測驗的原則

在實際面對受測者或轉介機構代表時，解釋者要注意下列原則，才可避免測驗被誤用、濫用的情形。

㈠對分數的綜合分析

1. 要事先查驗分數的可靠性

例如，施測情境是否符合標準化，受測者是否表現正常，計分過程及使用的常模是否正確無誤。

2. 若涉及重大決定時，應該配合其他相關資料

解釋測驗結果時應該配合學業成績、與教師或家長面談記錄、其他測驗表現等，不能以單一分數為依據，若資料之間彼此有矛盾，應該再進一步確認哪一種資料較可靠。

3. 應該針對轉介原因或施測目的進行分析

受測者或轉介者心中都有等待解答的問題，例如，是否應該選讀某一科系？是否應該接受特殊教育？解釋者應該要能夠具體回答，而非只對分數作一般性的解釋。

㈡對人的尊重

1. 要尊重個人隱私權

解釋者只將測驗結果傳達給受試者及其監護人、或原初轉介來源（學校人員、企業雇主）以及法令上有權調閱的相關人士，不應該隨便透漏給無關的第三者。

2.避免使用專業術語

解釋者要盡量以通俗的語言來解說,讓對方能夠充分理解並覺得有用處,還要隨時回答問題,以免造成誤解。

3.要顧及對方的情感反應

解釋者要利用測驗剖面圖、常態分配圖來幫助對方理解各個分數的意義;遇到那些不能盡如人意的分數時,還要使用諮商技巧來消除對方的淡化、否認等心理防衛現象,以幫助他接納事實。

4.應該提供正式的測驗報告

一份正式的測驗報告可以顯示解釋者的專業素養以及他慎重其事的態度,也可以增進溝通上的清晰性及說服力。正式的測驗分析報告內容要包括:受測者身分資料、轉介來源、轉介原因、背景資料、觀察或面談經過、測驗內容及程序、測驗結果與解釋、結論與建議,最後要加上報告撰寫者的身分與簽名。

四、解釋測驗的步驟

測驗種類很多,測驗對象與目的也各有不同,但解釋的步驟卻是大同小異。在此我們是以學術性向測驗爲例子,說明教師向家長或學生解釋標準化測驗的理想步驟。

㈠描述測驗性質及內容

教師在解釋測驗分數之前都要先說明這測驗的性質,以及整個測驗及分測驗所測量的能力。這部分的內容通常在測驗指導手冊上會有詳細說明。在學校裡,教師最常需要向家長解釋的就是與學術性向相關的測驗,因此,應該特別提醒家長下列幾點,以免家長誤解。

(1)學術性向測驗不是智力測驗。「智力」一詞容易造成誤解及引發情緒反應,測驗界已經幾乎很少使用,現在大多改用「學校

能力」、「認知能力」等名詞。

(2)學術性向測驗並不是測量先天、固定的能力，而是測量已經學得的能力。

(3)不能單獨用學術性向測驗來預測學生未來的學業成就，還要考慮其他因素。因此教師不應該說：「依據這個測驗分數，您的孩子將來會……」，而應該說：「得到這個分數的學生，將來通常會……」。

(二)說明測驗分數的意義

如果是常模參照測驗，就要以簡單易懂的方式向對方說明測驗分數（衍生分數）的意義，以及參照常模群體的性質。為了方便，測驗分數通常以百分等級或標準九的形式向家長說明，因為它們最容易解釋，也較不容易產生誤會。

1. 解釋百分等級

「在閱讀理解測驗上，大明的分數若與全國五年級學生相比，他超過百分之八十的人」（教師或許要補充說明他不是答對百分之八十的題目，而是有百分之八十的學生分數比他低）。

2. 解釋標準九

「若把全部學生的能力簡化成九個分數，最高分是九分，最低分是一分，平均是五分。那麼大明在閱讀理解測驗上的能力，若與全國五年級學生相比，他可以得到七分。」（教師可以補充說明七、八、九是中等以上，四、五、六是中等，一、二、三是中等以下）。

教師若是需要同時解釋好幾種測驗的結果（如性向與成就測驗），最好採用同一種分數系統，免得家長困惑，此外也便於相互比較。雖然家長很想知道自己子女在團體中的表現，但他也同樣想知道自己子女已經學會什麼、還有哪些未學會。這種標準參照式的解釋通常是以

「精熟的百分比」來說明，較容易為家長所理解。如果你用了「答對百分比分數」，要記得將他與「百分等級」分清楚；若你用了精熟與未精熟的判斷，要說明精熟的標準，以及這標準是如何決定的。

㈢澄清測驗分數的正確性

教師要先幫助家長建立測量誤差的概念，他可以先利用商品上重量的容許誤差量（如 100 ± 5 公克）來說明，接著再以測驗剖面圖上各分數的誤差帶來說明學生真正分數的可能範圍。

當教師以教學目標或同一內容試題（如改錯字部分）來解釋測驗分數時，要特別注意試題題數，若題數過少（如少於十題），則不能擅自下結論，應該把它當作須待進一步查證的線索。教師若能夠把測驗結果與平常的考試或作業合併來看，便可以作出較可靠的解釋，畢竟將測驗分數與其他的可用資料交互驗證才是解釋測驗分數的正確方法。

㈣討論測驗結果的應用

向家長說明如何應用測驗結果時應該包括：⑴這測驗結果如何用在對該學生的教學（或輔導）計畫上；⑵教師和家長應該採取哪些具體行動來幫助學生的學習和發展。通常這些提議也會寫在正式測驗報告的「結論與建議」部分。

第四節　分數在決策上的應用方式

當以多種測驗分數來篩選或預測未來工作表現時，這些測驗又稱為測驗組合（test battery）。大學或高中聯考中的測驗可以算是一種成就測驗組合；但是最常用的還是多元性向測驗組合，例如，用於幫

助高中學生選擇大學科系時所用的區分性向測驗（Differential Aptitude Test, DAT），或職訓中心甄選各種學員所用的通用性向測驗（General Aptitude Test Battery, GATB）。在使用測驗組合時最主要的兩個問題是：(1)應該選擇哪些測驗來預測未來表現最為恰當；(2)這幾個分數在統計上要如何處理，才能做出正確判斷。為了解決這些問題測驗專家提出了兩種解決策略，一個是多元迴歸公式法，另一個是多重切截分數法。

一、預期表

預期表（expectancy tables）是具有兩個向度的表格，它左邊是由大而小的測驗分數（預測變項）而且是由上而下排放；上面是由小而大歸類成幾個等級的成就分數（效標變項），且是由左而右排列。

表 11-8 即是預期表的範例。在表中顯示，如果一個考生的大學入學考英語科分數是三十五分，而他選擇就讀英語系，則將來畢業成績落在七十至七十九分的機率最高，約 55%，而落在九十分以上的機率最低，只有 2%。

表 11-8　90 名英語系學生在大學入學考
英文科分數與畢業總平均成績的關係的預期表

入學考試	英語系畢業總平均成績			
英文分數	60-69	70-79	80-89	90 以上
90 以上	0%	11%	33%	56%
70-79	2%	7%	40%	51%
60-69	7%	7%	50%	36%
50-59	9%	11%	48%	32%
40-49	21%	19%	46%	14%
30-39	32%	55%	11%	2%
30 以下	45%	34%	21%	0%

預期表可以很清楚地顯示兩組分數的關係，雖然它在處理上比相關係數更累贅，但是卻很容易被缺乏統計學知識的人所了解，同時它可以很清楚地說明一個測驗的預測效率，除此之外，它也是用以說明一個測驗的效標關聯效度（criterion-related validity）的一種簡單又實際的方法。

二、多元迴歸法與預測

簡單迴歸法是以一個測驗分數去預測個人在效標上（畢業成績、工作考績）的表現；而多元迴歸公式（multiple regression equation）則是同時以多個測驗分數去預測未來表現。若大部分的測驗分數與效標有顯著的直線相關（與效標的積差相關高），且各測驗之間的內容不重疊（各測驗之間的積差相關低）時，使用多元迴歸法最爲合適。多元迴歸的計算公式如下：

$$Y' = a + X_1 b_1 + X_2 b_2 + X_3 b_3 + X_4 b_4 \cdots\cdots$$

$Y' = $ 個人的效標表現分數（預估值）

$a = $ 截距

$b_1, b_2, b_3, \cdots\cdots = $ 各測驗的迴歸係數（斜率）

$X_1, X_2, X_3 \cdots\cdots = $ 個人在各測驗上的原始分數

三、多重切截法與篩選

使用一種測驗結果做二元性判斷（及格／不及格、錄取／不錄取）時，需要設定一個切截分數（cut-off score)，才能把所有的受測者一分爲二。但若同時使用多種測驗結果來篩選時，則需要設定多個

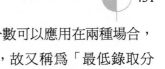
切截分數（multiple cut-off scores）。切截分數可以應用在兩種場合，一種是在篩選性測驗中判斷錄取或不錄取，故又稱為「最低錄取分數」；另一種場合是在效標參照測驗中判斷學生的學習結果是精熟或未精熟，通常又稱為「通過分數」。

至於決定篩選的切截分數高低的因素有二：第一個是篩選率，亦即參與甄選與擬錄取人數的比例，切截分數的高低與參與甄選的人數成正比，但與擬錄取的名額成反比。第二個是決策者的經驗判斷，亦即做決定者依據其過去經驗及專業判斷認為錄取者應具備的最低能力如何，並依此主觀設定一個最低標準。

國內大學聯考在填志願時所設的高、低標即是一種簡化的多重切截法，例如，師範學院的教授們認為國小教師是採包班制，每個畢業生都有機會教國語科，因此國語文程度應該達到某一程度才能勝任教學工作，所以規定考生的國文分數未能贏過50%考生（未達均標），入學志願就不能填師範院校。

參考書目

周文欽、歐滄和、許擇基、盧欽銘、金樹人、范德鑫（民84）心理與教育測驗。台北：心理。見第三章「效度」、第四章「測驗結果的解釋與常模」。

Gronlund, N.E. (1993). How to make achievement tests and assessments (5th ed.). Needham Heights, MA: Allyn and Bacon. See chapter 8, "Interpreting test results".

Linn, R.T., Gronlund, N. E. (1995). Measurement and assessments in teaching (7th ed.). Englewood Clift, OH: Prentice-Hall. See Chapter 17, "Interpreting Test Scores and Norms".

Lyman, H.B. (1991). Test scores & what they mean (5th ed.). Englewood

Cliffs, NJ: Prentice−Hall. See chapter 5, "A few statistics" and chapter 7, " Derived Scores" .

Sattler, J.M. (1992). Assessment of children: Revised and Updated (3rd Ed.). San Diego, CA: Jerome, M. Sattler, Publisher, Inc. See chapter 23, "Report Writing" .

第十二章　評量結果的報告

　　只要是教育或訓練機構就得對其學生做學習效果的評量，而有評量就會有成績報告。依據學籍法規的規定，學生的歷年成績記錄是要永久保存的，即使學校停辦了，這些資料也要轉送到教育部永久保存，由此可見學期成績報告的重要性。

第一節　學期成績的評定

一、評定學期成績的原則

　　學期成績的評量在方法上要經濟而有效率；在標準上要合理、明確；在實施上要公平、正確；在報告上要精簡而不失其參考價值。一般而言，進行學期成績評量時應注意下列事項：

　　⑴教學前應該告知學生將使用的評量方法及計分標準。

　　⑵採用多次、多種類的評量方式，以提高評量的信度及內容效度。

　　⑶採用的評量方法要力求客觀、簡便，內容上要合理。

　　⑷合併評量結果時，應該採用適當的加權方法。

　　⑸對於及格邊緣的學生應該重新檢查各項評量資料。

　　⑹評量結果的報告要簡單且容易理解。

　　⑺報告的格式，在各班之間要有一致性，年度之間要有一貫性。

二、學期成績報告的功能

　　成績報告之所以重要，不只是因為它能證明學生曾經在此學校受過教育，還對不同人士具有不同的功能，例如，幫助學生自我了解；幫助教師、家長或諮商員了解學生；幫助行政人員或雇主做決定等。

　　學生的成績報告主要是提供給下列五類人員看的，對他們而言，成績報告各具有不同的功能。

㈠對學生及家長

　　對學生而言，日常的教學評量及回饋似乎已經足夠了，但若有週期性的學習結果摘要，將更有助於學生統整各種資料，對自己的能力有更正確的評估。此外，成績報告適當使用時，也可以激勵學生的學習動機。

　　家長有了成績報告後，更能與學校合作來幫助孩子的學習與成長，更能針對孩子在學業上的成敗給與情緒上的支持和鼓勵，更能幫助孩子建立合理的教育計畫。就學生及家長的需要而言，成績報告應該盡量包含較多的訊息和細節，最好還能加上具體的建議。

㈡對教師及諮商人員

　　學生的歷年成績報告對教師而言，可以幫助教師做更適當的教學計畫，診斷學生的學習困難，處理學生學校適應問題。諮商員使用成績報告加上其他資料，能幫助學生有更好的自我了解，作成更合實際的教育與職業計畫。就教學與輔導上的需要而言，具有綜合性和診斷性的成績報告是最合用了。

㈢對學校行政人員

學生成績報告在教務工作上具有多項功能，例如：決定能否升級或畢業、給與表揚或獎學金、甄選比賽代表、提供給上一級學校或未來雇主做錄取時的參考。就行政上的功能來說，每一學科給一個分數是既精簡又方便，它很容易登錄，又很容易加以平均，做學生間相互的比較。

㈣對其他教育機構

學期成績可以作為中等以上學校決定錄取哪些人的依據，依據美國方面的研究，高中成績是預測大學成績的最佳指標，若再加上標準化測驗分數，其預測效率更佳。然而要在大學招生中採計高中成績，其先決條件是各個高中的課程相近，學生程度相近才可以。

㈤對雇主

雖然許多實證研究顯示，學生在校的學業成績並不是預測就業後實際工作表現的良好指標。但是在篩選時，雇主在沒能力或不願意花時間去評量應徵者的工作能力時，而且應徵者又無工作經歷時，學校的成績單不失為一個較客觀、有效的參考資料。

雇主若能一方面深入分析該懸缺職位所需要的知識和能力，一方面打聽成績單上學校的聲譽及各學科所教授的內容，將很容易從成績單上選出有關的分數來進行比較和判斷，作成甄選上的決定。

第二節　評定成績時的比較標準

是成績就有高低優劣之分，而要區分高低優劣就要有比較的標

準，學校的學期成績有三種比較標準，一是與「他人」作比較，換句話說，是看個人在團體中所占的相對地位。二是與「理想的標準」作比較，也就是說，把個人的表現和專家或課程所定的標準作比較。三是與「自己」作比較，它是以學生個人的原先成就、先天條件、或努力程度作為比較的基礎。

一、相對比較法

此法是把所有學生依其表現（一組測驗分數或評量結果）高低排列順序，然後由最高的取固定的百分比作為優等，再取次高的固定百分比作為甲等，然後依此類推。因為它是以個人在團體中所占的相對位置來評定其等第，相當於標準化測驗中的「常模參照法」，所不同的是此法只是以班級為常模轉換成等第。

㈠相對百分比法

此法參考常態分配的原則強制規定每一等第所應占的人數比例。

表 12－1　　參照常態分配原則的等第換算表

	舊式	新式	彈性
優 A	7%	15%	10－20%
甲 B	24%	25%	20－30%
乙 C	38%	45%	40－50%
丙 D	24%	10%	10－20%
丁 F	7%	5%	0－10%

上面三種方法中，「舊式評定法」只適用於能力呈常態分配的群體。但實際上，因為入學篩選，留級、輟學等原因，學生成績大多不

符合常態分配，所以此法並不切實際。「新式評定法」雖然較符合實際情況，但仍然不如「彈性評定法」可以適用於各種能力分布不同的班級。然而教師在決定各等第所應占的百分比，仍然應該依照學校的規定，不是教師可以自行作主的。

　　民國八十一年教育部頒布的「國民中學學生成績考查辦法」中，規定學生成績以班級爲單位（常模），採五分制計分法，一般學科（國文、英文、數學、公民與道德、歷史、地理、健康教育、生物、理化、地球科學）是以表 12−2 中間那個換算法換算，而藝能學科（體育、童軍教育、美術、音樂、工藝、家政）則採用表 12−1 最右邊的換算方法。

表 12−2　在不同科目下，依照人數百分比換算成等第的換算表

等第	五分制	依常態分配人數百分比	一般學科人數百分比	藝能科人數百分比
優 A =	5	7%	10%	10%
甲 B =	4	24%	25%	25%
乙 C =	3	38%	40%	60−65%
丙 D =	2	24%	20−25%	0−5%
丁 F =	1	7%	0−5%	

㈡標準差法

　　此法是先計算該班級分數的團體平均數（M）及標準差（SD），再依據距離平均數的遠近來決定各等第的分數範圍。其換算方法如下：

表 12-3　依照標準差換算成等第的換算表

等第	團體中所在位置
優 A5＝	M＋1.5 SD 以上
甲 B4＝	M＋0.5 SD～M＋1.5 SD
乙 C3＝	M－0.5 SD～M＋0.5 SD
丙 D2＝	M－1.5 SD～M－0.5 SD
丁 F1＝	M－1.5 SD 以下

　　此法因爲計算麻煩，且每一等第的人數比較難事先預估，所以比較少人使用。

1. 優點

　　⑴各等第的意義很容易以學生在團體中的相對排名來解釋。

　　⑵能明確劃分學生表現的等級，適於做預測或篩選等行政決定。

2. 缺點

　　⑴以班級爲單位分派等第時，評量結果不能做班級之間的比較，除非能夠把同一年級的各班合併起來打成績。

　　⑵學生只知道自己在團體中的相對水準，但仍然無法確實知道自己的實際成就如何。

　　⑶強調以自己表現和他人的表現做相對比較，會鼓勵學生之間的競爭而非合作。

二、絕對比較法

　　絕對比較法是拿個人的表現去和事先設定的、理想的標準做比較，至於同儕表現的優劣，對於個人的成績毫無影響。然而在學校中這個標準通常是由任課教師個人主觀設定的，並不是像標準參照測驗

那樣是由多位專家在分析課程與教材之後共同決定的。

絕對比較法所得到的結果，可以進一步用來做相對比較，但相對比較得到的結果卻不能再拿來做絕對比較。

絕對比較法可以分成三種：

㈠百分計分法

百分計分法（100 point system）是以一百分爲滿分的分數表示法，它可以是一次測驗的總分，也可以是合併後的期末成績。用在一次測驗上時，它通常是試卷依照題型不同加以配分之後的累加總分；用在期末成績時，它則是多個百分計分法分數的加權組合的平均數。

百分計分法是台灣最常見的分數表示法，它之所以廣被採用是因爲它很簡單且合乎傳統，因此即使像美國學校系統中早已經不再採用百分法了，但仍然有許多教師私下用它來打分數。

基本上，百分法是把一百分當作完美的標準，而分數是代表學生對於教材精熟程度的百分比。然而，事實上它並非如此，因爲試題的取樣代表性以及難易程度常影響到百分法的意義，換句話說完全答對試題也並不代表他已經完全精熟教材。

百分計分法也可以轉換成等第的形式，不過各等第所對應的分數範圍全由教師主觀地決定，教師通常依據過去其他學生的表現、教材的難度、學習條件、測驗難度等因素來判斷。至於轉換的方法請參看表 12−2。

㈡點數制

點數制是在評量前就事先設定好多個判斷標準，然後每一標準依據其重要性分配應得的點數，評分時只就每一標準距離完美的程度給與分數，因爲整個給分過程並不需要與他人做比較，所以是屬於絕對比較法。點數制的總分可以乘以一常數，使之變成百分制；也可以直

接轉換成等第。

表 12-4　以手工具切割條鐵之點數評量

標準	分配點數	實得點數	觀察說明
1. 直線	10	9	有些微彎曲
2. 方正	10	8	稍歪斜
3. 清潔	5	4	油垢
4. 尺寸	15	13	少 2mm
5. 速度	5	4	合乎一般速度
6. 安全	5	4	未戴手套
總計	50	42	尚可

㈢答對百分比法

此法為進行精熟學習時所採用，命題時是以小單元內容為範圍，通常以答對全部試題的 80%或 85%以上做為通過標準，通過者代表他已經精熟該單元的教材，可以進行下一單元的學習；未通過者則需要接受補救教學，然後再以複本重測一次。

1. 優點

⑴評量結果能直接以學生的表現做說明，不需要參考其他人的表現。

⑵如果強調精熟學習，且教學很有效率時，大部分學生都能通過理想標準。

2. 缺點

⑴評量標準會隨著測驗難度、學生能力、教學效率而變化。

⑵評量標準是人為設定，而且常是籠統又沒有根據的。

三、自我比較法

自我比較法是拿學生現有的表現與他自己以前的表現、先天的智力或性向或者是個人努力程度來比較，而不是與團體平均表現或教師所設定的標準來比較。此法對於激勵成績落後學生的學習很有效果，但是若列入正式成績記錄將製造教育行政決策上的困擾，因為他人無法根據這種分數來了解學生真正的能力。

自我比較法所用的比較基礎可以分成下列三種：

㈠依據學生前後兩次評量分數的差距（進步程度）來定等第

此法可以鼓勵學生忘記背後，努力向前，不必擔心以前不良的表現；但是這方法也有幾個缺點：(1)在短時間之內，兩次測量的差異分數通常不是很可靠的；(2)此法對於一開始就表現良好的學生並不公平，因為學習上常有高原現象，優秀學生很難再有更好成績；(3)也有可能鼓勵投機取巧的學生在第一次評量時故意表現差一點，以便能得到較大的進步分數。

㈡依據學生的智力或性向與學業成就的比例（成就商數）來定等第

此法是以先天的學習潛力作為分母，以實際學習成就作為分子，來評定個人成績。此法雖然可以鼓勵學生超越自己先天上的限制，似乎很有道理，但實際卻不可行。其原因有三：(1)當低智力學生在表現中等時可以得到 A，而高智力學生在表現中等時卻只能得到 C，這種成績就不能代表真正的學習成就了。(2)我們沒有適當的測量工具就每個學科領域來測量學生的學習潛力。(3)即使有適當的測量工具，它也只能用來預測學生可能達到的成就，而不能確定它就是學生最大的學

習容量。因此不能拿它作爲分數中的分母。

㈢依據學生的練習次數、時間多寡（努力程度）來定等第

此法雖然可激勵學生多作練習，但可惜的是練習次數不一定與實際成就成正比，常見有許多學生在讀書或練習時不得要領，所以雖然比別人勤奮，但仍然事倍功半。另一方面，它也可能養成學生重量而不重質的學習方式。

以自我比較法所評出來的結果，只能另外報導，用來鼓勵學業落後的學生，絕對不能併入正式的成績中；若併入正式學業成績中，將會扭曲學業成績的意義，使得成績無法代表學生真正的學習成就，並失去其公信力。話雖如此，但是在實際應用上，仍然有許多教師會依據這類比較方法，爲在及格邊緣的學生酌量加分。

1. 優點

⑴能鼓勵學業落後但願意勤奮向學的學生。

⑵能鼓勵學生自我超越，減少學生之間的競爭。

2. 缺點

⑴扭曲學業成績的意義，使成績不再代表實際的學業成就。

⑵會使真正高成就者感到憤恨不平。

第三節　分數的加權與組合

當幾個分數要合併成一個分數時，可以直接用原始分數合併，也可以用轉換後的標準分數合併。它可以把每一個測驗的分數當作同等重要，給與相同的加權量（weight），也可以依據實證研究或專家判斷的結果給與不同的加權量。

一、原始分數與標準分數

當數個不同測驗的分數要合併成一個總分時，由於各測驗的標準差不相等，所以採用原始分數加總分和採用標準分數加總分，兩者的排列順序會不同；當某一測驗的標準差很小時，對成績突出者的影響愈大。

以原始分數和以標準分數合併的計算公式分別如下。此二公式仍然假定各個測驗都同等重要，亦即加權量都是 1。

以原始分數（X_1）直接累加的計算公式：

$$Total = X_1 + X_2 + X_3 + \cdots\cdots + X_K \qquad （公式 12-1）$$

原始分數轉換成標準分數〔$Z_i = (X_i - M)/SD$〕之後，再累加的計算公式：

$$Total = Z_1 + Z_2 + Z_3 + \cdots\cdots + Z_K \qquad （公式 12-2）$$

二、同一學科下多種評量方式分數的組合

在多元評量的精神下，教師也會從多方面蒐集代表成就表現的資料，例如：隨堂考試、實作測驗、期中或期末考試、小組的設計作品、指定作業或口頭報告以及依據日常觀察所記錄的檢核表或進度表等。此時教師可以依據下列原則，對於各次評量結果給與不同的加權，以組合成該學科的學期分數。

⑴客觀計分測驗的加權量應該高於主觀計分測驗的加權量。

⑵綜合性的期中考或期末考的加權量應該高於以教學回饋為主要

目的的隨堂考或單元測驗。

(3)為了完成某項作業，而要蒐集資料或熟練操作技巧所需投入的時間，也以可作為決定加權量的依據。

(4)教室外的或小組作業，除非是很重要或很龐大的，否則不可以有太高的加權量，因為我們無法控制他們所獲得的外來協助。

(5)除非是綜合性的，且驗證其效度的期末考試，否則不要使一次的評量占太大的比重，高到足以決定學期成績是否及格。

三、多種能力測驗分數的組合

一般學校在計算學期學業總平均成績時，是將各科的成績依照該科的學分數給與加權，然後再除以該學期總學分數。

然而在入學考試或其他需要合併測驗分數的場合，並沒有學分數作為加權的依據，這時我們就得需要有實證的研究數據或專家的經驗判斷來決定各個加權量的大小。各個加權量的相對大小要能夠反應各個測驗的重要性或預測能力。要決定各測驗分數的加權量，主要有兩種方法：

㈠實證研究法

當同時使用數個測驗分數來預測未來表現時，我們可以採用前一章所提的多元迴歸法，即以各測驗的分數去估計效標分數（如：大學畢業總成績、技能檢定成績、就業後工作表現等）。這時以各測驗原始分數去估計效標分數時的迴歸係數（b）就是各測驗的加權量。

以多元迴歸法預估未來表現的計算公式：

$$Y' = a + b_1X_1 + b_2X_2 + b_3X_3 + \cdots\cdots + b_kX_k \qquad （公式 12-3）$$

在此公式中 a 是一個常數，X_1 到 X_k 是各測驗的原始分數，K 代表有 K 個測驗，而 b_1 到 b_k 是代表各分測驗的迴歸係數（加權量）。

㈡專家判斷法

當缺乏實證的研究資料，但卻有必要採用加權法合計分數時，我們可以聘請多位該領域的專家，分別依據個人的專業知識與經驗獨立判斷各測驗的相關性或重要性，然後賦與每一測驗適當的加權量，最後將所有專家的加權量加以平均，作為每一分測驗的加權量。其計算方法如表 12−5。

表 12−5　三位專家共同決定在計算語文教育系錄取總分之各科加權量

	英文	國文	數學	化學	物理	歷史	地理
專家甲	2	5	1	1	1	4	3
專家乙	1	4	1	1	1	4	3
專家丙	1	5	1	1	1	3	2
平　均	1.3	4.7	1	1	1	3.7	2.7

若把每個測驗分數加權量同時加大或縮小，對於合併後總分的排列順序不會產生影響，但是若改變各測驗之間加權量的相對大小，則總分的排列順序會立刻改變。

第四節　成績報告的形式

學生學習成績可以依照成績報告的形式和比較的基準來分類，而成績報告的形式、提交次數與時間通常是由學校或教育行政機構統一規定，教師沒權隨意更改；但比較基準則完全操之於教師，只有教師

才完全了解他所交出來的成績是依據什麼所評出來的。

　　學校可以統一規定採用下列一種方法或數種方法的合併來報導學生的學習結果，並列印在成績單上。現在國內最常用的是百分法和等第法，而以及不及格法等其他方法作為補充。

一、及不及格法

　　及不及格法（pass-fail grading）的表示符號為「P 或 F」（Pass or Fail）及「S 或 U」（Satisfactory or Unsatisfactory），此一簡單的二分法通常與其他的表示方法（如：等第法、百分法）並用，例如等第法中，F 代表不及格，而在研究所中，C 以下即代表不及格。

　　此法曾於一九六○年代流行於美國，其主要目的在於避免高中及大學學生選課時趨易避難，只選修容易得高分的課程。但因為實施結果只見其弊未見其利，現在只剩下少數無法實施筆試的實習科目仍然使用此一報告形式。

㈠優點

　　⑴降低學生在分數上的競爭，減少作弊行為及不良讀書習慣（如：死記硬背、考前熬夜讀書）。

　　⑵減少學生選修易得高分的科目的動機，而願意嘗試較難的科目。

㈡缺點

　　⑴學生的學習動機及學習成就會普遍降低。

　　⑵這種表示法在入學甄選上沒有參考價值，容易受上一級學校的排斥。

　　⑶評量結果的信度很低。

二、符號法

符號法（mark grading）常見於幼稚園或小學低年級的成績報告上。採用此法的主要原因是這類學生或所學習的科目無法做紙筆測驗或做精確的觀察，而只能夠以粗略的印象做判斷；此外，學生本身對於等第或分數也無明確的概念，用了他們也不懂。

報告時所用的符號可由教師自訂，通常以星號或圖畫（蘋果、笑臉等）來表示滿意的程度，但通常不會超過五個等級。

㈠優點

⑴符合教學實際且簡單易行。
⑵符號配合學生心理年齡，容易被接受。

㈡缺點

⑴只適用於幼童。
⑵提供的訊息不足，有鼓勵學生的功能，而無實際參考價值。

三、等第法

等第法（letter grading）是將學生的各科學業表現的高低區分成少數幾個等第，通常以五等第法——A、B、C、D、F 居多，其中 F 代表通不過最低標準，不可能學習後續的相關課程。這種成績報告方式在國外非常盛行，在我國只有少數大學採用。使用等第法時，若設定的等第太少，則無法有意義地區分學生能力，評量的信度會降低；但若等第太多時，如百分法，又容易被誤認為是一種精確的測量，但實際上它卻不是。

　　由於等第法無法做進一步的數學運算，所以很少教師一開始就用等第法來評量學生在各方面表現，而通常是先採用其他方式給分，然後再換算成等第。有些學校或教師建立一個等第法和百分法的換算表（如表 12-6），但使用者應該小心，這兩種評定方式並沒有絕對的對應關係。

　　民國七十三年教育部公布的「國民中小學成績考查辦法」的第六條規定，國民中小學各項（科）成績考察過程，以百分法計分，不排名次，其結果以等第記錄通知學生及家長，其等第的評定就如表 12-6 的左邊第一個換算法。

　　有些學者認為學校的評量基本上仍是常模參照式的，若學生沒有採能力分班，就應該先將學生依照成就高低（原始分數、或百分法）排序，然後依照表 12-6 的常態分配原則比例分派等級。

表 12-6　三種由百分法換算成等第法的換算表

等第	百分法分數	百分法分數	百分法分數
優 A =	90-100	95-100	91-100
甲 B =	80-89	85-94	86-90
乙 C =	70-79	75-84	81-85
丙 D =	60-69	65-74	75-80
丁 F =	低於 60	低於 65	低於 75

(一)優點

(1)對學生成就有一個單一的、摘要性的描述。

(2)將學生依成就高低區分成五個等第，評量信度高又不會造成誤解。

(3)歐美國家普遍採用此報告方式，且學生易預期自己成績的落點。

㈡缺點

(1)不能詳細說明學生學到哪些能力，只能提供該科綜合的成就指標。

(2)設定最低標準需要專業判斷，如同效標參照測驗中切截分數的設定。

(3)要算平均數時還得先轉化成數目字，再進行計算。

四、名次法

名次法（ordinal grading）是把全班（或全年級）的學業成績依照高低排成 1、2、3、4、5……的順序，因此只要知道全部人數及某一位學生的排名，即可知道他在團體中的相對地位。

㈠優點

(1)可直接看出個別學生在班上的相對地位。

(2)名次本身具有濃厚獎懲意味，容易激勵學習動機。

(3)可以直接做為篩選之用，不必再經過轉換。

㈡缺點

(1)會過度增強學生在學業上的競爭，使得學生患得患失，對分數斤斤計較。

(2)只有純粹的相對地位，沒有提供真正學習成就的訊息。

(3)當學生人數多或科目多時，需要用電腦來排序，否則人力耗費太大。

(4)即使測驗內容相同，也只能與同時參與排名次的學生做比較，不能與其他組的學生名次做比較。

五、百分法

百分法（percentage grading）在台灣最為流行，國內高中、專科、大學通常採用此法。它是以零到一百為範圍，概略表示學生對於學習內容精熟的百分比，並且以六十分或七十分（用於研究所）作為判斷及格與否的成績表示系統。

此法曾在一九二〇年代初期流行於美國，但後來因為懷疑教師是否真的有能力作如此精確的區分，而逐漸少用，現在幾乎被等第法取而代之。

百分法與標準化測驗所常用的百分等級法（percentile rank）不可混為一談，百分等級的數字是代表該學生的表現能夠贏過百分之多少的同年齡學生，是一種相對比較法；百分法是與教材內容的精熟程度有關，是一種絕對比較法。

㈠優點

(1)單一數字在登錄及統計處理上非常方便、迅速。

(2)若該班成績的分數分配已經知道，百分法也很容易看出該學生在班上的相對地位。

㈡缺點

(1)此法名稱容易造成誤解。其實教師在自編測驗時並未遵照標準參照測驗的程序來編擬，所以考一百分並不表示學生已經精熟了百分之百的教學內容，而五十分也並不表示還有一半尚未學會。

(2)以數字表示通常意涵著「精確」，但實際上教師很難把學生能力區辨到那種精確程度。通常一兩分之差並不代表能力真的有

差異。

(3)它不能詳細說明學生學到哪些能力，只能提供該科綜合的成就
指標。

六、檢核表法

檢核表法（checklists）讓教師能夠在一張事先設計好的且內容豐
富的檢核表上勾選出最適合該學生的敘述。這些敘述可能是特定的學
術能力或是行為及態度方面的特質。檢核表主要是給家長看的，所以
比較適用於小學及國中階段。教師可以針對不同科目設計不同的檢核
表，以反映各學科的不同要求。

表 12-7　數學科學習進度的檢核表

	口頭唸出	比較大小	加法	減法	乘法	除法
整數	◎	◎	◎	◎	◎	◎
小數	◎	◎	◎	◎		
分數	○	○	○			
帶分數	○					

備註：○檢查但沒通過　　◎檢查通過

㈠優點

(1)有豐富內容，能夠更適當地說明學生的學習表現。

(2)能夠分別報導多種特質。教師不必因為合併多種特質成為單一
的成績，而使得信度效度都降低了。

㈡缺點

(1)檢核表的編製困難。檢核表上的敘述應該是定義清楚且可以直接觀察的重要行為或特質，但這些需要多次地使用及修改才能達到。

(2)表格的準備及填寫很花時間。

七、文字描述法

文字描述法（written descriptions）是用文字描述每個學生的學習狀況。除了描述學習的成果之外，還可以說明學生具有的有助於學習或妨害學習的特質。當然，撰寫時除了遣詞用字要精確、具體外，還要考慮該家長的閱讀能力，才能作有效的溝通。

在實際的使用上，教師會先描述該科目在本學期的教學重點，以及主要評量方式，其後才是對該學生學習行為及學習成果的描述，通常並配合等第法的使用，讓家長知道其子女成績在班上的概略高低。

㈠優點

(1)內容富有彈性，可長可短，可以包含任何有關的事項。

(2)能夠向家長強調其子弟在某些學習上的特殊問題。

(3)能配合多元化評量，報告學生學習上的特點。

㈡缺點

(1)無固定格式，致使學生之間或同一學生的先後報告難以做比較。

(2)不論是撰寫或閱讀都很花時間。倒不如在檢核表上加一備註欄來得有效率。

八、親師會談法

有許多學校在每學期當中都會舉辦一兩次的親師會談（parent-teacher conferences），讓教師當面向家長報告學生的學習狀況。這時除了書面成績報告外，若有學生的試卷、作業簿、美勞作品、活動照片等作為輔助說明，則效果更好；另方面教師也可以由家長的口中了解學生在家時的學習狀況。若學生是資優生或有學習困難，也可以讓他參加親師會談，三方面共同討論他的個人學習目標或學習障礙。

在親師會談中，教師應遵守下列的專業倫理：

(1)不要和家長談論別家的孩子，或拿這孩子和另一個孩子做比較。

(2)不要談論其他教師或家長的是非。

(3)不要在家長面前貶損學校行政人員或行政措施。

(4)不要對家長有責難或批評的態度，以免引起防衛心理。

(5)不要因為好奇而問一些太過於隱私，或會引起家長困窘的問題。

(6)會談後，不要對其他人談論學生及其家長的隱私，以免造成傷害。

㈠優點

(1)提供家長與教師間雙向溝通機會，減少因書面資料而產生的誤會。

(2)增加家長對學校教學的參與感，使其更能有效幫助子女的學習。

(3)可以取代家庭訪問，提供教師了解學生學習資源、環境的機會。

㈡缺點

(1)事先的聯絡及實際會談都很花時間，可能影響正常教學。

(2)因意願與時間配合等問題，不是每個學生家長都願意且能參加。

第五節　不適當的分數處理方式

在理想上，我們期望學生的成績能夠真實地、充分地代表他的學習成就，也就是說整個評量的結果具有很高的信度與效度。然而，在實務上，我們卻又常採取了一些不恰當的分數處理方式，使得分數失真而不自覺。

一、以成績為獎懲手段

有人戲稱「成績是我們教育系統的主要貨幣」，因為教師鼓勵學生努力贏取成績，平時也以成績的加分、扣分作為獎懲工具。當分數本身變成了學生追求的對象時，學生將會以各種手段來贏取分數，例如：製造好印象、打聽考古題、考前猜題、抄襲或請人代寫作業、甚至考試作弊等。這些多多少少會使分數扭曲，使成績不再純粹代表學習的成就。教師不應該以威脅要扣減學科分數的方式來進行教室秩序管理，因為學科分數一旦混入了操行因素，將使其效度降低，其意義就如同問學生「三匹馬＋五根紅蘿蔔＝？」一樣令人困惑；而且也會使得日後解釋該成績的人，因為不知道當年計分的依據，而誤解了該分數的意義。

二、考試作弊的處理

學生考試作弊，而監考教師未能發覺，當然會造成分數的虛假膨脹，但其失真程度端看學生實際成就與作弊獲利程度而定。但若學生作弊被發覺而致使該次考試分數以零分計算，也同樣會造成分數的失

真。

　　很多學校會把作弊者的成績加以扣分或以零分計算，而採取榮譽考試制度的學校更是如此。然而評量專家並不支持這種處理方式，因為它對於評量結果的信度、效度有不好的影響。美國法院的判例亦支持評量專家的看法，認為考試作弊是屬於操行問題，與學科成績無關；學校可以採取記過、重考措施，但不能據以扣減學生的學科成績。

　　從測量的觀點，學業成績應該反映教師對每一學生學習成就的最精確的評量，因此考試分數若因學生作弊而失效，就應該使用類似難度的測驗重考一次，而不應該把操行上的問題牽扯到學科成績上。

三、缺考或未繳作業的處理

　　有些學校對於未請假而曠考者，一律以零分計算；有些教師對於遲交作業，或未能完成全部作業者予以扣分處理，有些甚至以零分計算；然而這些處理方式都會降低教學評量的信度與效度。

　　缺失資料（missing data）和零分（zero credit）是兩種截然不同的概念。我們不會因為忘了量病人的體溫，就把他的體溫登記為零度；同樣的，我們也不應該因為學生沒參加考試或沒交作業，就認定他沒學到任何的知識或技能。

　　如果學校規定可以在成績記錄上登錄為「不全」（incomplete），那就先暫時把它登錄為「不全」，等分數補齊了之後再行更正。我們不應該使代表學習成就的分數摻雜了太多不同的含意。

參考書目

教育部訓育委員會（民84）教育部「研訂教師輔導與管教學生辦法」相關法規彙編。台北：作者。87-123。

Gronlund, N.E. (1985). Measurement and evaluation in teaching (5th ed.).New York: MacMillan . See chapter 17,"Marking and reporting".

Gronlund, N.E. (1993). How to make achievement tests and assessments (5th ed.). Neeedham Heights, MA: Allyn and Bacon. See chapter 9, "Assigning Grades".

Oosterhof, A. (1994). Classroom applications of educational measurement (2nd ed.). New York: Macmillan College. See chapter 19, "Reporting Student Performance".

Thorndike, R.L., & Hagen E.P. (1977). Measurement and evaluation in psychology and education (4th ed.). New York: Macmillan. See chapter 2, "Measurement and Number" and chapter 15, "Mark and Marking".

Worthen, B.R., Borg, W.R., & White, K.R. (1993). Measurement and evaluation in the school. New York: Logman. See chapter 14, "Picking the Right Track: Assigning Grades and Reporting Student Performance".

第十三章　教育測驗的分類及運用

　　評量程序與測驗工具除了用在改進教學上，還可以用在行政決策、輔導學生及教育研究上，以下將依序介紹不同性質的教育測驗功能及其使用原則。

第一節　篩選性評量與機構效率

　　當一個教育訓練機構的容量有限，而申請者遠超過其容量時，就可以進行篩選；或者，雖然申請者不足，但因學習該課程必須具備某些最低條件，這時寧缺毋濫，也應該進行篩選。

　　篩選性評量常見於中等以上學校或職業訓練中心的招生工作，或是工商企業機構的雇用員工上，除此之外，資優（gifted）學生與特殊才能（talented）學生的鑑定工作，因為申請者眾多，所以也應該算是篩選性評量。

一、篩選的必要性

　　篩選性評量的目的是要依據學習該課程所需要的性向及背景知識來淘汰不適合的申請者；或因為學校容量的限制，只能挑選少數較優秀的學生來接受教學。篩選的結果通常會提高學生之間的同質性，拉近學生平均能力與課程目標之間的距離，因此在教學上比較容易事半功倍，進而提升整個學校的辦學績效。

　　篩選性評量可以使用學術或職業性向測驗、標準化成就測驗、入

學考試以及學業成績報告等來實施。

二、篩選性評量的種類與特徵

(一)入學準備度測驗

入學準備度（school readiness）測驗通常用在剛要入幼稚園或小學一年級的新生上。其目的在於協助判斷該新生是否已經具備了學習的先決條件，例如，個人健康狀況、粗細動作協調、一般的認知或語言技能、表達社會情感的技巧等，以便教師決定是否允許入學，或哪方面需要加強輔導。此類測驗的特徵是：

　　(1)多為個別實施，且大多由施測者以行為觀察法評分。

　　(2)測驗內容偏重於學習閱讀所需的視覺區辨能力與記憶能力，學習寫字所需的手眼協調能力，以及動作、語言的模仿能力。

(二)入學考試

入學考試是學校為了提高教學效率，而對申請入學的學生進行篩選而舉行的考試，它也是我國社會最常見、最重視的考試。它通常具有下列的特色：

　　(1)所測量的知識或能力是將來學習或工作上所必備的，換句話說就是預測效度要高。

　　(2)命題取材範圍通常會事先公布，讓受測者都能充分準備，以求公平。

　　(3)由於受測人數較多，在施測及計分上特別講求效率。

　　(4)測驗難易度及錄取的標準（切截分數）常隨錄取率而變動，錄取比率愈低時，試題難度就要愈高，或錄取標準要訂得愈高。

　　(5)篩選結果所涉及的利益愈高時，就愈強調測驗公平性，因此試

題內容的保密、測驗程序的標準化，及計分的客觀性就愈顯得重要。

(三)特殊學生的篩選

特殊學生包括資賦優異、智能不足、視障、聽障、及特殊才藝（音樂、美術、體育）等篩選的工具以標準化測驗為主，其評量工具包括：個別智力測驗，如，魏氏兒童智力量表（WISC-III）、斯比智力量表；特殊性向測驗，如，音樂性向測驗、美術性向測驗等；以及篩選視障、聽障學生的醫學檢查儀器。

(四)就業甄試

就業甄試是針對一機構中某一職位的需要來選擇最合適的人。由於職業種類繁多，需要的知識能力各不相同，所以很難有一共同的模式。就業甄試方式通常會具有下列特色：

(1)會對該職位進行工作分析，找出要能夠勝任該職位所需要的知識與能力。

(2)重視應徵者過去的相關工作經驗。

(3)甄試過程重視實作表現，比較不注重紙筆的知識測驗。

(4)甄試過程通常會包含面談或口試。

(5)通常要經過試用觀察階段才會正式錄用。

三、篩選效果的評估

篩選性評量是否能有效地選出最合適的人，通常是以預測效度來表示，而測驗分數的效標通常是畢業總平均成績、技能檢定成績或實際工作表現。

在求預測效度時，可以用積差相關法求測驗分數與效標的相關，

或者是求以某一分數作為錄取的切截分數時，其增進效度的大小。例如，表 13-1。

表 13-1　使用測驗篩選所產生的結果

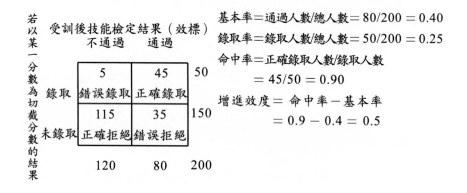

若以某一分數為切截分數的結果

受訓後技能檢定結果（效標）

	不通過	通過	
錄取	5 錯誤錄取	45 正確錄取	50
未錄取	115 正確拒絕	35 錯誤拒絕	150
	120	80	200

基本率＝通過人數/總人數＝80/200＝0.40

錄取率＝錄取人數/總人數＝50/200＝0.25

命中率＝正確錄取人數/錄取人數
　　　＝45/50＝0.90

增進效度＝命中率－基本率
　　　　＝0.9－0.4＝0.5

第二節　安置性評量與因材施教

　　有時候學校或訓練機構無法篩選學生，而學生之間的個別差異又很顯著，這時就需要有安置性（placement）評量來進行能力分班、分組；或者是該機構有多種不同的課程方案，而學習者所需要的性向與背景知識各不相同，藉著安置性評量可以將每個學生都分派到最適合他條件的課程方案中。安置性評量不但可以提高教學效率，而且可以讓學生的學習更具挑戰性及成就感。

一、安置的必要性

安置性評量的目的是要確定學生的性向及其對新教材的熟習程度，並依此將各個學生安置到適當的班級或組別中，並採用不同的教材進度和教法，使之更能配合學生的個別差異。安置的結果是提高了學生與教師間及學生與教材間的適配性（goodness of fit），進而提升教學效率。

安置性評量可以使用入學準備度測驗（readiness pretest）、學術或職業性向測驗、依未來課程目標所編的成就測驗、甚至自陳式問卷或觀察法來實施。它常用於下列時機：

(1)課程開始之前，且教師不了解學生能力時。

(2)所預期的學習結果非常明確，且有明顯的層次時。

(3)學生人數眾多，可以依照學生能力進行分班、分組時。

二、安置性評量的特徵

教師在教學之前使用安置性評量通常是爲了了解下列兩個問題：

(1)在正式教學之前學生已經擁有哪些與課程有關的必要知識和技能？

(2)學生是否已經學過該課程？以及他學到什麼程度了？

爲了回答上述問題，使用於安置性評量的測驗通常具有下列特徵；

(1)測驗內容與課程內容密切配合，具有很高的內容預測效度。

(2)測驗內容與學習結束後的總結性測驗很類似，有時候教師就直接用前一年的總結性評量結果作爲安置的依據。

(3)安置性測驗的分數通常可以配合教材的層級作解釋。

(4)可以做效標參照式的解釋，不必與他人做比較。

三、能力分組的利弊得失

實施安置性評量之後，通常會依據評量結果進行分組安置，在學校中即所謂的能力分組。理論上能力分組可以具備下列的優點：

(1)同一班組內，學生能力相當，學習環境具有挑戰性和競爭性。

(2)同一班組內，學生同質性高，可以統一教學進度，節省教師精力。

(3)不同班組之間，可採用不同進度和教法，提升學校效率。

理論上，能力分組有那麼多優點，但實際上，國內學校的能力分組卻常可看到下列的缺失，以致於有些學者堅持國中階段應該採用常態編班。

(1)學生間同質性太高，彼此競爭激烈，若未適當疏導，將不利於學生人格的發展。

(2)會對部分學生產生標籤作用，使學生形成自傲或自卑心理。

(3)大部分教師喜歡「得天下英才而教育之」，所以能力較差的班組常被忽略或放棄。

(4)教材、教法並未能配合學生的能力而調整，所以徒有能力分組之名，卻無因材施教之實。

第三節　診斷性評量與補救處理

診斷性（diagnostic）評量是把臨床醫學的概念引進教育中，換句話說就是仔細找出學生持續性學習困難的原因，然後再針對原因提

出補救處理方案。在教學時教師通常會進行形成性（formative）評量來監督學生的進步情形，並提供矯正處置以幫助學生趕上教學進度，但若學生仍長期落後，則可能需要使用診斷測驗來鑑別學習困難的真正原因。因此診斷性評量通常只用在少數學習成就低落的或有身心障礙的學生身上，一般學生並無必要使用它。

一、診斷性測驗的種類與特徵

實施特殊教育時需要用到許多的診斷工具，其中包括醫學上所用的視覺和聽覺診斷工具、個別智力測驗、知覺動作評量工具、行為評量工具等。本書限於篇幅所限，將只介紹輔導教師較常用之學習診斷工具，至於特殊教育方面的診斷工具，請另行參閱特殊教育用的教育診斷專書。

㈠學科學習困難的診斷──學科診斷測驗

對於學生學科學習困難的診斷，可以分成：調查、分析與臨床診斷三個階段。

首先是「調查性測驗」，它是指學校對全體學生實施**標準化綜合成就測驗**或是**單科成就測驗**，用以找出一些在特定學科上學習成就低落的學生，這一部分也可以用多次的定期評量（如月考）來取代。

接著是「分析式測驗」，它就是針對那些被挑出的少數低成就學生所實施的**學科診斷測驗**，它可以進一步分析學生的學習困難所在。學科診斷測驗通常具有下列的特徵：

⑴分測驗較多，能對該學科內的多種技能或概念，分別作解釋。

⑵整個測驗的試題題數較多，而難度較低，能夠對低成就學生的學習困難提供更精確、更可靠的測量。

⑶解釋測驗結果時，先做常模參照式的解釋，若學生表現的相對

位置偏低，再進一步做內容參照（效標參照）式的解釋，或是對於答錯的題目做逐題分析式的解釋。

(4)學科診斷測驗的內容通常是以小學連續性的科目，如數學、閱讀、語言基本能力為主。

(5)測驗指導手冊上特別強調診斷結果與補救處置之間的連結，教師通常可以依據分析結果找到不同的補救教學材料或處置方案。

教師在解釋診斷測驗的結果時，也應該注意到下列事實：

(1)測驗結果分數高時，只是表示該生在該學科上沒有學習困難，並不表示在該學科的學習成就高。

(2)測驗結果雖然可以指出學生所犯的典型錯誤，但無法確實告知造成錯誤的原因。雖然有些原因可以從答案錯誤的類型推論出來，有時候學生答錯的原因是多元且錯綜複雜的，需要再進一步地探究。

(3)測驗結果只能得知學習困難的部分原因而已，教師尚需要考慮其他因素。例如：視力、聽力、情緒、身體健康、文化不利、智力等都要考慮。

(4)對每一概念的測量，由於包含有多種錯誤類型，所以分配下來每一錯誤類型的題目並不多，因此其信度並不高。教師應該把所發現的困難當作線索，再進一步從作業或臨床診斷的觀察中去求證。

通常做了學科診斷測驗之後，教師就可以依據測驗結果的分析報告進行補救教學，但若補救教學的效果不彰，或者教師認為還有必要深入探究學習困難原因時，就得進入第三階段，使用**個別實施的臨床診斷**。

臨床診斷法曾被心理學家皮亞傑用來研究兒童的認知發展，它結

合了晤談技巧和具體器材的操作來探查兒童內在的思考歷程。教師使用臨床診斷法時可以要求學生在他面前解決問題,並盡量把解題的思考過程寫出來或說出來,教師可以依據他的回答做一判斷與假設,並依據這一假設做進一步的詢問,直到能夠確定學生是有某種錯誤概念或是缺少某一概念為止。

(二)基本學習技巧的診斷——學習習慣調查表

實施學習習慣調查表的目的在於了解學生的基本學習技巧和習慣。調查的方式通常是在學期一開始就讓全體學生以不記名方式填寫一份學習習慣調查表,而內容大概包括:**預習與複習的習慣、記筆記的方法、個人時間安排、學習資源的運用、學習的步驟、考試技巧**等。

學校輔導室通常會根據調查的結果舉辦關於有效學習方法的演講或座談會,或是以班級為單位,以一兩節課的輔導活動時間進行學習輔導。這種根據實際調查結果而提出的建議與指導,可以明顯地改進學生的學習和工作習慣。

(三)情意條件的診斷——學習態度量表

實施學習態度量表的主要目的就是要及早找出阻礙學習的消極情感因素,讓教師能據以提出適當的輔導措施。

與教育有關的情意測驗其內容通常是以**自我概念、成就動機、對學校的一般態度、以及對特定學科的態度**為主,作答時常以「非常喜歡」、「喜歡」、「無意見」、「不喜歡」、「非常不喜歡」的五點量表形式作答,它們在測驗的歸類上常被歸為人格測驗中的自陳量表;另外,語意差別法和語句完成法也可以作為調查學習態度之用。

即使不做學習態度的調查,教師也一樣可以採取下列措施來改進學生的學習態度。

(1)以活潑、趣味化的方式引起學習動機。

(2)使學習活動與實際生活結合，讓學生了解教學內容的重要與意義。

(3)充分利用視聽媒體或改變教學方式。

(4)依據學習狀況隨時調整教材難度及教學進度，讓學生有成就感。

二、診斷測驗的運用

㈠一般教師的職責

　　教師雖然不是教育診斷的專家，但他卻是與學生接觸最頻繁的專業人員，他可以從下列幾點來協助學習困難的學生：

(1)識別學生學習困難的徵兆——教師具有教育專業素養且有較長的時間觀察學生的學習活動，所以應該比一般家長更敏感且更有能力去辨識學生學習困難的徵兆。

(2)轉介給專業人員進行診斷——教師可以視學生狀況，將他轉介給學校輔導教師、特殊教育教師或者是醫生進行診斷。在轉介的同時，教師還需要提供他對於該學生日常行為及學習狀況的觀察資料。

(3)參與補救處理——補救處理或是個案輔導通常是一種團隊性的工作，教師不但需要參與訂定對於學生的處置方案，通常還要負責其中部分的工作。

(4)調整對於學生的期望——並不是所有的診斷都能夠找出學習困難的真正原因，也不是找到原因後就能夠獲得立即的改善。所以教師應該調整對學生的期望，不要全然放棄，也不必要求他和一般學生一樣，只要他盡力而為就是了。

㈡先前知識與學習困難

先前知識是指在正式學習該課程之前，學生經由生活經驗或相關
的學習活動而已經建構起來的相關知識，若此知識與即將學習的知識
相吻合，則學習會很順利愉快；但若與新課程知識相抵觸，則會造成
學習上的困難。這種會妨礙學習的先前知識在自然科學教學上被稱為
「迷思概念」（misconception），在數學教學上則被稱為「呆板運用
的演算法則」（rigidly applied algorithms），在人文與藝術方面則以
「刻板想法」（stereotypes）和「簡化想法」（simplifications）稱之。

這種不當的先前知識所造成的學習困難，已經逐漸受到重視並開
始被深入研究，例如，在自然科學教育上就常以學生的答題反應組型
來找尋學生的迷思概念。將來的各種學科診斷測驗將會逐步納入這類
研究成果，讓教師更能夠掌握是學生的哪些先前知識妨礙了現在的學
習。

三、診斷測驗的限制

現有的各種診斷測驗並不能找出所有的造成學習困難的原因，所
以需要有其他蒐集資料的方法來配合。下列三種非教育的因素就超出
了教育診斷工具的範圍。

㈠生理因素

學生在視覺、聽覺等感覺器官上的缺陷，在肢體動作及發音上的
困難，以及在內分泌及神經系統上的不正常，都會造成學習上的困
難，而這些生理因素都需要醫務人員以**醫學檢驗儀器**來檢查才可確定。

㈡情感因素

在情感方面也有很多干擾學習的因素，例如：消極的自我概念、早年的心理創傷經驗、親子關係緊張，以及兒童精神疾病等所帶來的影響，都可能使得學生無法充分發揮其能力。這些情感因素需要實施**人格測驗或藉著長期觀察與晤談**才能發現問題所在，它不是可以從學習態度調查中看出來的。

㈢環境因素

學生的生活環境也會造成學習困難，例如：因為生活在山區、離島而造成的文化剝奪；或是隔代養育及單親家庭所造成的生活適應困難；還有因為移民及使用母語所帶來的雙語教育的需要，這些環境因素都不是診斷測驗所能發現的，而是要靠著**家庭訪視及與家長晤談**才能夠發現。

第四節　形成性評量與精熟學習

形成性（formative）評量是用於教學過程中監督學習進步情形，其目的在提供師生有關學習結果的回饋，以促進學生學習、改進課程內容安排、探索更有效的教學方式。其基本精神在於透過詳細的行為目標將教學與評量做密切的配合，並形成循環互動的關係。

一、回饋與矯正的必要性

若學習是採取一對一的教學方式，教師自然可以隨時提供回饋並立即矯正學生的錯誤。然而在班級教學中，教師無法注意到每個學生的學習狀況，學生學習過程的學習錯誤與遺漏常常未能得到適當的矯正與補充，這些缺失會逐漸累積並決定學生的最後成績。

在現代講求績效的教育制度中，不可能對每一個學生實施個別教學，因此在團體教學中必須要有一種設計，讓每一個學生都能立即知道自己的學習結果，並對自己錯誤與遺漏的部分進行矯正與補充。這種設計就是所謂的**精熟學習策略**，而它所用的評量方式就是類似單元測驗的形成性評量。

二、形成性評量的特徵

(1)若與其他測驗相比較，形成性評量的試題取樣範圍較小，內容細節較多，並與各教學單元的行為目標密切配合。

(2)每一教學單元有兩張形成性評量試卷，這兩張試卷包含有平行編號的試題；雖然各個試題的行為目標相同，但第二張試卷的試題在內容上有點不同，以確定第二次測驗時，是真正的理解，而不是機械性記憶的結果。

(3)每一單元可以施測兩次，一次在單元教學結束之後，一次在矯正性練習完成之後，測驗次數較頻繁、但每次施測時間短（約十五至二十分鐘）。

三、形成性評量的運用

㈠使用時機

形成性評量是在教學過程中定期實施，而且通常是在教完一個單元或一章節之後實施，它通常是教師自編的隨堂考試，但國內教科書的習作或參考書出版社所發行的單元測驗也具有類似的功能，不同的是精熟學習特別強調：(1)它測量該單元的所有的教學目標；(2)它是使用評量結果來改進教學而不是用來評定成績。

㈡使用目的

(1)可以立即矯正學生個人學習上的錯誤，協助學生精熟各個單元的內容。

(2)從整班學生答案中可以發現常見的錯誤，並據以改進教師的教學方法。

(3)累積的許多班級的測驗結果可以作為未來修訂課程、教材的參考。

㈢實施方式

實施形成性評量時，每次測驗結果應該做立即回饋（例如，教師宣布答案，學生自己評分或相互評分），以避免錯誤觀念的累積。

測驗分數只作標準參照式的解釋，不重視等級，不與他人分數做比較。

對於未能答對80%（或85%，由教師自定）的學生，教師可以採下列方式協助學生針對錯誤部分進行補充性學習，並在補充學習之後用平行的試卷進行第二次的評量，但這次學生只需要作與前次答錯部分的相同編號的題目即可。

(1)採用補助教材——如：參考書、視聽材料、練習簿等。

(2)進行小組討論——兩、三名學生一組，相互檢查並討論測驗結果。

(3)接受個別指導——由父母、兄姊、家教老師指導（小學階段最需要）。

第五節　總結性評量與成績考核

在教學過程中，形成性評量可以提供適時的回饋，以改進教材教

法，但是在行政決策上卻需要有總結性（summative）評量，以了解學生階段性的學習成就。這兩種評量的差別可以列表如下：

表 13-2　總結性評量與形成性評量的比較

	形成性評量	總結性評量
一般名稱	課堂作業練習、單元測驗、精熟測驗	期中考、期末考、畢業資格考試、標準化成就測驗
使用目的	1.提供學生立即回饋 2.作為矯正學習的依據	1.評定學生學期成績 2.評定教學方案或課程的有效性
試題取樣	以每一單元的教材為範圍；範圍小，代表性高	以數個單元或整學期教材為範圍；範圍大，代表性低
施測頻率與作答時間	單元兩次，次數多，但作答時間短	每學期兩三次，次數少，但作答時間長
試題類化程度	強調基本的知識與能力，類化程度較低	強調各單元間知識能力的綜合應用，類化程度較高

一、總結性評量的特徵

總結性評量是用在課程告一段落或結束時（如段考、期中考、期末考）。其目的在於測量學生的學習成就水準，以便評定成績，或是證明學生已精熟該課程，而發給證書。它具有下列特徵：

(1)內容取樣範圍廣，題數多，作答時間較長。

(2)強調不同內容重要性的加權。

(3)重視測量工具的信度、效度，性質上比較接近標準化成就測驗。

二、總結性評量的運用

㈠使用時機

　　總結性評量是在教學結束後實施，而且通常是在教完一學期或一學習階段之後實施，它可以是班級教師自編測驗，也可以是標準化成就測驗，但通常是學校同年級統一命題的學期考試（小學的月考，大學的期中考、期末考）。它特別強調：⑴試題取材範圍較廣；⑵評量結果是用來評定成績而不是用來改進教學。

　　美國有些高中在學生畢業之前舉行最低能力測驗，以作為是否授與畢業證書的依據，即屬於標準參照的評量，但也算是一種總結性評量。

㈡使用目的

1. 評定學生的學習成績

　　總結性評量的命題範圍較廣，考試時間較長，所以試題取樣比較有代表性，分數的信度較高，適合列入學期成績。

2. 提供學生較大視野的回饋

　　若在編製測驗時，能夠精心設計，使測驗結果不只是一個總分，而是呈現出代表不同教材內容的多種分數，它就能夠幫助學生了解自己學習上的優缺點，使它在後續的學習中自我改進。

3. 作為行政決策上的依據

　　總結性評量能提供比較穩定且有代表性的分數來做行政上的決定，例如，決定是否留級、頒發獎學金、甄選比賽代表等。另外，它也可以作為評鑑教師教學效能的參考。

4.協助教師決定後續課程的教學起點

如果是連續性課程，總結性評量可以看出學生的整體學習成果，這在安排下一學期課程內容上有很大的參考價值。

5.決定教學方案或實驗計畫的有效性

總結性評量試題取樣範圍廣，試題數多，作答時間長，所以信度、效度都較高，比較適合用來判斷一個教學方案或實驗計畫的成敗。

第六節　常模參照式評量與相對地位

常模（norms）指心理測驗上，解釋測驗分數的依據；它是大樣本施測結果的摘要描述。常模具有兩大功能：一是表明個人分數在常態化樣本中的相對地位；另一是提供比較的量數，使不同的測驗分數可以直接比較。通常，常模含有分數的平均數、標準差。大部分的標準化測驗會提供常模表以供原始分數做轉換。不同的群體亦可能有不同的常模，如不同性別、不同年級等。一般來說，常模提供任何個體或群體在參加測驗後，衡量其表現能力之基準。

常模參照（norm-referenced）測驗是指測驗分數本身並無意義，它需要將個人的分數對照團體的平均表現（常模表），才能看出此人能力在團體中的相對地位。

一、常模參照測驗的特徵

使用常模參照測驗的目的在於指出個人某種能力的高低在團體中的相對地位，且要愈精細愈好，因此它具備下列特徵：

(1)編製測驗時，試題需要經過預試及試題分析，且選題時特別重視試題的鑑別力。

⑵建立有多種不同的常模，以配合不同對象的需要。

⑶都得將原始分數換算成百分等級或標準化分數（如 z 分數、T 分數等）以解釋個人在團體中的相對地位。

⑷大部分的標準化測驗（如智力、性向、興趣測驗）都藉由常模來做解釋。

二、常模的種類

常模（norms）是一個樣本團體在某一個測驗上的平均表現，它也是說明個人分數在團體中相對地位的依據。它是以一個測驗對一個具有代表性的樣本團體進行施測，並將所得的原始分數作統計整理，然後就每一原始分數算出其對應的轉換後分數（如百分等級、標準化分數等），最後以分數換算表的形式呈現在測驗指導手冊中。

㈠以做比較的對象來分

1. 發展性常模

發展性常模是指將個人測驗分數和各種不同發展階段（年齡、年級）團體的平均表現相比較，以便知道此人的表現相當於哪一階段。發展性常模有適於嬰幼兒的順序量表、適於學齡兒童的年齡當量、年級當量等。

2. 組內常模

組內常模是指將個人的測驗分數與相同年齡（年級）團體的表現相比較，以便知道此人在該團體中的相對位置。組內常模又可分成兩類，一類是以團體測驗分數的平均數、標準差為計算基礎的，如：z 分數、T 分數、AGCT 分數、CEEB 分數；另一類是以個人在該團體中的等級為基礎的，如：百分等級、十分等級、常態化標準分數。

㈡以取樣範圍大小來分

如果以建立常模的樣本人數及代表性來分，可分爲全國性常模、地區性常模、及特殊團體常模三個層次。

1. 全國性常模

全國性常模（national norms）是標準化測驗必備的常模。它是以該測驗的適用對象爲取樣範圍，重視區域、性別、種族等的代表性。測驗指導手冊上的常模幾乎都是全國性常模。

2. 地區性常模

地區性常模（local norms）是指測驗使用者爲了更具體、更詳細地解釋測驗結果，而自己利用現有樣本所建立的常模。這些現成樣本可能是同一學校（區）的同年級學生、同一企業中同一職種的員工、同一職位上所有的應徵者。這些樣本雖然人數及代表性上都不如全國性常模，但因爲與受測者關係較密切，更能配合實際需要，提供有用的訊息。

地區性常模較適合使用在下列幾種情況：⑴**大量使用的團體測驗**。若該測驗只是偶爾使用在少數人身上（如診斷測驗、個別智力測驗），我們便無機會蒐集到足夠的樣本來建立常模，我們別無選擇只能用全國性常模。⑵**受測者的身分特殊**。若大部分受測者的身分明顯不同於全國性常模的樣本（如僑生、原住民學生），可能使用地區性常模較爲適當。⑶**進入其他團體時**。雖然有時全國性常模也很適當，但我們可能更想知道受測者在新團體中的相對地位，以便預測他的適應情形。

3. 特殊團體常模

特殊團體常模（special group norms）可以分成兩類，一類是特殊教育中所需要的「**特殊學生常模**」，這類學生常因爲生理上的障礙（例如，視障、聽障）而修改了標準化施測程序，自然不宜與正常學

生相互比較，因此有必要爲相同條件的學生另建常模。另一類則是指進行職業輔導時所用的「**特定職業常模**」。測驗編製者爲了要讓輔導人員能夠明確說明某人的測驗結果最適於從事某一種職業，他必須找一群某一特定職業的資深從業人員實施人格、興趣和性向測驗，並找出最適於該職業的人格特質或興趣、性向組型；解釋時輔導人員需將學生的各種測驗結果和特定職業常模相比對，看他較適合從事哪一種職業。

(二)以常模表的排列格式分

常模表（norms tables）常附於測驗指導手冊之後，以供測驗使用者將原始分數換算成標準化分數或百分等級。常模表依據資料的排列方式可分成下列數種：

1. 簡單常模表（simple norms tables）

這是只有一欄原始分數和一欄衍生分數的常模表。它在形式上是最簡單，但在印刷上及查表時間上最不經濟。

2. 多組別共用的常模表（multiple-group norms tables）

若是將依據不同組別（年級、性別）建立的常模合併在一個表上來使用，將會呈現有一欄原始分數，而有多欄不同組別的衍生分數。這種多組別共用的常模表，可以使一種衍生分數只需要一張表，不但減少印刷成本，也比較容易看出同一個原始分數在不同組別中的相對地位。

3. 多種分測驗共用的常模表（multiple-score norms tables）

若是一套測驗中含有多個分測驗（例如，綜合性向、綜合成就測驗），或是能算出多種分數（例如，診斷測驗、多因素人格測驗）時，則可以把同年齡組、同一衍生分數的不同分測驗的常模表合併在一起，這樣使用者可以使用一張表就查出受測者在不同分測驗上的同一種衍生分數。這種常模表不只是節省印刷成本，而且查表時不必常

翻頁，效率較高。

4.多種衍生分數共用常模表

若是一套測驗中能算出多種衍生分數（例如，百分等級、標準九）時，則可以把同年齡組的不同衍生分數的常模表合併在一起，這樣使用者可用一張表就查出受測者的同一分測驗的所有衍生分數。這種常模表不只是節省印刷成本，而且查表時不必常翻頁，效率較高（其形式類似附錄一的各種衍生分數轉換表）。

5.簡略式常模表（abbreviated norms tables）

當原始分數全距太大時，而且不同的鄰近分數常換算出相同的衍生分數時，有些編製者會以等間隔的方式，只取部分原始分數（如，0、5、10、15、20……）來建立換算表。使用者若遇到未呈現出來的分數，就得自己用內插法求出來。這種常模表雖然省了印刷成本，但增加使用者的查表時間和計算工作，且容易造成錯誤，不值得鼓勵。

6.濃縮式常模表（condensed norms tables）

此種常模表和上述簡略式常模表很像，只不過是它將衍生分數做等間隔的部分呈現（通常是百分等級，如，1、3、5、10、15……）。在當原始分數的全距很大，且測驗信度不是很高時（如速度測驗），或並不需要做精細比較時，使用這種常模表即可。

三、常模的選擇

常模是解釋測驗分數的依據，它的品質對於測驗的適用性有很大的影響，所以應該列入選用測驗的條件。

測驗指導手冊或測驗編製報告中有關常模的介紹通常會包括：(1)抽樣方法；(2)常模樣本的人數分配；(3)常模樣本特徵的描述；(4)施測的標準條件與測驗動機的維持；(5)測驗日期。使用者閱讀後可以依據下列規準來判斷常模的適當性。

㈠常模樣本的代表性

代表性是指建立常模的樣本在人口學上的特徵（例如，年齡、性別、種族、社經地位、地區、學校類型等）必須與母群體相吻合。由於完全的代表性只是一種理想，在實際取樣時，並不能考慮到所有的人口學變項，所以通常依據以往研究文獻判斷哪些人口學變項會影響到所測量的心理特質，再將那些變項納入取樣設計中即可。

㈡常模樣本的大小

依據統計學原理，樣本愈大，則抽樣誤差愈小，求得的統計量（例如，平均數、標準差等）愈接近母群體的統計量。雖然常模樣本是愈多愈好，但實際上常受施測成本（人力、材料、時間）的限制，不可能太大。但是如果常模分得很細，如每一年齡、每一性別、每一區域，都要分別建立常模，那即使施測成本再高，也得維持每一常模至少有兩三百人的基本人數。

㈢時間上的接近性

建立常模的年代和實際使用該常模的年代要愈接近愈好，現代社會在教育、文化、經濟、價值觀等都變遷迅速，如果使用的常模是十幾年前或是幾十年前的，其參考價值將令人懷疑。例如，以往的研究就發現智力測驗的平均分數有逐年升高的現象；另外，有些態度及人格特質會隨時代而改變，例如，對同性戀的態度，對女性化、現代化的界定等。

如果建立常模的年代和使用常模的年代之間，測驗適用對象的組成有明顯的改變，例如，大量移民、入學制度改變、課程大幅更新等，則應該重新建立常模。當測驗內容有修訂或改變題本形式或作答方式，除非有實證研究證明這些改變並不會影響平均表現，否則也應

該重新建立常模。

㈣使用對象上的適切性

常模的種類很多，測驗使用者需要依據學生的特徵和測驗目的來選用合適的常模。一般而言，若只是要了解學生在團體中的相對地位而已，可以選用相同特徵的常模；例如：學生若是三年級女生即可選用三年級女生的常模，或是三年級男女合併的常模。

但是若有特殊的測驗目的，就應該依據測驗目的決定應該比較的對象，再選用常模，例如，若一位三年級的資優生要跳升五年級時，那得看他在五年級學生中的相對地位，而不是和三年級學生相比較。再舉個例來說，一個女生做了綜合性向測驗，她就應該和同年齡的女生相比較，以便了解自己的性向組型，但是若要預測她日後就讀幾乎都是男生就讀的機械工程系後，成績會如何，那她應該是與最可能就讀機械工程系的男生相比較，而不是與同年級的女生相比較。

第七節　標準參照式評量與能力證明

雖然以個人測驗分數在團體中的相對地位來解釋測驗結果是一種很常見且很有用的解釋方式。但是在某些情況下，我們希望知道的是這個人是否已經具備足夠的知識或能力，足以學習下一單元的教材或足以獨立從事某種工作（如駕駛、執行專業職務）。這時我們需要將個人測驗分數與事先設定的標準相比較，看他能否通過此一標準而得到學習下一單元或執行這一工作的資格。

一、標準參照的含意

　　標準參照（criterion-referenced）測驗是用來判斷個人的表現是否能夠通過專家預先設定的標準，以便授與某種資格證明或是作成某種行政決定。它不像常模參照測驗那樣將個人分數與團體成員的平均表現相比較，而是與專家設定的標準作比較。它常用在執業資格的檢定，或專業證書的授與上，但也常用在學校中有循序漸進性質學科的教學上。

　　應用在教學上的標準參照測驗，通常兼具診斷與矯正建議兩種功用。這類測驗大部分是小學層次的閱讀與數學能力測驗，而且每道題目背後均有非常詳細具體的行為目標。這類測驗通常被組織成一連續性、階段性的測驗計畫，以便在學習每一單元之後接受測驗，並判斷是否精熟了該單元的行為目標。

　　常模參照測驗和標準參照測驗的主要差別在於解釋結果的方式的不同。因此照理說同一種測驗可以同時使用兩種不同的解釋方式，但實際上因為編製測驗時取材範圍及選題方式的不同，而使得這兩種測驗很難互通。例如，原來是標準參照式的測驗若改以常模參照式來解釋，則會覺得在學生能力的區分上不夠精細；而原來是常模參照式的測驗若要改用標準參照式的解釋，則很難明確說明該學生會做些什麼。

表 13-3　常模參照測驗與標準參照測驗的比較

	常模參照測驗	標準參照測驗
主要用途	區辨學生之間能力的差異。	判斷學生能否通過預設的精熟標準。
包含內容	取材範圍較廣。 可能也有詳細的教學目標，但通常是籠統的。 代表每一學習結果的試題很少。	取材範圍較窄。 有編列詳細完整的教學目標。 代表每一學習結果的試題很多。
選題方法	強調各試題的鑑別力。 通常會刪掉太易或太難的題目。	強調試題的代表性與重要性。 不企圖刪除較易或較難的題目。
分數的變異	測驗分數的散布較大。 變異愈大愈合乎測驗目的。	測驗分數的散布較小。 變異大小與目的無關。
結果的解釋	與團體的平均表現相比較。 找出個人能力在團體中的相對地位。	與專家設定的標準相比較。 判斷個人能力是否通過預設的標準。

二、標準參照測驗的主要用途

(一)精熟學習

在精熟學習中，每一教材單元均列有行為目標，而且要把這些目標告知學習者。學習者可以學到自己感到已經熟練這些教材為止，然後去接受該教材的測驗，如果通過此測驗，他們可以繼續下一單元教材的學習；如果未能通過，就再學習原來教材，然後再接受同一單元另一版本的測驗，此種歷程重複下去，直到他們通過了測驗。

(二)職業證照考試

　　愈是文明進步的國家，對於會影響他人生命、財產安全的職業，就會有愈嚴格的職業證照制度，例如，醫師、律師、建築師、交通工具駕駛員等。這種證照制度通常會以紙筆測驗或實作測驗來驗證申請者是否具備了足夠勝任該職位的專業知能。因此，新進者需要通過該行業資深從業人員所設定的合格標準，才能躋身於該行業中。

㈢基本學力測驗

　　教育部在八十七年開始推展的國中基本學力測驗，實際上是仿效美國教育改革時所用的最低能力測驗（minimum competency test）。美國的最低能力測驗主要目的在於證明學生已經精熟面對成人日常生活的基本技巧，而能夠晉級或取得高級中學畢業證書。其目標包括：⑴鑑定學生需要補救教學之處；⑵證明學生已經具備畢業或晉升到下一個年級所需要的最低能力；⑶證明外加的刺激能夠提升學生的學習成就。

　　基本學力測驗主要是用來檢驗學生是否達到教學目標，是典型的標準參照測驗。它並不強調如何鑑別學生能力上的差異，所以並不適合作為高淘汰率入學考試的篩選工具。

　　至於目前在台灣所辦的國中基本學力測驗，就筆者看法，因為政策上要把它做為高中入學的參考，因此在社會的壓力下，它已經淪為另一種入學考試，而逐漸失去標準參照測驗的精神。

三、標準參照測驗的特徵

㈠符合目標管理模式，使教學評量過程更清晰明確

　　由於標準參照測驗對於學科知識內容及教學目標做過詳盡地分析，而哪一個試題代表哪一個教學目標也都有明確地說明，因此常被

用於形成性評量中,以達到精熟學習的效果。

㈡編製測驗時重視內容效度及專家效度

標準參照測驗在選擇題目時,並不像常模參照測驗那樣重視預試及試題分析,而是由專家共同逐題判斷其重要性來選擇題目。常模參照測驗為了要使測驗更具有區辨力,使分數散布更廣,常常選用難易適中,且具有高鑑別度的試題;但標準參照測驗在選擇試題時並不考慮試題的難易度或鑑別度,而是重視所有試題能否涵蓋應該具備的知能。

㈢當需要依學生能力劃分成兩個類別時,它比常模參照法有理論依據

由於在該測驗上的通過標準是依據多位專家的協商及過去測驗結果來設定,因此在判斷是否該發給專業證照,或是否通過某一課程時,會比其他測驗更具有說服力。

㈣能減少學生之間的相互競爭

此類測驗是將評量結果與專家設定的標準相比較,以說明考生是否具備有某種能力或已經精熟某一課程,而不是與其他成員相比較,比較不會引起學生之間的競爭。若配合學生成績隱私權的保護,則每個學生只能知道自己離目標有多遠,而無從得知他人成績及自己在團體中的相對地位,也就無從為微小的分數差距而競爭。

四、通過分數的設定

國內學校、行政機關、考試機關及公私立企業機構等經常在進行

通過分數的設定工作，例如，駕駛執照考試、高普考試及專門職業技術人員通過分數之設定，以及學校升留級的決定等。這些分數的設定過程大多沒有堅強的理論基礎，常常只是以傳統的「六十分」為通過標準；因此，所設定的通過分數不但不容易為人所信服，且可能會有較多的遺珠之憾或濫竽充數的情形。

設定通過分數的方法很多，主要分為「判斷模式」、「實證模式」及「混合模式」三類。「判斷模式」是以多位專家對試題內容難易的判斷為依據，「實證模式」是以一群受測者的實測資料為依據，而「混合模式」則兼採題目內容判斷及實測資料兩種方式。

吳裕益（民 77）建議若在設定通過分數時，能夠取得實測資料，且具備統計學知識時，可以採用實證模式中的對照組 M-SD 法；如不懂統計，則可選用對照組圖示法或臨界組法。如果無法取得實測資料，必須用判斷模式時，最好採用評定量表法，且評判者最好在五人以上。除此之外，若從分類錯誤的嚴重性及分類錯誤之後是否有補救機會來考慮，則在教師的日常教學評量時可以採取比較簡便的判斷模式；但若是用於主辦考試機構，或是辦理學校畢業資格考試或特殊學生甄選時，則最好採實證模式來設定通過分數。

第八節　動態評量與學習潛能

因為傳統的評量方式偏重對學習結果（product）的評估，忽略了對於思考過程（process）的探析，而且還強調施測者要遵守中立立場，不得與受試者有協助性互動，所以本質上是屬於靜態的評量，無法對於個人的學習過程提供充分診斷、處方，和預測的訊息。

一、動態評量的涵義與特色

　　動態評量（dynamic assessment）則是針對靜態評量所做的改良，它強力地結合教學與評量，在評量過程中深入觀察學生的解題歷程，並適時給與協助，以評估學生在不同程度的協助下的獲益程度、學習能力、及學習遷移能力，故其效益不止於評估學生的學習現況和診斷缺陷（區辨力），還能改進學生現有能力（助益力）及更精確地預測他未來的表現（預測力）。

　　動態評量具有三項特色：

(1)人員的主動性（activity），意即在評量過程中，學生不再是被動的反應者，也是主動的學習者；評量者不再只是監考人員，而是依據學生需要提供教學支持者，雙方在評量過程中有密切的互動。

(2)評量程序的可變性（modifiability），意即在評量過程中是依據學生的反應提供不同的指導與教學。

(3)評量內容的動態性，意即所評量的不再是學生擁有知識、技巧的多寡等靜態結果，而是學生在評量過程中的學習、改變等動態歷程。

二、評量的方式

　　動態評量是以「前測─教學支持─後測」的方式進行。前測的目的是評量學生認知發展能力的基準線，亦即起始能力，以作為提供教學支持及不同團體組別能力差異情形的參考資料。後測目的在於測量學生經過教學支持之後能力發展情形。

　　在前後測之間的教學支持則包含「學習」與「遷移」兩個階段。在「學習階段」時，若學生無法解答所給與的問題時，評量者要按照事先設計好的一序列提示給與指導；這些提示在開始為一般性的提示，然後逐漸具體、明確，最後的提示確實能幫助學生正確解答問

題。由於學生在學習能力上的差異，每個人所需要的提示量也就不同，經由此種滴定測試程序（titration procedure）施測者便能夠知道學生在解決每一問題時，所需要的最低教學提示量，而「學習效能」就是計算學生要達到所定的學習標準時，所需要的總教學提示數量，數量愈少表示學習效能愈高。

在「遷移階段」的實施方式與學習階段差不多，至於所使用的題目則是由先前的學習問題中，找出適於水平遷移的概念，並將問題形式變化成類似原來問題，依據類似程度又可分成近遷移、中遷移、遠遷移等問題。評量時所需要的提示量愈少，表示學習遷移能力愈強；反之，提示量愈多，表示遷移能力愈低。

學習與遷移效能的評量，是建立在評量者協助學生解決問題的社會互動情境中，除了可以得到不同的能力數量，做量的分析外，還可以在評量過程中觀察學生認知功能的運作，得到一些如執行基本運思的速度、思考的方式、學習態度等臨床診斷訊息，做成質的描述，以供補助教學之參考。

■■■■ 參考書目 ■■■■

林清山譯（民79）教育心理學——認知取向。台北：遠流。參見第十五章「學習結果的評量」。【譯自 Mayer, R. E.(1986) Educational psychology: A cognitive approach.】

吳裕益（民77）標準參照測驗通過分數設定方法之研究。測驗年刊，35，1−14。

邱淵等譯（民 78）教學評量。台北：五南。參見第四、五、六章。【譯自 Bloom, B. S., Madaus, G. F. & Hastings, J. T. (1981) Evaluation to improve learning.】

陳英豪、林正文、李坤崇（民78）國小學生學習適應量表編製報告。

測驗年刊，36，1－10。

陳瓊森、汪益譯（民84）　超越教化的心靈：追求理解的認知發展。
台北：遠流。參見第八章「學校造成的學習困難」。【譯自Gar-
denr, H. (1991). The unschooled mind: How children think and
how schools should teach.】

歐慧敏（民89）　最低能力測驗在美國的使用情形。測驗與輔導雙月
刊，158，3300－3303。

Cunningham, G. K. (1986). Education and Psychological Measurement.
New York: Macmillan. See chapter 10, "Criterion-Referenced
Testing" & chapter 11, "Minimum Competency Testing".

附 錄一

常態分配下各種衍生分數轉換表

z 分數	T 分數	魏氏離差智商	斯比離差智商	AGCT 分數	CEEB 分數	標準九	C 分數	標準十	百分等級
＋3.00	80	145	148	160	800	9	10	10	99.9
＋2.95	79.5	144	147	759	795	9	10	10	99.8
＋2.90	79	144	146	158	790	9	10	10	99.8
＋2.85	78.5	143	146	157	785	9	10	10	99.8
＋2.80	78	142	145	156	780	9	10	10	99.7
＋2.75	77.5	141	144	155	775	9	10	10	99.7
＋2.70	77	141	143	154	770	9	10	10	99.6
＋2.65	76.5	140	142	153	765	9	10	10	99.6
＋2.60	76	139	142	152	760	9	10	10	99.5
＋2.55	75.5	138	141	151	755	9	10	10	99.5
＋2.50	75	138	140	150	750	9	10	10	99.4
＋2.45	74.5	137	139	149	745	9	10	10	99.3
＋2.40	74	136	138	148	740	9	10	10	99.2
＋2.35	73.5	136	138	147	735	9	10	10	99.1
＋2.30	73	135	137	146	730	9	10	10	98.9
＋2.25	72.5	134	136	145	725	9	9	10	98.8
＋2.20	72	133	135	144	720	9	9	10	98.6
＋2.15	71.5	132	134	143	715	9	9	10	98.4
＋2.10	71	132	134	142	710	9	9	10	98.2
＋2.05	70.5	131	133	141	705	9	9	9	98.0
＋2.00	70	130	132	140	700	9	9	9	97.7
＋1.95	69.5	129	131	149	695	9	9	9	97.4
＋1.90	69	129	130	138	690	9	9	9	97.1
＋1.85	68.5	128	130	137	685	9	9	9	96.8
＋1.80	68	127	129	136	680	9	9	9	96.4
＋1.75	67.5	126	128	135	675	8	8	9	96.0
＋1.70	67	126	127	134	670	8	8	9	95.5
＋1.65	66.5	125	126	133	665	8	8	9	95.0
＋1.60	66	124	126	132	660	8	8	9	94.5

z 分數	T 分數	魏氏差智離商	斯比差智離商	AGCT 分數	CEEB 分數	標準九	C 分數	標準十	百等分級
+1.55	65.5	123	125	131	655	8	8	9	93.9
+1.50	65	123	124	130	650	8	8	8	93.3
+1.45	64.5	122	123	129	645	8	8	8	92.6
+1.40	64	121	122	128	640	8	8	8	91.9
+1.35	63.5	120	122	127	635	8	8	8	91.2
+1.30	63	120	121	126	630	8	8	8	90.3
+1.25	62.5	119	120	125	625	7	7	8	89.4
+1.20	62	118	119	124	620	7	7	8	88.5
+1.15	61.5	117	118	123	615	7	7	8	87.5
+1.10	61	117	118	122	610	7	7	8	86.4
+1.05	60.5	116	117	121	605	7	7	8	85.3
+1.00	60	115	116	120	600	7	7	7	84.1
+0.95	59.5	114	115	119	595	7	7	7	82.9
+0.90	59	114	114	118	590	7	7	7	81.6
+0.85	58.5	113	114	117	585	7	7	7	80.2
+0.80	58	112	113	116	580	7	7	7	78.8
+0.75	57.5	111	112	115	575	6	6	7	77.3
+0.70	57	111	111	114	570	6	6	7	75.8
+0.65	56.5	110	110	113	565	6	6	7	74.2
+0.60	56	109	110	112	560	6	6	7	72.6
+0.55	55.5	109	109	111	555	6	6	7	70.9
+0.50	55	108	108	110	550	6	6	6	69.2
+0.45	54.5	107	107	109	545	6	6	6	67.4
+0.40	54	106	106	108	540	6	6	6	65.5
+0.35	53.5	105	106	107	535	6	6	6	63.7
+0.30	53	104	105	106	530	6	6	6	61.8
+0.25	52.5	104	104	105	525	5	5	6	59.9
+0.20	52	103	103	104	520	5	5	6	57.9
+0.15	51.5	102	102	103	515	5	5	6	56.0
+0.10	51	102	102	102	510	5	5	6	54.0
+0.05	50.5	101	101	101	505	5	5	6	52.0
+0.00	50	100	100	100	500	5	5	5	50.0

z 分數	T 分數	魏氏差智離商	斯比差智離商	AGCT 分數	CEEB 分數	標準九	C 分數	標準十	百等分級
0.00	50	100	100	100	500	5	5	5	50.0
−0.05	49.5	99	99	99	495	5	5	5	48.0
−0.10	49	98	98	98	490	5	5	5	46.0
−0.15	48.5	98	98	97	485	5	5	5	44.0
−0.20	48	97	97	96	480	5	5	5	42.1
−0.25	47.5	96	96	95	475	5	5	5	40.1
−0.30	47	96	95	94	470	4	4	5	38.2
−0.35	46.5	95	94	93	465	4	4	5	36.3
−0.40	46	94	94	92	460	4	4	5	34.5
−0.45	45.5	93	93	91	455	4	4	5	32.6

−0.50	45	93	92	90	450	4	4	4	30.8
−0.55	44.5	92	91	89	445	4	4	4	29.1
−0.60	44	91	90	88	440	4	4	4	27.4
−0.65	43.5	90	90	87	435	4	4	4	25.8
−0.70	43	90	89	86	430	4	4	4	24.2
−0.75	42.5	89	88	85	425	4	4	4	22.7
−0.80	42	88	87	84	420	3	3	4	21.2
−0.85	41.5	87	86	83	415	3	3	4	19.8
−0.90	41	87	86	82	410	3	3	4	18.4
−0.95	40.5	86	85	81	405	3	3	4	17.1
−1.00	40	86	85	80	400	3	3	3	15.9
−1.05	39.5	85	84	79	395	3	3	3	14.7
−1.10	39	84	83	78	390	3	3	3	13.6
−1.15	38.5	83	82	77	385	3	3	3	12.5
−1.20	38	82	81	76	380	3	3	3	11.5
−1.25	37.5	81	80	75	375	3	3	3	10.6
−1.30	37	81	79	74	370	2	2	3	9.7
−1.35	36.5	80	78	73	365	2	2	3	8.8
−1.40	36	79	78	72	360	2	2	3	8.1
−1.45	35.5	78	77	71	355	2	2	3	7.4
−1.50	35	78	75	70	350	2	2	2	6.7
−1.55	34.5	77	75	69	345	2	2	2	6.1
−1.60	34	76	74	68	340	2	2	2	5.5
−1.65	33.5	75	74	67	335	2	2	2	5.0
−1.70	33	75	73	66	330	2	2	2	4.5
−1.75	32.5	74	72	65	325	2	2	2	4.0
−1.80	32	73	71	64	320	1	1	2	3.6
−1.85	31.5	72	70	63	315	1	1	2	3.2
−1.90	31	72	70	62	310	1	1	2	2.9
−1.95	30.5	71	69	61	305	1	1	2	2.6
−2.00	30	70	68	60	300	1	1	2	2.3
−2.05	29.5	69	67	59	295	1	1	1	2.0
−2.10	29	69	66	58	290	1	1	1	1.8
−2.15	28.5	68	66	57	285	1	1	1	1.6
−2.20	28	67	65	56	280	1	1	1	1.4
−2.25	27.5	66	64	55	275	1	1	1	1.2
−2.30	27	66	63	54	270	1	0	1	1.1
−2.35	26.5	65	62	53	265	1	0	1	0.9
−2.40	26	64	62	52	260	1	0	1	0.8
−2.45	25.5	63	61	51	255	1	0	1	0.7
−2.50	25	63	60	50	250	1	0	1	0.6
−2.55	24.5	62	59	49	245	1	0	1	0.5
−2.60	24	61	58	48	240	1	0	1	0.5
−2.65	23.5	60	58	47	235	1	0	1	0.4
−2.70	23	60	57	46	230	1	0	1	0.4
−2.75	22.5	59	56	45	225	1	0	1	0.3
−2.80	22	58	55	44	220	1	0	1	0.3

z 分 數	T 分 數	魏差 氏智 離商	斯差 比智 離商	AGCT 分 數	CEEB 分 數	標 準 九	C 分 數	標 準 十	百等 分級
−2.85	21.5	57	54	43	215	1	0	1	0.2
−2.90	21	57	54	42	210	1	0	1	0.2
−2.95	20.5	56	53	41	205	1	0	1	0.2
−3.00	20	55	52	40	200	1	0	1	0.1

各種衍生分數的計算公式

$$z = \frac{(X-M)}{SD}$$

（z ＝ 標準分數； X ＝原始分數； M ＝平均數；SD ＝標準差）

T ＝ 10z ＋ 50（T 分數）

Wechsler D.I.Q.＝ 15z ＋ 100（魏氏智力量表用的離差智商）

Stanford−Binet D.I.Q.＝ 16z ＋ 100（斯比智力量表用的離差智商）

AGCT ＝ 20z ＋ 100

CEEB ＝ 100z ＋ 500

（美國大學入學考試委員會或 ETS 用的標準化分數）

附 錄二

增進測驗表現的祕訣

一、養兵千日

1. 從上課的第一天開始就認真地上課和寫作業。
2. 讀！讀！讀！多讀報紙、雜誌、小說、非小說、精裝的、平裝的。
3. 盡可能多練習一些比較少見的題型，例如：語文類推。
4. 多做習題或以前的試題，以熟悉試題格式及作答方式。
5. 學習要有規律，經常研究功課、定期復習。
6. 上課中要認真做筆記，課後要整理補充。
7. 研究功課時，把重點放在(1)重要事實；(2)比較；和(3)關係。
8. 找些朋友組成讀書會，互相討論、請教。
9. 把你所理解的材料整理成綱要或圖表。
10. 擬定學習計畫，列出你要準備的科目以及學習時間的分配方式。
11. 不要只靠上課的筆記，要打聽考試的範圍、材料、題型等。
12. 試著去解讀教材中的各種圖解和表格。

二、我終於要出征

13.聰明地吃,好好地睡。

14.配合天氣和場合,穿上輕鬆舒適的服裝。

15.戴上準確又容易看得清楚的錶。

16.多準備幾支筆和好用的橡皮擦。

17.必要時自備茶水和藥品。

18.把塞車時間算在內,提前出發,不要遲到。

三、投入沙場

19.若可以自由選座位,盡可能遠離會干擾你的同學。

20.若是用靠臂式桌椅,而你恰好是左拐子,趕快要求換桌椅。

21.使用深呼吸或積極的自我來控制你的焦慮。

22.生理上要放鬆,心理上要警覺,對自己要有信心。

23.仔細讀指導語(作答說明),若不了解,要立即發問。

24.若有例題供你練習,一定要做。

25.由指導語中所給的時間限制和答案紙上的題數,粗略估計每題平均可用時間。

四、戰場求生準則

26.若不倒扣就要盡量猜答。

27.在閱讀與字彙測驗中,如果你不認得那個字,可依據上下文或部首、字根來猜。

28.要熟悉英文中常用的接首字(prefixes)和接尾字(suffixes)。

29.找出彼此之間能相互提供答案線索的題目。

30.由試題中尋找語言的線索。

31.在非語文的數字系列或字母系列測驗中，尋找其變化組型（pattern）。

五、致勝要訣

是非題

32.是非題中若用了絕對式的限定詞，如「從不」、「一定」，則其答案通常為「非」。

33.是非題的敘述愈長，則其答案愈可能為「是」。

34.是非題中，若有一部分敘述是錯的，則答案應該為「非」。

35.簡答題通常測量回憶能力，試題著重在重要的事實、事件、日期、人名、概念和公式等。

選擇題

36.即使只能辨認出一個不正確的答案，也要大膽地猜答。

37.即使完全不懂題意，也可以比較各個答案，來縮小正確答案範圍。

38.沒經驗的命題者常把正確答案放在第二或第三個位置。

39.當某一個選項其敘述特別長時，它就有可能是正確答案。

40.當選項都是日期或數量時，正確答案通常不在兩端位置上。

填充題

41.填充題常用以測量回憶的能力，試題內容多偏重重要事實、事件、人名、概念、公式等等。

配合題

42. 在配合題中，左右兩欄資料各自有其主題，所以在答案欄中刪去不符主題的答案，可提高答對機率。

43. 配合題通常以下列為材料，如：日期和事件、人物與貢獻、術語和定義、作者和作品。

申論題

44. 準備論文式考試之前，要複習老師所強調的主要觀念。

45. 要看清楚題目的關鍵字，例如：比較、解釋、討論、批判、界定、評鑑等等，以避免答案文不對題。

46. 回答申論題之前，要先擬好答題綱要，不可想到什麼就寫什麼。

47. 按試題順序作答，每題另起一頁，以顯示你的組織能力，並方便閱卷者批閱。

48. 按照各題占總分的比例來分配各題的作答時間。

49. 回答申論題時，要開宗明義就提出你的看法，然後提出理由支持你的看法，並舉出例證支持你的理由。

50. 答完申論題之後，要檢查標點符號、錯別字、句子結構、文法等。

51. 要對自己有信心，不要塗塗改改。

索引

二十三劃

二十五劃

國家圖書館出版品預行編目（CIP）資料

教育測驗與評量／歐滄和著. --初版.-- 臺北市：
心理, 2002（民 91）
　　面；　公分.--（教育研究系列；81015）
含參考書目及索引
ISBN 978-957-702-538-8（平裝）

1. 教育測驗

521.3　　　　　　　　　　　　　　91017178

教育研究系列 81015

教育測驗與評量

作　　　者：歐滄和

總 編 輯：林敬堯

發 行 人：洪有義

出 版 者：心理出版社股份有限公司

地　　　址：231026 新北市新店區光明街 288 號 7 樓

電　　　話：(02) 29150566

傳　　　真：(02) 29152928

郵撥帳號：19293172　心理出版社股份有限公司

網　　　址：https://www.psy.com.tw

電子信箱：psychoco@ms15.hinet.net

排 版 者：亞帛電腦製作有限公司

印 刷 者：玖進印刷有限公司

初版一刷：2002 年 10 月

初版二十二刷：2023 年 2 月

I S B N：978-957-702-538-8

定　　　價：新台幣 550 元